黄土公路隧道结构性能劣化机理与评价处治技术

来弘鹏　谢永利　刘禹阳　著

科学出版社
北京

内 容 简 介

本书针对在役黄土公路隧道结构病害问题,在总结已有黄土公路隧道相关研究成果的基础上,详细研究黄土围岩浸水恶化后隧道衬砌结构性能演化特征和劣化机理,并选取适用于围岩浸水恶化情况下黄土隧道衬砌结构的相关评价指标,建立相应的隧道健康评级体系。同时,选取适用于隧道衬砌结构裂缝修补的地聚合物胶凝材料的最佳配合比,并研究地聚合物胶凝材料在两种状态下的黏结性能和修补效果,论证了地聚合物胶凝材料作为衬砌裂缝修补材料的可行性。

本书适合隧道工程方面的科研、设计、施工人员阅读,也可供高等院校、科研院所相关专业的教师和研究生参考。

图书在版编目(CIP)数据

黄土公路隧道结构性能劣化机理与评价处治技术/来弘鹏,谢永利,刘禹阳著.—北京:科学出版社,2018.5

ISBN 978-7-03-056902-8

Ⅰ.①黄… Ⅱ.①来…②谢…③刘… Ⅲ.①土质隧道-公路隧道-隧道工程-结构性能-研究 Ⅳ.①U459.2

中国版本图书馆 CIP 数据核字(2018)第 049619 号

责任编辑:周 炜 张晓娟 / 责任校对:郭瑞芝
责任印制:张 伟 / 封面设计:陈 敬

科学出版社 出版
北京东黄城根北街 16 号
邮政编码:100717
http://www.sciencep.com

北京中石油彩色印刷有限责任公司 印刷
科学出版社发行 各地新华书店经销
*
2018 年 5 月第 一 版 开本:720×1000 1/16
2024 年 1 月第二次印刷 印张:16 3/4
字数:338 000
定价:138.00 元
(如有印装质量问题,我社负责调换)

前　　言

随着国家路网建设的逐步完善,我国中西部地区大量黄土公路隧道相继竣工并投入运营。黄土独特的结构性与水敏性使得黄土围岩浸水后力学指标变化较大,导致大量黄土公路隧道运营时在水环境变化下出现了不同程度的病害问题,特别是地下水位变化、降水入渗、农业灌溉等水环境改变引起的隧道开裂、底鼓、渗水、掉块等病害屡见不鲜。这些病害的出现不仅影响衬砌结构的美观和耐久性,破坏结构的完整性,缩短隧道的维护周期和使用寿命,同时降低行车人员的感官安全,甚至可能造成隧道的整体坍塌,导致巨大的经济损失和不良的社会影响。因此,围绕围岩浸水恶化下黄土隧道衬砌结构性能演化特征与劣化机理,带裂缝衬砌安全性能的评价标准、评价方法和评价体系,以及隧道衬砌结构裂缝和渗漏水修补材料的研制和防治技术等问题亟须解决。

本书在总结已有黄土公路隧道相关研究成果的基础上,以黄土结构性与水敏性为切入点,引入黄土结构性参数与黄土结构性本构关系,运用有限元二次开发、数值计算、物理模型试验和数理统计等手段,结合自主研制的"隧道衬砌结构力学性能测试平台",详细研究黄土围岩浸水恶化后隧道衬砌结构性能演化特征和劣化机理;引入隶属度和隶属函数,构建安全等级隶属函数,改进隧道健康等级评价中常用的分级评定方法,利用模糊综合评价法和短板效应理论,选取适用于围岩浸水恶化下黄土隧道衬砌结构的相关评价指标,建立相应的隧道健康评级体系;最后利用自主研制的"隧道衬砌裂缝诊治平台",选出适用于隧道衬砌结构裂缝修补的地聚合物胶凝材料的最佳配合比,并通过"隧道衬砌裂缝诊治平台"模拟隧道衬砌裂缝的张拉应力开裂和带水状开裂,研究地聚合物胶凝材料在两种状态下的黏结性能和修补效果,论证了地聚合物胶凝材料作为衬砌裂缝修补材料的可行性。

本书相关的研究得到了国家自然科学基金项目(51008029、51378071)的资助,在此表示衷心的感谢。陈锐老师以及硕士研究生宋维龙、杨文辉、崔达、乔永强等参与了部分研究工作,在此对上述做出贡献的相关人员表示衷心的感谢。

希望本书的出版,能够进一步完善黄土隧道病害防治和养护理论研究,促进隧道裂缝和渗漏水处治新材料的研发,为我国隧道相关规范(或规程)修订提供必要的基础数据和科学依据。

限于作者水平,书中难免存在疏漏和不妥之处,敬请读者批评指正。

目　　录

第1章 绪 论

1.1 目的及意义

黄土是在暖湿、冷湿、干旱气候的反复波动和逐渐交替过渡环境中,沿袭不同古地貌,上覆于不同地层岩性,经受同期或非同期多次不同程度地质作用改造而形成的一套不同时代、不同成因,具有独特物质组成、物理、力学特征和地貌景观的第四系大陆松散堆积物[1,2]。

黄土分布广泛,全球各大洲均有分布,总面积约1300万 km²,占陆地面积的9.3%。我国黄土分布面积约64万 km²,占国土面积的 6.3%。其中,湿陷性黄土在我国的分布面积约占到全世界的 3/4。黄土具有显著的多孔性且垂直节理发育,结构性明显,竖向透水性较强,同时,粉末性的颗粒组成决定了黄土具有湿陷性,遇水后固结能力减弱,强度下降明显,常常会引起强烈的沉陷和变形[3,4]。

我国黄土公路隧道工程建设开始较晚,根据资料记载,第一座黄土公路隧道为修筑在陕西北部黄土高原上的黑山寺隧道,单车道、青砖衬砌,1958 年试验性修建,1965 年建成,早期黄土分布区修筑的公路隧道数量少且要求较低,存在的技术问题并不十分突出,随着国家基础设施建设力度的进一步加大、西部大开发的不断深入以及路网的逐渐完善,隧道工程建设快速进入经济欠发达的西部省区,穿越黄土地区的隧道也越来越多,近年来先后在甘肃、陕西、山西、河南等省修建了大量黄土隧道,部分公路隧道概况见表 1.1[5]。

由于黄土结构与物理力学性状的独特性,新的问题不断暴露,已建公路隧道出现不同程度的病害,个别隧道甚至在使用的开始几年就存在严重的安全隐患,如衬砌开裂、隧道渗漏水、变形侵限、掉块、坍塌、下沉、底鼓等。一般情况下,多种病害会同时存在,并且它们之间相互作用、相互影响。一旦衬砌裂缝未能处治妥当,就会造成结构的渗漏水,这种情况不但不易治理,而且会给隧道的正常运营造成影响,甚至还会造成隧道中照明、通风和消防设施的锈蚀及损坏。除此之外,路面积水也恶化了车辆的行驶环境,降低了车辆的行驶速度。这些病害不仅增加隧道的运营成本,而且严重影响隧道作为快捷便利通道功能的发挥[6~8]。黄土围岩含水量对高速公路隧道稳定性影响显著,针对不同含水量,黄土隧道需采用不同的支护、加固措施[9](表 1.2)。

表 1.1　近年来部分典型黄土公路隧道概况

隧道名称	长度	线别	贯通时间	备注
羊泉隧道	全长 6146m	青兰高速公路陕西段	2010 年 8 月 7 日	目前西北地区第一长隧道
墩梁隧道	左线全长 1328m 右线全长 1415m	榆商高速公路神木 —府谷段	2010 年 12 月 28 日	隧道开挖高度为 12.19m 最大开挖跨度达 17.32m 开挖断面面积达 171m²
离石隧道	全长 180m	离石高速公路青岛— 银川国道山西省汾阳段	2005 年	我国第一条黄土连拱隧道
西凌井隧道	左线全长 3275m 右线全长 1420m	太贵高速公路东段	右线 2010 年 7 月 19 日 左线 2010 年 7 月 31 日	Ⅴ级黄土围岩长 1713m
柯家庄隧道	左线全长 2528m 右线全长 2598m	青兰高速公路陕西段	2009 年 11 月 20 日	Ⅴ级黄土围岩长 1550m
王家会隧道	全长 212.5m	军渡段高速公路青岛— 银川国道主干线山西省 离石段	2007 年	目前我国最长的黄土双连拱 隧道
马腾空隧道	全长 1000m	西安绕城高速公路南段	2003 年	最大埋深为 30m 最大跨度为 17.66m 最大开挖高度为 12.8m
南阳山隧道	上行线长 3290m 下行线长 3328m	兰磨西部大道临洮县康 家崖—临夏高速公路段	2010 年 11 月 9 日	—

注:表中数据为调查资料,与实际情况可能有出入。

表 1.2　高速公路隧道黄土围岩含水量与支护关系

黄土含水量/%	特征	支护参数
≤17	天然含水量	围岩稳定性好,按普通黄土隧道设计
17～26	土质变软,施工时仰拱可能积水	围岩较稳定,仰拱开挖后喷混凝土封闭 (5～10cm)
26～32	水从钻孔中流出,若 用手掌接触开挖面, 手掌沾水	围岩稳定性差,按有水黄土设计, 仰拱紧跟,及时封闭,支护加强。 必要时仰拱采用钢花管压浆加固

　　近几年,农业灌溉、降水入渗、地下水位变化等围岩条件恶化导致的隧道病害屡见不鲜,其中衬砌开裂现象最为普遍[10]。在降水较多地区和地表农业灌溉区内,大量隧道衬砌在拱顶、拱腰和边墙均存在横向、纵向或斜向分布的裂缝,拱顶正中部位裂缝多为纵向,部分衬砌裂缝存在渗水、白色晶体析出现象。衬砌开裂

不仅影响隧道的美观和耐久性,而且破坏衬砌结构完整性,缩短使用寿命,增加运营成本,严重情况下会造成衬砌的整体崩塌,导致巨大的经济损失和不良社会影响[11~13]。因此,需要研究黄土隧道在运营阶段的受力、变形、劣化发展的机理,并坚持"预防为主,防治结合"的理念,从而保证隧道结构的安全性和耐久性要求。

本书针对围岩浸水恶化条件下黄土隧道结构劣化这一研究内容,考虑黄土结构性与水敏性特征,引入黄土结构性参数,编译考虑黄土结构性的本构关系,明确黄土围岩浸水的时空演变,制定并进行相应的衬砌模型试验;探讨黄土围岩浸水的时空演变关系,研究黄土围岩浸水恶化后隧道变形及衬砌结构性能演化特征,给出黄土围岩浸水恶化下隧道衬砌裂缝发生发展过程及分布特征,得到衬砌结构劣化机理;建立黄土围岩浸水恶化下隧道衬砌结构健康评价体系,并开发出适用于渗漏水条件下的隧道衬砌新型修补材料,这些均对围岩恶化条件下在役黄土隧道衬砌结构劣化研究、长期安全性以及隧道修补加固具有重要的理论价值和实际指导意义。

1.2 国内外研究现状

1.2.1 黄土本构关系及其在衬砌结构研究中的应用

弹性模型是材料本构关系中最简单的一种。最常见的弹性模型有在 Konder 双曲线基础上的以弹性模量与泊松比为变形参数的邓肯-张(Duncan-Chang)模型及以 K、G 为变形参数的 Domaschuk-Valliappan 模型、Battelino-Majes 模型和 Naylor 模型。邓肯-张模型因参数少、物理意义明确且可以利用常规三轴剪切试验确定而成为国内外广泛采用的岩土模型,但该模型的缺点是没有反映土体中主应力、剪胀性、应力路径和土体的各向异性。为了克服邓肯-张模型的这些缺点,沈珠江[14,15]用体应变氏和剪切应变氏表示成球应力和剪应力的形式,从而反映了土体的剪胀性。以上为双参数弹性模型,其最大的缺点是无法考虑剪胀性。为此,沈珠江建议用三参数剪胀模型。还有考虑更多因素的四、五、七和九参数的模型等。

刘祖典[16]先后提出黄土湿陷变形以及原状黄土、饱和黄土、挤密黄土、击实黄土、高围压下黄土的应力-应变关系曲线。分析了原状黄土(Q_2、Q_3)随沉积年代及侧压力的不同而表现出的不同类型和形式,基本呈三种类型,即软化型、硬化型和理想塑性型,分别得到黄土的非线性弹性模型和弹塑性模型的本构方程,并应用在黄土边坡稳定性分析及考虑上部结构与地基共同作用的饱和黄土地基变形-强度分析中。

陈正汉等[17]在考虑吸力的基础上进行了两种三轴试验:一是控制净平均应力

等于常数的三轴收缩试验;二是控制室压力、孔隙气压力和基质吸力为常数的三轴排水剪切试验,提出包括土的变形和水量变化的非饱和土的增量非线性模型。该模型考虑了土骨架变形和水体积变形,是饱和土的邓肯-张模型的合理推广,当吸力为 0 时退化为邓肯-张模型;可预测不排水三轴试验中的吸力变化,该模型共有 13 个参数,其中,11 个参数与土的变形和强度有关,另外 2 个参数与水量变化有关,适用于重塑非饱和黄土。

谢定义等[18]依据土力学研究的方法,首次将土结构的颗粒排列特征和联结特征两个方面结合起来,提出了判断土结构性强弱的标准,建议了一个简明、可靠、实用且能全面反映土结构性的几何特征和力学特征的土结构性参数,同时揭示了它与土变形和强度特征具有密切而规律性的联系。

夏旺民[19,20]通过常规三轴试验揭示了 Q_1 黄土的应力-应变软化和剪胀特性。对软化型应力-应变曲线提出用驼峰曲线模拟,对体变曲线也提出用能反映剪胀特性的驼峰曲线模拟,建立了 Q_1 黄土的非线性弹性 K、G 模型,揭示了势线的硬化部分和软化部分具有相同的椭圆曲线形式,采用椭圆来表示塑性势函数,采用待定塑性功函数为硬化参数建立了 Q_1 黄土的软化型弹塑性本构模型。而后又通过在对原状黄土和其不同干容重的重塑黄土进行大量常规试验的基础上,分析黄土的变形、强度和结构性,根据损伤力学理论,提出一个能够综合反映黄土增湿和加载作用下的弹塑性损伤本构模型,并对黄土工程问题进行模拟分析。

王朝阳[21]针对非饱和黄土通过三轴试验和无损 CT 扫描技术,对黄土的细观结构、孔隙等变化进行观测,定义了非饱和黄土的损伤变量,将 CT 机得到的 CT 数据与宏观的力学现象联系起来,建立了非饱和黄土的非线性损伤本构方程。

李如梦[22]首先基于谢定义和邵生俊等提出的对土的结构性的研究方法,对兰州地区原状黄土、重塑黄土、饱和黄土进行了压缩、固结、三轴剪切试验,分析和总结了结构性参数的变化规律。在上述工作的基础上,提出一个新的反映土的结构性损失的指标 m。基于沈珠江的把变形中的土体看成原状土和重塑土两种材料的混合物,并且用双弹簧模型描述两者分担应力的思路,在土的本构模型中引入土的结构性损失参数,提出一种考虑结构性影响的弹塑性本构模型。

骆亚生[23]从土的强度和变形受结构性控制的规律是相同的这一结论出发,提出和定义了基于强度考虑的土结构性定量化参数,即强度型结构性参数,弥补和发展了变形型结构性参数。通过结构性参数对非饱和黄土静、动应力-应变关系曲线的归一化作用效果分析,揭示了它与土变形和强度特性密切而规律性的关系,提出非饱和黄土在静、动力作用的复杂应力条件下结构性的本构关系。

周飞飞[24]在饱和正常固结土的非线性弹性本构模型基础上引入黄土结构性损伤演化规律,通过不同含水量和固结围压时常规三轴剪切试验结果的分析,建立考虑非饱和黄土结构性的增湿本构模型,他的研究特点是考虑了增湿和加荷引起的结构损伤演化规律,强调结构性对本构关系的影响,同时将结构性土体的硬化型和软化型应力-应变关系曲线视为变形统一过程,原因是原生结构损伤和次生结构生成的过程,所谓硬化和软化只是两者在不同状态下(如固结围压 σ_{3c} 和含水量 ω 不同)表现出的相对程度不同。

张腾[25]在已有结构性参数成果的基础上,采用常规三轴剪切仪和应力控制三轴仪,应力控制三轴仪在试验过程中可改变轴向应力和侧向应力的大小,使黄土在复杂应力条件下的结构性研究更好的实现,更能全面反映土体结构特征的变化规律,使黄土的结构性研究更加全面、完善,最终建立结构性黄土的应变软化和应变硬化的弹塑性本构模型。

冯志焱[26]考虑了目前能够定量反映土结构性的结构性参数(如综合结构势),仅在偏压的剪切应力状态下,故对其进行改进、完善,使综合结构势的思想扩展应用于对土初始物理状态下结构性的描述和等向应力条件下土结构性的描述,并将它们与已有的偏压剪切应力状态下的结构性参数的研究成果相结合,来跟踪描述土结构性从初始状态到不同受荷状态下变化的全过程,最终将土结构性参数变化规律引入原状黄土的应力-应变关系中,在静力和动力条件下建立非饱和原状黄土的本构模型。

钟祖良[27]在伊柳辛假设的前提下在应变空间内根据 Q_2 原状黄土的试验结果,对弹塑性变形分离,作出流线图和势线图,并假定塑性流动符合相关联流动法则,选用塑性功函数为硬化、软化函数,建立了应变空间的 Q_2 原状黄土弹塑性本构模型。

邓国华[28]在真三轴条件下对黄土的结构性参数进行研究,在弹塑性剑桥模型的基础上,对屈服面进行修正,从塑性功出发得到随结构性移动和变化的临界状态线和屈服面,假设服从相关联流动法则推导得到修正的剑桥模型。

1.2.2　隧道衬砌试验设备研发

关于隧道衬砌结构试验设备研制和物理模型试验,国内外学者已开展了相关研究:张强勇等[29]研制出一种岩土地质力学模型试验系统,如图 1.1 所示,该系统可对岩石相似材料包裹的隧道模型施加非线性荷载,从而研究隧道及围岩相应的应力与变形情况。

Chen 等[30]利用荷载分散梁在围岩上部施加均布荷载,如图 1.2 所示,通过小比例模型试验研究了在极限荷载作用下砖砌隧道的真实力学性能变化。

Seki 等[31]利用了一种立方体三维加载装置,如图 1.3 所示,全方位约束围岩变形并对隧道下部围岩施加荷载,研究确定了用于评估不同加载工况下导致不同程度路面拱起病害的主要因素。

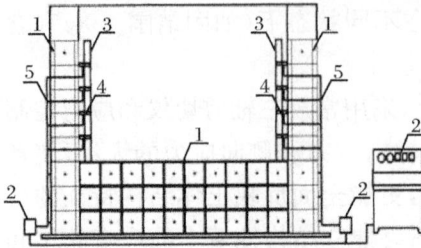

图 1.1　岩土地质力学模型试验系统

1.盒式台架装置;2.液压加载控制试验台;

3.变荷加载板;4.微型千斤顶;5.高压油管

图 1.2　地层加载设备

图 1.3　立方体三维加载装置

　　鲁亮等[32]、曹文宏等[33]研制了 1:1 地铁圆形衬砌加载平台,如图 1.4 所示,衬砌周边布设 24 个集中力加载点,模拟地层抗力、水土压力和地面超载等荷载,该平台可用来研究不同加载效应下隧道管片的横向大变形及承载力问题。Zhao 等[34]利用该平台进行全尺寸模型试验并与数值方法结合,对环氧树脂黏结钢板加固的盾构衬砌提出一种简化的非线性数值模拟方法。

　　Nakamura 等[35]研发了一种异性衬砌加载装置,如图 1.5 所示,基坑壁提供有效反力与支撑,用以研究异性衬砌在不同受力情况下的衬砌变形与受力情况。西南交通大学研制了可模拟水荷载的密闭非均匀水压加载装置,如图 1.6 所示,通过对衬砌模型预先施加一定环箍力来模拟水荷载。何川[36~38]利用该平台研究了

(a) 平台实景(侧面)   (b) 平台实景(立面)

图 1.4 1:1 地铁圆形衬砌加载平台

在衬砌结构产生病害后,不同刚度的内表面补强材料下不同补强范围对衬砌结构最终承载力的影响,得到相应补强形式下结构最终破坏形式和内力分布等情况。何本国等[39]利用该平台研究了在水压与围岩作用下隧道衬砌结构的内力分布和开裂特性。

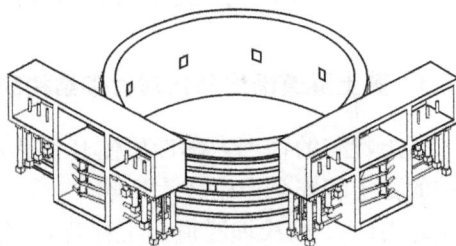

图 1.5 异性衬砌加载装置   图 1.6 模拟水荷载的密闭非均匀水压加载装置

Wang 等[40]利用振动平台通过对隧道及围岩施加振动荷载,结合汶川地震现场病害实测值,研究隧道衬砌在振动荷载作用下衬砌裂缝病害的发展情况。Lei 等[41]利用土工模型试验箱,通过改变围岩地表倾斜角度模拟不同偏压情况,研究浅埋偏压隧道衬砌力学特征和破坏机理。

同济大学用弹簧模拟地层抗力研制了隧道结构加载装置,隧道衬砌仰拱以上布设 7 个加载点,仰拱只布设弹簧模拟地层抗力。刘学增等[42~44]利用该平台研究了叠合式套拱加固带裂缝隧道的破坏特征以及偏压和二次受力下衬砌受力影响。俞文生等[45,46]利用该平台研究了分离式套拱加固带裂缝衬砌的变形规律。

闫治国[47]研制了可三向加载的多功能衬砌力学性能试验系统,如图 1.7 所示,该试验系统衬砌模型为部分衬砌,可对马鞍形隧道衬砌结构拱部进行加载。刘学增等[48]利用该平台研究了叠合式套拱加固带裂缝隧道衬砌受力机理和破坏机制。

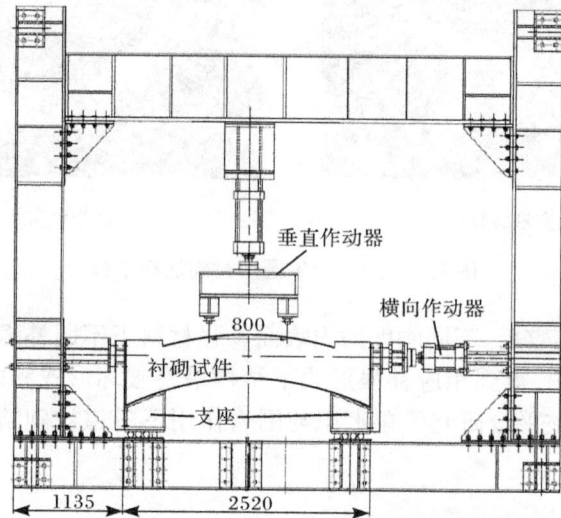

图 1.7　可三向加载的多功能衬砌力学性能试验系统(单位:mm)

1.2.3　黄土隧道围岩恶化对衬砌结构的影响研究

黄土特有的物理力学性质使其在遇水后强度及变形发生较大变化,对地下结构物的稳定和安全产生较大影响。

赵占厂[49]以浅埋隧道为工程背景,分局部浸水和全面浸水两种工况对围岩发生浸水后隧道结构和土体的受力与变形性状进行了模拟,并针对黄土公路隧道衬砌结构的受力特性,进行了系统全面的大规模现场测试。

来弘鹏等[50]认为黄土地区隧道病害的基本类型包括渗漏水、塌方、衬砌变形破坏及地表变形,指出黄土的类型、物理力学性质、地层结构特性和人们对黄土渗流场的认识不足是隧道病害的主要原因。

来弘鹏等[50]针对新庄岭黄土公路隧道衬砌开裂的病害特征,运用数值模拟和现场实测等手段对其产生机理进行详细探讨,对其病害产生原因进行详尽的分析。康佐等[51]引进了非饱和黄土基质吸力的概念,建立了各向同性对称平面问题的弹塑性解,认为非饱和黄土含水量的增加是隧道结构出现病害的原因。

陈福江[52]以郑西高铁张茅隧道为工程依托,得出张茅地区黄土的基本物理力学性质指标,分析了该地区黄土的抗剪强度和压缩模量随含水量的变化规律,总结归纳出隧道围岩含水量的变化对隧道形态影响的变化规律。丁兆民等[53]通过对其病害发展过程的监测和病害特征的分析,指出黄土工程特性、地表水以及黄土隧道埋深是造成黄土公路隧道病害的主要因素。

邵生俊等[54]进行了隧道的岩土环境等级划分和浸水等级划分,并且对湿陷性黄土隧道的环境等级进行了划分,确定了关于隧道湿陷性黄土地基等级的划分标准。陈新建[55]从研究原状黄土天然应力状态出发,结合黄土力学性质、本构关系、赋存条件,系统论述了黄土的土体工程特性——黄土的含义及成因、成分和结构,归纳出黄土隧道结构病害机理及主要地质灾害类型。

赵元科[56]、荆冰寅[57]和肖明[58]综合分析隧道衬砌裂缝形成的因素有围岩级别划分不明确、洞周应力演变、衬砌施工质量、农田灌溉水等。薛晓辉[59]利用非饱和黄土数学模型分析、等围压变吸力剪切试验、现场监测等手段对非饱和黄土基质吸力的变化规律及其对隧道支护力、塑性区的影响进行研究。

1.2.4　隧道衬砌结构裂缝研究

国内外隧道衬砌结构的调查结果表明,混凝土衬砌开裂是普遍存在的现象,造成混凝土衬砌开裂的原因很多。结果显示,80%的裂缝是由变形引起的,而20%的裂缝是由荷载造成的[60]。变形一般包括混凝土内外温差和水泥水化产生的温度应力、混凝土失水造成的干缩应力以及围岩变形产生的形变应力。而作用于衬砌结构上的力,可以视为轴力和弯矩的共同作用。

赵国旗[61]在分析导致衬砌开裂原因的基础上,总结了衬砌出现裂缝的性质和特点,并提出整治衬砌结构裂缝病害的相关原则和措施。

方利成等[62]通过图文的形式直观展示了隧道裂缝的分布特征,对隧道裂缝的全面直观认识和防治起到了很好的铺垫作用。

李治国等[63]分析了造成铁路隧道衬砌结构开裂的原因和裂缝的分布特性,通过断裂力学的手段研究了隧道衬砌带裂缝工作的稳定性,在此基础上提出了有关的裂缝整治技术。

苏生[64]详细研究了隧道二次衬砌结构各种形式裂缝的类别和产生原因,并结合二次衬砌结构的力学特性对裂缝的产生机理进行了探讨,提出了隧道裂缝的防治原则和措施。

许文锋[6]针对某隧道出现衬砌开裂的现状,通过对裂缝沿隧道纵向分布特征的分析,指出非断层带的隧道结构出现的裂缝主要是温度应力和施工因素影响造成的,并非受力开裂。

罗勇[65]通过断裂力学的知识对隧道结构开裂进行理论分析,分析结果认为,隧道结构裂缝主要是在形变压力、松动压力、地层条件等因素的影响下沿隧道纵向分布,并且指出偏压的存在使隧道结构受力不对称,造成隧道结构的不稳定性,易导致结构开裂。

叶飞等[66]对其结构裂缝进行了详细的现场调查统计工作,系统全面地分析归纳了衬砌结构发生开裂的原因,指出地质条件、结构设计、偏压受荷和施工因素是影响该隧道结构发生开裂的主要因素。

陈东柱[67]分析了隧道衬砌在偏压、衬砌背后空洞和结构厚度不足等病害下结构的变形和裂缝分布开展情况。

Xiao等[68]通过三维固结排水剪切试验和三维数值计算探讨了隧道二次衬砌的开裂机理,认为二次衬砌的水平变形和弹性范围的应力集中是二次衬砌开裂的主要原因。

叶飞等[66]通过对衬砌裂缝数量、长度、倾角、宽度以及典型裂缝深度的现场调查,总结分析了衬砌裂缝产生的原因。潘洪科等[69]结合监控量测数据和隧道实际地质情况,对裂缝产生的各种原因及其发展变化从力学角度进行正、反演分析和归纳。

李治国等[63]根据不同规范对裂缝宽度的影响程度进行了分级,并利用断裂力学研究了衬砌开裂隧道的稳定性。刘庭金等[70]通过对云南省4条高速公路连拱隧道衬砌开裂、渗漏水等病害进行较为全面的调查,分析了隧道病害产生的主要原因并进行了相应的分类。

刘学增等[71]开展了钢筋混凝土衬砌的加载试验,通过分析钢筋混凝土衬砌加载过程中结构的变形和裂缝展开规律,获得了纵向裂缝深度与结构转动刚度的关系曲线。王华牢等[72]通过公路隧道衬砌结构裂缝评价方法,对某隧道主要裂缝进行了安全评价,同时应用刚度退化模型对隧道原结构进行了承载力评价,给出了加固前的隧道结构安全系数。

张成平等[73]和彭跃等[74]采用数值模拟和模型试验分别研究了拱顶及拱肩背后存在双空洞条件下隧道结构的安全状态。荣耀等[75]、蒲春平等[76]、罗立娜[77]利用不同方法研究了不同成因下裂缝宽度、间距、分布规律和衬砌内力。顾祥林等[78]、张玉军等[79]、代高飞等[80]利用理论分析和数值计算等手段研究了衬砌开裂的产生机制和治理方案[81,82]。

Inokuma等[83]针对衬砌开裂、崩塌等病害做了大规模的统计调查分析,认为衬砌开裂病害最为常见,隧道病害发生率与运营年限没有直接关系。Ansell[84]对喷射混凝土干缩裂缝进行调查分析,指出喷射混凝土厚度和裂缝之间的关系,同时对双层喷射混凝土施工过程中可能导致开裂的因素进行分析。Mashimo等[85]通过模型试验研究比较了钢筋混凝土和纤维混凝土对隧道衬砌收缩裂缝的影响,并解释了收缩裂缝产生的力学机理。

Asakura等[86]和Gblvez等[87]通过对隧道结构的初期和中期检测,将结构裂缝的产生和处治划分为三个方面进行分析:①围岩压力导致的开裂;②衬砌结构劣化导致的开裂;③渗漏水和冻害导致的开裂。Inokuma等[88]针对日本国内公路隧道日益恶化的现状,对其恶化破坏机理进行调查研究,认为较大的荷载和位移将直接影响隧道结构的应力和变形,并导致隧道二次衬砌的破坏、开裂甚至崩塌,然后直接影响隧道的运营安全[89]。

1.2.5　健康评价体系研究

《公路隧道养护技术规范》(JTG H12—2003)[90]将土建结构检查工作分为日常检查、定期检查、特别检查和专项检查四项,其中前三项结果划分为 A、B、S 三级判定,最后一项分为 3A、2A、A、B 四级判定,并给出相应判定标准。《铁路桥隧建筑物劣化评定标准——隧道》(TB/T 2820.2—1997)[91]采用劣化度来判定铁路隧道技术状态,将其劣化等级分为 A、B、C、D 四级,其中 A 又分为 AA 和 A1 两级。

日本公路隧道与铁路隧道安全等级划分均是基于健全度指标来进行划分,其中,公路隧道主要介绍了外力、劣化、漏水和剥落等的判定标准,在检查阶段分为 A、B、C 三级,在调查阶段分为 3A、2A、A、B 四级;而铁路隧道主要介绍变形、错台、开裂破损、强度降低等的判定标准,判定等级分为 A、B、C、S 四级,A 级又分为 AA、A1、A2 三级[92]。

德国《人工建筑物的监控和检查规范》采用损坏值 1、2、3 作为衬砌损坏和缺陷判定尺度[93]。美国《公路和高速铁路隧道检查手册》采用 10 级标度判定方法,将隧道技术状态分为 0～9 共 10 级进行判定[94]。

罗鑫[93]研究并建立了公路隧道健康状态诊断指标体系,采用乘积标度法、模糊理论和人工神经网络等方法确定了各评定指标权重,并结合模糊综合评价法建立了公路隧道健康状态的模糊综合评价模型。

Park 等[95]将裂缝、渗漏水、脱落、剥离、风化等隧道衬砌结构病害划分为 Ⅰ～Ⅴ 五个等级,提出病害缺陷点数概念,并对其进行详细的说明,定义了缺陷指标 F,根据最终 F 的取值对照所指定的判定标准,对隧道衬砌健康状况进行划分。

杨建国等[96]应用层次分析法、物元理论、模糊集合论和信息熵理论建立了基于物元理论的隧道衬砌结构技术状况的熵权物元评估模型,并借助实际工程对其进行分析。

王华牢等[72]通过公路隧道衬砌结构裂缝评价方法,对某隧道主要裂缝进行安全评价,同时应用刚度退化模型对隧道原结构进行承载力评价,给出加固前的隧道结构安全系数。李治国等[63]根据不同规范对裂缝宽度的影响程度进行分级,并利用断裂力学研究了衬砌开裂隧道的稳定性。

黄波等[97]应用模糊数学理论对隧道运营状态进行多层次综合评判。该方法通过理论分析确定影响隧道状态的因素,利用集值统计方法及专家的意见综合确定指标权重,最后采用三级模糊评判模型实现对隧道状态定量化综合评判。

别秋宏[98]基于隧道结构现场实测数据,利用 BP 神经网络理论相关原则和方法,建立了隧道结构安全性评价模型。王华牢等[99]基于相关研究成果和工程实践经验,采用乘积标度法及新的模糊运算法则,建立了公路隧道健康状态三级评价指标体系。

张素磊等[100]通过研究分析大量运营隧道现场监测数据,挖掘了隧道衬砌结构病害主成因,选取了隧道衬砌结构技术状况评定指标,提出隧道健康度概念,并以此为基础制定了各评定指标的判定标准,基于"最不利原则"建立了一种分段式隧道衬砌结构健康诊断及技术状况评定方法,并通过工程实例对其进行了验证。

王洪德等[101]通过研究隧道劣化程度及病害出现概率,制定了隧道健康等级量化标准及健康状况预警等级,利用模糊层次分析法和模糊神经网络模型,建立了高速公路隧道健康诊断指标体系。

1.2.6 隧道裂缝修补方法及材料研究

随着隧道和地铁的大量修建,在其运营和养护过程中,隧道衬砌结构由于不同的原因出现了不同程度的裂缝,为隧道和地铁的安全运营带来了影响,这一问题引起了业内人士的普遍关注。裂缝分为贯穿裂缝和深层裂缝,它们会破坏混凝土结构的整体性,改变混凝土的受力条件和约束,进而导致混凝土结构局部甚至整体发生破坏,严重影响结构的质量和安全。而且,在钢筋混凝土中,裂缝的产生会导致混凝土内部的钢筋产生锈蚀,降低钢筋混凝土的承载力和耐久性。所以说,裂缝的存在对构造物的影响很大,轻则影响其外观和使用年限,重则影响其受力情况,甚至威胁到生命和财产的安全。现实生活中,裂缝的存在和不稳定发展导致了许多工程事故,所以施工中应尽可能避免裂缝的产生,或者控制裂缝的数量和宽度。

但是由于混凝土的特性,一些裂缝的产生在施工过程中是不可避免的,因此需要用科学的方法进行裂缝处理。通过搜集资料和实践,目前混凝土裂缝处理的方法主要有表面封闭法、灌浆嵌缝封堵法和结构加固法[102]。

1) 表面封闭法

表面封闭法通常分为两种:局部表面封闭法和整体表面封闭法。采用此方法时应注意预先将混凝土表面的灰尘和杂质清理干净,对于顽固性或者黏结性强的污物,可以采用喷砂方法进行处理。

局部表面封闭法:对于混凝土表面的未贯穿裂缝和注浆法不能注入的微细裂缝,可以采用环氧树脂和微细裂缝封闭膏,沿着裂缝进行涂抹或者开槽嵌入,宽度大约为 20mm。

整体表面封闭法:对于不规则网状裂缝,需要提前在混凝土裂缝表面洒水湿润,然后用网状裂缝柔性封闭剂均匀涂刷,不要有遗漏的部位,涂刷厚度在 1mm

左右为宜。

2) 灌浆嵌缝封堵法

灌浆嵌缝封堵法是处理混凝土裂缝的主要施工方法之一，主要用于贯穿性裂缝和深度裂缝的修补，特别是受力裂缝的修补。根据裂缝的前期探测情况选择合适的修补材料，对于宽度小于 0.5mm 的裂缝，经常采用改性环氧类或者丙烯酸甲酯类注浆材料；对于宽度为 0.5~5mm 的裂缝，宜采用收缩性小的改性环氧类注浆材料，修补材料的体积收缩率不大于 5%；对于宽度大于 5mm 的裂缝，宜采用流动性好且收缩性小的水泥类胶凝注浆材料。

等待修补材料凝固后，应该敲开材料表面的接触面进行观察，必要情况下可进行钻芯取样，检验裂缝的修补效果，如果不能满足修补材料的设计要求，应采取相应的措施进行补救或者加固。

3) 结构加固法

对于钢筋混凝土构件，通常采用结构加固法，结构加固法又分为钢箍加固法和粘贴加固法。钢箍加固法：当钢筋混凝土构件中特长箍筋和弯起筋抗剪能力达不到要求时，可采用钢箍加固法进行补强。具体方法是采用两端留有螺纹的钢箍套入钢板后，用螺母拧紧。粘贴加固法：用改性环氧树脂黏结剂将钢板粘结到混凝土裂缝部位，使钢板与混凝土连接成整体共同工作。在粘结前将钢板的表层进行喷砂处理，混凝土的表面也应该进行清洁。

混凝土中存在很多不同长度、不同类型的裂缝，裂缝产生的原因也是多种多样的，这种现象在混凝土结构中越来越普遍。因此，对正在建设和已经建成的建筑物进行裂缝鉴定时，需要系统考虑裂缝形成的原因、裂缝的大小、裂缝的发展形态等因素，然后根据这些因素来分析判断裂缝对混凝土构件的危害程度。在分析判断之后，根据裂缝出现的部位、建筑物的种类与作用、裂缝的大小及危害程度等因素，对不同的混凝土结构采用不同的修补措施，以保证结构的正常使用和安全性能。

同时，随着科学技术的不断发展，裂缝修补材料也越来越多。国外的一些发达国家和地区在隧道衬砌裂缝的修补材料问题的研究领域起步较早，在基础试验研究和工程应用研究方面都取得了一定的科研成果。相对来说，我国早期对这一领域不够重视，处于比较落后的状态。但是，随着我国科学技术的进步与发展，国内专家学者已开始重视裂缝修补这一研究领域，目前对于隧道衬砌结构裂缝的发展规律和裂缝开裂的控制方法等方面研究比较多，有代表性的有王铁梦[103]、方利成[104]、关宝树[105]等。但是，众多国内外学者的研究对象主要是地上建筑或者室内试验中的混凝土结构，其研究对象的受力性能和材料特性比较直观，而对于隧道工程领域，因为隧道建筑属于半隐蔽工程，其影响因素复杂多变，所以目前针对这方面的研究还比较少。

对于国内已建成的运营隧道,普遍存在隧道衬砌裂缝病害和渗漏水的情况,隧道渗漏水也是隧道最常见的病害之一。带水状态下的隧道一旦出现裂缝,很可能导致隧道发生渗漏水,对隧道的承载能力和安全性带来影响。隧道裂缝渗漏水会导致很多不良影响,对隧道的稳定性、洞内行车的安全性都有很大的威胁,甚至会影响到隧道围岩和地面建筑的水环境。带水状态下隧道衬砌结构裂缝由于处于饱水状态下,相对于普通隧道裂缝的修补,它面临的最主要问题是裂缝中充满了水,常规的水泥砂浆等修补材料很难满足要求。而对于高分子材料[106],平常能很好地在隧道裂缝表面灌浆或者涂抹,但是在带水状态下,由于混凝土裂缝的表面会吸附大量的水分子,一般的修补材料很难将裂缝中的水分全部挤出,而水分子的存在会导致修补材料与裂缝接触面之间的黏结力减弱,无法达到理想的修补效果。

国内外学者针对带水状态下的隧道裂缝的修补研究还较少,带水状态下隧道裂缝修补不仅对修补技术的要求很高,对修补材料的性能要求也很高,常用的修补方法有表面封闭技术和内部全面修补技术[107]。用于带水状态下隧道衬砌裂缝的修补材料需具备三点性能:①在带水状态下拥有很好的黏结性能;②水下不分散性能;③初凝与终凝时间较短。

叶丹玫等[108]总结了国内混凝土裂缝修补材料的基本现状,将修补材料分为有机类、无机类、有机改性类三种类型,分别介绍了每种类型的研究情况和应用情况,并讨论了聚合物材料作为修补材料的可行性和应用潜力。还重点论述了4种常用于聚合物改性水泥基的乳液材料,包括丁苯乳液、环氧乳液、丙烯酸系乳液和醋酸乙烯酯共聚物乳液,并针对聚合物改性水泥基修补材料的发展和应用问题提出了若干建议。

常利等[109]针对水泥路面修补后所面临的一些不利因素,采用复合碱性激发剂和粉煤灰等矿物材料,另外添加一些外加剂,制备了一种地聚合物水泥快速修补材料,并对该材料的抗压强度、黏结强度、收缩率、抗冻性能等进行测试,初步得出该材料能满足路面快速修补的要求。

杨成忠等[110]通过现场检测某公路隧道衬砌的开裂状况,从地质构造学角度分析裂缝形成的原因,并通过有限元软件模拟计算碳纤维布对隧道裂缝的加强效果,对隧道开裂段经过碳纤维布加固前后的应力场及位移场进行对比分析,同时分析碳纤维布的变形状况,为评价公路隧道衬砌裂缝的碳纤维布补强效果提供可靠的依据。

鞠向伟等[111]研发了一种强度高、黏结性好的水性环氧树脂改性修补材料,这种材料可用于隧道管片破损及裂缝的高效修补。他们研究了该材料的强度性能和黏结性能,并采用扫描电子显微镜(scanning electron microscope,SEM)等微观观测方法进行结构分析。结果表明,该材料具有较高的黏结强度和耐久性能,可适用于带水状态下的隧道衬砌裂缝破损开裂等修补,且能够快速施工,有助于提高隧道结构的安全性能,增大经济效益。

魏新江等[112]基于带裂缝工作的水下隧道混凝土处于非饱和状态,分析了水分和氯离子在非饱和隧道混凝土中的迁移情况,总结了该现象的影响因素。分析认为,氯离子在水下隧道混凝土中迁移是扩散作用和渗透作用的混合过程;水下隧道裂缝检测宜采用无损检测法,地质雷达探测法和红外成像法是比较适合隧道无损检测的方法;带水状态下隧道裂缝的修补,需要根据不同隧道的开裂情况选择合适的方法,一般工程通常选用注浆法。

李利平等[113]以高压突水病害的深埋隧道为研究对象,研究了该隧道的加固方法和突水治理。他们研究了一种新型化学注浆材料,重点研究该材料的反应机理和封堵机制,并针对该修补材料的流动性、渗透性、抗冲刷性等材料性能进行室内试验研究,给出了该材料的最佳配合比,分析了其相应的物理化学特征和性能指标。同时,对该材料进行现场工程试验,开展现场注浆封堵试验,检验了该材料用于封堵高压突水隧道的效果,并与超细水泥、水泥-水玻璃等常规修补材料的封堵效果进行对比,分析该材料的优越性与不足。

另外,自修复混凝土[114]是近些年新出的一种修补材料,自修复技术比普通修复材料的性能更为先进,但是在我国隧道衬砌裂缝修补工程中很少使用,专家学者对其研究也不多见,自修复混凝土主要是通过材料内部发生的电解结晶等化学反应,达到修补裂缝的效果,此种技术主要包括结晶沉淀、渗透结晶、聚合物固化和电解层积。

乔君慧[115]研究的 Krystol 科技水泥基渗透结晶型防水系列产品是一项革新的、能使多孔的混凝土变得密不透水的成熟结晶技术。这种自愈合材料拥有很好的防水能力,可以使混凝土成为具有防水能力的整体系统,能够有效地减少混凝土的开裂,并且能减少渗漏水等其他病害对建筑物的危害。另外,该材料能够在混凝土的背水面进行修补施工,以更好地促进修补效果。

隧道衬砌结构裂缝病害和渗漏水防治是国内外公认的难题,其修补材料的研制与防水技术的开发是集隧道工程和化学科研于一体的综合学科,在这些方面,我国有很大的空白待填补,无论是在裂缝的修补技术和渗漏水的防治技术方面,还是在修补材料的性能方面,都有很多问题需要进一步探讨研究,不仅在工程实践中需要面对很多复杂的工程地质和不同的裂缝开裂情况,在理论推导上也将面临很多难题。目前看来,我们的研究还缺乏隧道衬砌结构裂缝修补材料和抗渗防水材料的实际研究成果,这一问题需要进一步研究。

1.2.7　地聚合物胶凝材料及性能研究

地聚合物指采用天然矿物或固体废弃材料及人工硅铝化合物为原料,制备的硅氧四面体与铝氧四面体三维立体网状聚合物胶体,它一般处于无定形状态到半晶体状态,是一种非金属材料。地聚合物胶凝材料是一种胶凝材料,同时也是一种新型的修补材料,这一理念是由法国 Davidovits 教授提出的,他在研究古建筑物的耐久性时发现,古建筑物的耐久性很强,其中有一种无规则状态的硅铝酸盐化合物存在,这种化合物与地壳中一种沸石类结构相似,因此将其称为地聚合物[116],随着对该物质的深入研究,也有人将其称为土聚水泥或者土壤聚合物。

　　地聚合物胶凝材料属于碱激发材料,原料矿物中的硅铝氧化物与碱性激发剂发生土聚反应,经历了一个从解聚反应到再聚合反应的过程,是一个放热脱水并且化学键断裂重组的过程[117]。地聚合物胶凝材料的反应过程是以碱性溶液中的水为介质,含有大量硅铝离子的矿物材料在碱性激发剂的催化作用下,Si—O 键和 Al—O 键发生断裂,重新形成一种低聚合度的硅铝四面体单元,生成的四面体单元以氧原子为桥梁,相互之间进行离子交换并重新结合。生成的四面体中的硅离子表现为稳定的 +4 价,所以 Si—O 单元体呈中性;而铝离子表现为 +3 价,属于负电状态,从而与碱激发剂中的钠离子或钾离子等碱离子相结合,来维持电性的平衡,此时形成的物质为地聚合物胶凝材料的前驱物。但是,此时形成的地聚合物胶凝材料的羟基在碱性环境下又非常不稳定,因此进一步发生脱水反应,最终形成稳定的地聚合物胶凝材料,其聚氧硅铝大分子链为

$$M_x[-(Si-O)_z-Al-O-]_n \cdot wH_2O$$

其中,M 为碱性金属元素;x 为碱离子个数;z 为硅铝离子的比值;n 为地聚合物的缩聚度;w 为结合水的数目($0 \leqslant w \leqslant 4$)。

　　根据 Davidovits 提出的观点,地聚合物为无机结构,表现形式为硅氧四面体与铝氧四面体的结合体。地聚合物分子链的结构通常表现为 3 种类型[118]。

　　(1) 单硅铝地聚合物(PS)-Poly(sialate),其结构为硅铝长链,如图 1.8 所示。

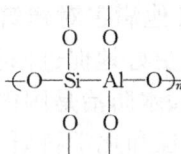

图 1.8　单硅铝地聚合物结构

　　(2) 双硅铝地聚合物(PSS)-Poly(sialate-siloxo),其结构为双硅铝长链,如图 1.9 所示。

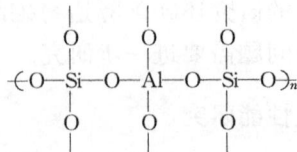

图 1.9　双硅铝地聚合物结构

　　(3) 三硅铝地聚合物(PSDS)-Poly(sialate-disiloxo),其结构为三硅铝长链,如

图 1.10 所示。

$$\begin{array}{cccc} O & O & O & O \\ | & | & | & | \\ (O-Si-O-Al-O-Si-O-Si-O)_n \\ | & | & | & | \\ O & O & O & O \end{array}$$

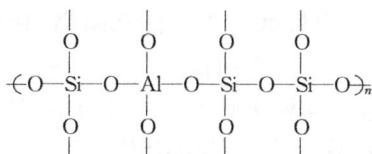

图 1.10　三硅铝地聚合物结构

　　可以看出,地聚合物胶凝材料中负电荷由碱性激发剂中的碱性阳离子来平衡。地聚合物的聚合反应与硅酸盐水泥的水化反应以及高分子材料的聚合反应完全不同,在地聚合物的内部结构中,硅氧四面体结构不仅可以和铝氧四面体互相连接,还可以和硅氧四面体结构和铝氧四面体结构的结合物互相连接,地聚合物胶凝材料与普通水泥的水化产物有明显的区别。硅酸盐水泥在水化之后,主要生成水化硅酸二钙、水化硅酸三钙等低聚物,而地聚合物经过土聚反应后主要生成网络状的无机聚合物。土聚反应不同于硅酸钙的水化反应,其最终生成的地聚合物以离子键和共价键为主,范德华键和氢键为辅,因此其性能比传统水泥要优良很多。

　　地聚合物胶凝材料拥有高分子聚物、陶瓷材料和普通水泥的优良特性,能够集三者的特点于一身,同时它所表现的性能又优于三者中的任何一种材料。因为地聚合物胶凝材料内部结构是一种无规则网状结构,使其拥有很多优良性能,如耐久性好、抗收缩性好、抗渗性优良、抗辐射、快硬早强等。因为它具有很多传统建筑材料和修补材料不可比拟的优良性能,近几年来成为世界各地专家学者的研究热点,随着研究的深入,发现在原材料中添加不同种类和不同数量的外添加剂,就可以改变地聚合物中硅铝四面体的相对含量,对以后的地聚合物胶凝材料的研究有很大的帮助。在密封核废料、快速修补、耐高温等方面都拥有良好的应用前景。与普通的建筑材料和修补材料相比,地聚合物胶凝材料的性能在以下方面表现出优越性。

　　(1) 力学性能好。地聚合物胶凝材料的主要力学性能相对于水泥等常用建筑材料要优良很多,甚至可以与钢铝等金属材料相媲美。地聚合物拥有早强的特点,常温下,4h 的抗压强度可达到最终强度的 70%~80%;而且其抗压性能好,普通材料 1 天的抗压强度能达到 15MPa 左右,如果使用优质材料进行配置,在常温下 1 天的抗压强度可以达到 56MPa;在一定的工艺条件和养护条件下,地聚合物胶凝材料的抗压强度可以达到 300MPa 以上[119]。

　　(2) 耐高温。水泥在 400℃下强度仅剩 15~20MPa,在 570℃下强度为 0。而地聚合物的氧化物网络结构体系使其拥有很强的密实性,可以防止空气进入体系内,保护内部结构不被氧化,所以地聚合物胶凝材料拥有很强的耐高温性能。Davidovits[120] 将碳纤维加入地聚合物中,得到了性能优良的改性复合材料,该材料在 1000℃的高温下不发生氧化,并且拥有很高的抗压强度与抗弯强度,已经成功用于制作赛车的零件。丁庆军等[121]利用陶砂对地聚合物进行改性研究,制备出的地聚合物胶凝材料具有很好的力学性能和耐高温性能,试验测试了经950℃高温煅烧后的强度及强度损失率,表明该材料具有耐高温性能良好和密度小等优点,可用于具有火灾隐患或长期处于高温工作环境的建筑工程。

（3）固定金属离子。地聚合物的"类晶体"结构是由环状分子链构成的。环状分子链形成的结构具有良好的封闭性,可以把金属离子和其他毒性物质进行分散包围,同时地聚合物结构中的铝离子和硅离子也能吸附金属离子[122],该性能可以用于密封核废料等有毒废弃料。

（4）收缩小。普通硅酸盐水泥发生水化反应后会产生较大的化学收缩,地聚合物则没有这方面的缺陷,它表现的收缩性很小,主要因为地聚合物的聚合反应与普通水泥的水化机理完全不同。地聚合物胶凝材料的收缩和普通硅酸盐水泥相比,地聚合物7天收缩值只有硅酸盐水泥的1/5,28天收缩值小于硅酸盐水泥的1/6[123]。

（5）耐久性优良。地聚合物拥有稳定的网络结构和封闭性,使其性能普遍优于其他修补材料,普通硅酸盐水泥混凝土经过很长时间的使用,会有一定的膨胀性,在200天后膨胀率约为1.5mm/m,对建筑的耐久性有很大的影响[124],而地聚合物胶凝材料基本没有膨胀性,因而它的耐久性更优良,使用周期更长。

Davidovits等[125]在对罗马和埃及的古建筑进行考察后,发现这些古建筑物材料具有"类沸石"结构,也就是地聚合物胶凝材料,并且认为这种材料的存在是这些古建筑数千年屹立不倒的原因之一。人们应用地聚合物胶凝材料进行建筑物修建的时间较短,只有几十年而已,而这些建筑物的耐久性是否经得起考验,只能用时间来证明了。每年全世界都有大批的建筑物由于时间的原因导致不同程度的损坏,甚至有的被迫拆除重建,优良的耐久性对节约资源和保护环境具有深远的意义。

（6）可回收再利用。一方面,根据地聚合物胶凝材料的反应机理可以看出,在强碱的条件下,地聚反应过程是可逆的;另一方面,地聚合物胶凝材料的制作生产过程中,除脱水外没有损失其他的物质。所以,地聚合物胶凝材料的废弃物经过粉碎研磨之后,可以当成原材料进行二次利用。经过回收利用之后,地聚合物胶凝材料可以节省大量的原材料,同时减少废弃物对环境的污染。

1.3　本书主要内容

（1）引入黄土结构性参数,利用BP神经元理论拟合得到黄土结构性参数的计算公式,同时编写黄土结构性参数的计算绘图软件。引入黄土的结构性邓肯-张本构模型,并利用开发工具UPFs在ANSYS中对其进行二次开发,编写黄土的结构性邓肯-张本构模型的子程序,并基于该程序计算得到黄土隧道拱腰围岩和拱脚围岩浸水以及两者组合作用下二次衬砌的接触压力。

(2) 为了能够更真实地模拟复杂应力条件下隧道衬砌结构的受力与变形情况,参考已有衬砌加载装置或平台的优点、局限性以及仪器开发相关过程,研发一种适用于复杂受力条件下的隧道衬砌结构力学性能测试平台,该平台最小加载速度为 90s/mm,加载精度为 0.175kPa,最大加载量达到 10MPa,通过数值验算和试验加载测试证明该平台安全性高,加载模拟结果可靠。

(3) 依据室内衬砌模型破坏试验,分析研究衬砌结构劣化机理。从隧道衬砌应变、轴力、弯矩等角度分析衬砌结构的受力特征及分布变化情况,得到黄土围岩浸水恶化下衬砌结构力学性能演化特征;分析衬砌结构在围岩浸水条件下的开裂过程,并对裂缝进行分类统计,得到裂缝的发生发展及分布规律;对衬砌开裂瞬间结构整体及局部的能量变化情况进行分析,得到围岩浸水恶化条件下的衬砌结构能量变化规律;给出围岩浸水条件下衬砌劣化后的重点加固位置及加固目标。

(4) 结合模型试验研究成果,建立隧道结构健康评价体系。首先引入安全隶属度概念,构建安全等级隶属函数,优化现有指标分级方法;然后从衬砌开裂和围岩恶化两者耦合作用出发,合理选取评定要素和评定指标,并给出相应的分级标准;最后基于"最不利原则"构建围岩浸水恶化下黄土隧道衬砌结构健康评价体系,并对其可靠性和准确性进行检验。

(5) 针对公路隧道混凝土衬砌裂缝修补现状,通过资料搜集、室内试验、数据分析等手段,研发适用于隧道衬砌结构裂缝的新型修补材料;并运用自主研制的隧道衬砌结构裂缝诊断与处治模拟平台,对隧道衬砌裂缝持续受力开裂与不同程度的渗漏水进行模拟,测试裂缝修补材料在不同因素影响下的材料性能及修补效果。

第2章 结构性邓肯-张本构模型及其二次开发

2.1 概　述

　　土的结构性是指土体颗粒的形状、大小、表面特征、定量的比例关系、空间上的排列状态和骨架颗粒与胶结物的胶结形式,以及土体中孔隙的形态、大小、数量和分布情况。土的结构性可以概括为土体中骨架和孔隙的排列特征(如土颗粒空间上的排列状态和孔隙自身特征及分布特征)以及骨架颗粒和胶结物的胶结状态,即为土的联结和排列,所以通常从以上两个方面研究土的结构性[126~128]。

　　黄土结构性明显,结构性是黄土的重要特征,影响着黄土的诸多物理力学性质,其中,黄土的变形和湿陷的发生都与黄土结构性的丧失密切相关[129,130]。20世纪90年代前,黄土的本构关系几乎没有考虑结构性的影响,随着土的结构性研究的发展,人们逐渐将研究重点转向黄土结构性的研究,谢定义[131]曾预言:21世纪土的结构性将成为土力学的研究重点。谢定义、党进谦等[132~134]、骆亚生[23]关于黄土结构性做了大量的研究。

2.2　黄土的结构性参数及公式拟合

2.2.1　三轴剪切条件下黄土结构性参数 m_{sc}

　　为了寻求一个土结构性的定量化参数,谢定义于1999年提出了释放结构势的方法,所谓结构势,即土的结构对土体变形强度产生影响趋势的强弱,释放结构势的方法不仅能够较全面地反映土体结构性的几何和力学要素的可稳性及可变性,而且能直接与土的变形发展和强度发挥相关联,以此衍生的后续研究为建立结构性土的本构关系提供了方便[18,129,135]。

　　现有黄土的结构势释放的途径有三种,即土的重塑、加荷和浸水饱和。其中,重塑能破坏土的联结状态和已形成的稳定空间排列,使土颗粒间的胶结所表现的结构势彻底释放。加荷能够使土体骨架受到压剪作用,弱联结、不稳定的部位首先破坏,逐渐发挥次联结和稳定部位的抵抗作用,最终既改变了土颗粒的排列方式,又改变了土颗粒的联结特征[136]。浸水可使土中的化学物质弱化、溶解,吸力联结丧失,水膜的楔入作用又可使土所固有的胀缩势释放出来。重塑手段是对黄土骨架和空隙的排列特征的消减；浸水是对骨架颗粒和胶结物的胶结作用的消减；而加荷手段是对重塑手段的补充，进一步对土体联结的薄弱位置所体现的弱势能进行消散[137]。

关于能够体现黄土结构性的定量化结构性参数，最早为 1999 年谢定义在侧限压缩应力条件下，基于变形考虑而提出的判断土结构性强弱的公式：

$$m_p = \frac{m_1}{m_2} = \frac{s_s/s_o}{s_o/s_r} = \frac{s_r s_s}{s_o^2} \tag{2.1}$$

式中，s_i 在 $i=$ o、r、s 时分别为压力 p 下原状土、饱和原状土和重塑土的压缩应变；m_1 和 m_2 分别为结构可变性和结构可稳性，m_1 越大，结构可变性越强，m_2 越小，结构可稳性越强。

根据同时使用重塑和浸水，并施加不同荷载研究黄土结构性两种特征变化的基本研究框架，基于土体的强度考虑，在三轴剪切应力条件下，黄土的结构性参数 m_{se} 为

$$m_{se} = \frac{(\sigma_1 - \sigma_3)_o/(\sigma_1 - \sigma_3)_r}{(\sigma_1 - \sigma_3)_s/(\sigma_1 - \sigma_3)_o} = \frac{(\sigma_1 - \sigma_3)_o^2}{(\sigma_1 - \sigma_3)_r(\sigma_1 - \sigma_3)_s} \tag{2.2}$$

式中，$(\sigma_1 - \sigma_3)_i$ 在 $i=$ o、r、s 时分别为原状土、饱和原状土和重塑土对应于 ε 的主应力差。

仍然基于土体的强度考虑，在动三轴应力条件下，黄土的结构性参数 m_{de} 或 m_{dy} 为

$$m_{de} = \frac{\sigma_{do}^2}{\sigma_{ds}\sigma_{dr}}, \quad m_{dy} = \frac{\tau_{do}^2}{\tau_{ds}\tau_{dr}} \tag{2.3}$$

式中，σ_{di} 或 τ_{di} 在 $i=$ o、r、s 时分别为原状土、饱和原状土和重塑土对应于 ε 或 γ 下的动应力或动剪应力。

考虑到三种结构性参数中，关于三轴剪切应力条件下 m_{se} 的研究多于其他两种，且为了与本书后续所用的结构性本构关系在参数上保持一致，本书选取三轴剪切应力条件下 m_{se} 作为衡量黄土结构性的定量化指标。下面详细解释三轴剪切应力条件下 m_{se} 的含义。

图 2.1 为三轴试验时原状土、饱和原状土和重塑土的应力-应变曲线[137]。可以看出，在任意应变下，原状土、饱和原状土和重塑土均存在一主应力差 $(\sigma_1 - \sigma_3)_i$，由重塑土与原状土的主应力差比值 $\frac{(\sigma_1 - \sigma_3)_s}{(\sigma_1 - \sigma_3)_o}$ 及原状土与饱和原状土的主应力差比值 $\frac{(\sigma_1 - \sigma_3)_o}{(\sigma_1 - \sigma_3)_r}$ 可以综合反映土粒空间排列和颗粒间联结特征所反映的结构性，两者相除即可达到三轴剪切条件下 m_{se} 的数学表达式[式(2.2)]，可以看出，原状黄土的联结越强，重塑后的强度损失就越大，m_{se} 就越大，而浸水后土的结构性破坏越大，则原状饱和土的强度损失越大，同样 m_{se} 也越大。

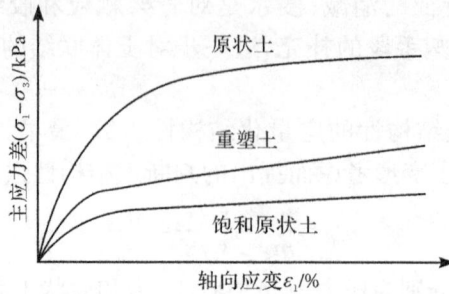

图 2.1　三轴试验时原状土、饱和原状土和重塑土的应力-应变曲线[137]

从上述三轴剪切条件下 m_{se} 的定义可以看出，三轴剪切条件下 m_{se} 的确定需通过制备不同类型土样并经过三轴剪切试验才可得到，所需时间少则数周，多则数月。同时，结构性参数不能公式化的现实限制了基于结构性参数本构关系在数值计算中的应用和推广。考虑到三轴剪切条件下 m_{se} 的数据十分可观，同时，大量文献研究表明，三轴剪切条件下 m_{se} 受土体含水量 ω、干密度 ρ_d、纵向应变 ε 和围压 σ 的影响较大。故本书拟通过神经元网络，考虑黄土的基本物理性质参数 ω 和 ρ_d 以及三轴试验中的纵向应变 ε 和围压 σ 的变化拟合三轴剪切条件下 m_{se} 的计算公式，从而为黄土结构性本构关系的应用作铺垫。

2.2.2　三轴剪切条件下黄土结构性参数 m_{se} 的公式拟合

BP 神经元网络拟合公式使用了文献[26]中 m_{se} 数据，文献中试验用土有三种：黄土 1 取自西安市曲江新区某基坑工程侧壁，取土深度为 6.0～6.5m；黄土 2 取自西安市曲江新区中海国际社区 1～3 号地 23# 楼工地探井，取土深度为 4.0～4.5m；黄土 3 取自杨凌渭河二级阶地，取土深度为 3.5～4.0m。三种黄土的物理性质指标如表 2.1 所示。

表 2.1　试验黄土的物理性质指标

黄土	$\rho_d/(g/cm^3)$	$\omega/\%$	相对密度	液限/%	塑限/%	塑性指数/%
1	1.34	19.7	2.70	33.9	19.4	14.5
2	1.20	23.9	2.70	31.3	18.9	12.4
3	1.26	17.8	2.71	30.5	18.6	11.9

试验用土利用风干法和水膜转移法制备不同含水量的土样。重塑土通过对风干黄土的碾碎和过筛并按含水量 16% 配置。饱和土样通过抽气饱和法制备，放入保湿缸中保持 24h 以上完成。试验用黄土试样（原状土、重塑土和饱和原状土）的含水量配置见表 2.2。

表 2.2　试验用黄土含水量配置

黄土	含水量/%								
	5	8	10	12	15	17	19.7	23	26
1			☆		☆		☆		☆
2		☆				☆		☆	
3	☆			☆		☆			☆

注:黄土 1、黄土 2 和黄土 3 的饱和含水量分别为 35%、42%和 42.5%。

1. BP 神经网络概述

BP 神经网络模型在一定程度上弥补了二次回归方程的不足。它有较强的非线性映射能力,可以充分逼近任意复杂的非线性关系,具有高度自学习和自适应能力,对试验数据的处理更加精细。

人工神经网络(artifical neural networks,ANN)是基于模仿生物大脑的结构和模型,采用数学和物理方法进行研究而构成的一种信息处理系统。

1986 年,以 Rumelhart 和 McCelland 为首的科学家小组提出了一种利用误差反向传播学习法的神经网络,简称 BP 神经网络。BP 算法采用非线性连续变换函数,使隐含层神经元具有了学习能力,其基本思路直观,易于理解。

典型的 BP 神经网络是一种具有三层及三层以上结构的无反馈、层内无互连的前向网络,其中首尾两层分别称为输入层和输出层,中间各层均称为隐含层或中间层。BP 神经网络中各层之间的神经元为全连接关系,层内的各个神经元之间无连接。

BP 神经网络采用 BP 算法进行学习,其学习过程分为四个阶段[138,139]:

(1)输入模式是由输入层经过隐含层向输出层逐层传播的"模式顺传播"过程。

(2)网络的期望输出与实际输出之差,即误差信号,是由输出层经隐含层、输入层逐层修正连接权值的"误差逆传播"过程。

(3)由"模式顺传播"过程和"误差逆传播"过程反复交替进行的网络"记忆训练"过程。

(4)网络趋向收敛,即网络的全局误差趋向极小值的"学习收敛"过程。

对于 BP 神经网络,任何在闭区间内的一个连续函数都可以用单隐含层的 BP 网络逼近,因而一个三层 BP 网络就可以完成任意的 n 维到 m 维的映射,即 BP 神经网络能以任意精度逼近任意连续函数。BP 神经网络能够真实反映试验数据,不受方程本身规律限制,更加符合试验数据体现的结构性参数规律,但拟合公式复杂,不能体现结构性参数与因素之间的直接关系,也存在一定的弊端。

2. 黄土结构性参数 m_{se} BP 神经网络模型建立

建立 BP 神经网络模型的重点是网络结构的确定。网络结构的确定主要包括网络层数、输入层节点数、隐含层数、隐含层节点数、输出层节点数等的确定。

1) 网络层数设计

BP 神经网络通常为三层或三层以上结构,包含不同数目的隐含层,即网络层数的确定主要是隐含层的确定。为了简化模型结构,节省网络训练时间,该模型采用含有一个隐含层的三层 BP 神经网络模型,即输入层、一个隐含层和输出层。

2) 输入层设计

输入层的节点数,即输入向量的维数。在对神经网络输入层输入数据时,使用 mapminmax 函数对输入数据进行归一化处理,将输入的数据变换成 $[-1,1]$ 内的数据:

$$X_i = 2\,\frac{z_i - z_{imin}}{z_{imax} - z_{imin}} - 1 \tag{2.4}$$

式中,X_i 为输入数据归一化值;z_i 为输入数据;z_{imin}、z_{imax} 为输入数据范围的最小值、最大值。

在本模型中,输入向量是 4×1114 矩阵,其中,4 代表试验中的含水量、干密度、纵向应变和围压 4 个因素,1114 表示试验的组数。

3) 隐含层设计

BP 神经网络模型设计中隐含层节点数的选择是一项困难的工作,若考虑计算结果的准确性和收敛性,则应该增加隐含层的节点数;若考虑网络的泛化推理能力和隐含层节点数对网络训练时间的影响,则应该减少隐含层节点数。因此,在面对一个特定应用的神经网络时,其隐含层节点数应该是在综合考虑精确性和泛化性之后得出的。

迄今为止,人们还没有找到一种更好地确定隐含层节点数的方法,一般是根据前人设计所得经验和自己进行试验来确定,常用的做法是先由经验公式(2.5)确定,然后再调整 m 值,对同一样本进行训练,从中确定网络误差最小时对应的隐含层节点数。

$$m = \sqrt{n+l} + \alpha \tag{2.5}$$

式中,m 为隐含层节点数;n 为输入层节点数;l 为层节点数;α 为调整系数,$\alpha = 1 \sim 10$。

在该模型中,首先对 m_{se} 数据进行 BP 神经网络建模,隐含层节点从 3 个至 10 个进行 20 次重复建立,训练结果如图 2.2 所示。

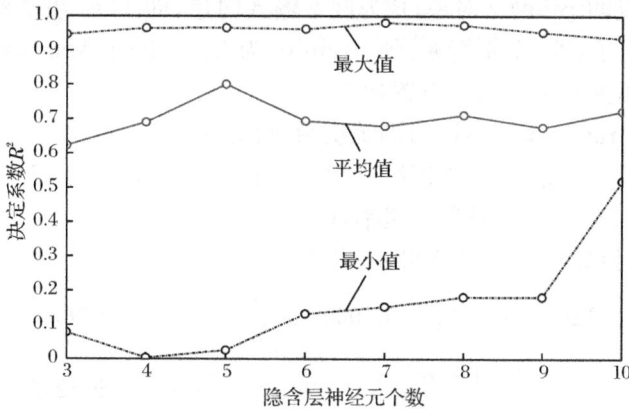

图 2.2　决定系数与隐含层神经元个数关系

选择平均数最大的隐含层节点数 5 个为建模隐含层节点数，选择 R^2 较大时的权值、阈值为输出结果。

4）输出层设计

人工神经网络的输出层节点数由采用的人工神经网络模型和需要的输出表示方式确定。本模型的输出层只有一个，即 m_{se} 的值。输出结果为归一化后结果，对输出结果反归一化，公式如下：

$$Y_F = \frac{(Y+1)(T_{\max} - T_{\min})}{2} + T_{\min} \tag{2.6}$$

式中，Y_F 为反归一化后的 m_{se}，％；Y 为神经网络归一化后输出计算值，％；$T_{\max}$、$T_{\min}$ 为目标向量最大值、最小值，即 m_{se} 最大值、最小值。

5）转移函数的选取

由于 BP 神经网络要求转移函数是可微的，所以常用的转移函数有正切 sigmoid 型函数 tan sig、对数 sigmoid 型函数 log sig 以及线性函数 purelin 等连续性函数。

本模型选取双曲正切函数 tan sig 作为神经元之间的转移函数，选取线性函数 purelin 作为输出层转移函数。tan sig 函数的表达式如下：

$$\tan[\mathrm{sig}(x)] = \frac{1 - \mathrm{e}^{2x}}{1 + \mathrm{e}^{2x}} \tag{2.7}$$

6）BP 网络的生产

网络的生成采用 MATLAB 工具箱中的函数 newff，其在生成网络的同时会对网络的权值和阈值自动进行初始化。

在本模型中，BP 网络的生成如下：

$$\mathrm{net} = \mathrm{newff}(P, T, 5, \{\text{'tansig'}, \text{'purelin'}\}, \text{'trainlm'}) \tag{2.8}$$

其中，net 为生成的 BP 网络对象；P 为网络输入向量，即 1114 组试验水平安排值；T 为网络目标向量，即 1114 组 m_{se} 值；trainlm 为 Levenberg-Marquardt 优化算法。

本模型中相关网络参数的设置如下：

net. trainParam. epochs：网络训练次数，设为 100；

net. trainParam. goal：网络训练目标，设为 1×10^{-5}；

net. trainParam. lr：网络学习速率，设为 0.01。

由 BP 神经网络模型计算所得 m_{se} 公式为

$$m_{se} = 0.2120 \times \frac{1-e^{2a}}{1+e^{-2a}} - 0.0447 \times \frac{1-e^{2b}}{1+e^{-2b}} - 0.3290 \times \frac{1-e^{2c}}{1+e^{-2c}}$$
$$- 0.0640 \times \frac{1-e^{2d}}{1+e^{-2d}} - 5.5997 \times \frac{1-e^{2e}}{1+e^{-2e}} + 4.6213 \qquad (2.9)$$

$$\begin{cases} a = -1.4725y_1 - 4.1468y_2 + 0.3173y_3 + 10.5117y_4 - 3.1155 \\ b = 3.0804y_1 - 0.3540y_2 + 1.1767y_3 - 5.1599y_4 - 0.6405 \\ c = 0.0603y_1 + 0.0458y_2 + 0.0153y_3 + 3.9530y_4 - 3.2943 \qquad (2.10) \\ d = 1.1344y_1 + 1.9698y_2 + 1.0577y_3 + 1.2073y_4 + 3.2098 \\ e = 1.4838y_1 + 12.3624y_2 + 0.7996y_3 + 0.3197y_4 + 15.4236 \end{cases}$$

式中，y_1 为含水量 ω 的归一值；y_2 为轴向应变 ε 的归一值；y_3 为围岩 σ_3 的归一值；y_4 为干密度 ρ_d 的归一值；式(2.10)的拟合相似系数高达 0.9222。

3. 拟合公式计算结果与原始数据的比较

结构性参数原始数据与拟合公式计算值对比如图 2.3 所示，十字代表结构性参数原始数据，圆圈代表拟合公式计算值。可以看到，绝大部分原始数据与拟合公式计算值重合。相似系数高达 0.9222，故结构性参数拟合公式可靠。

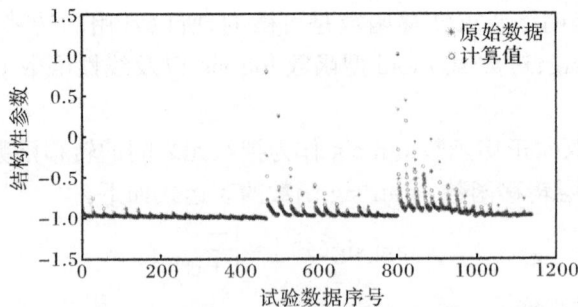

图 2.3　原始数据与拟合公式计算值对比

2.2.3　三轴剪切条件下黄土结构性参数 m_{se} 计算软件设计

由于通过 BP 神经网络拟合的黄土结构性参数拟合公式项数较多,且公式的系数组合同样较为复杂,导致该拟合公式计算较为不便,故通过 C++语言将黄土结构性参数拟合公式的计算过程编译为操作简单、功能明确、实用性较强的计算绘图软件。

该软件的特点为操作方便,功能明确,计算结果详细,支持 Excel 格式输出,曲线一键生成,图形参数实时显示,参数输入简单,满足数据结果和曲线图形的不同需求。该计算软件有助于黄土结构性参数的推广和应用。

1) 软件界面及功能分区

软件界面分成三个主要区域:参数输入、生成数据和生成图表,如图 2.4 所示。

参数输入区域用于自变量的输入,包括干密度、含水量、围压和主应变。围压输入支持多围压同时输入,需用逗号将各围压隔开。主应变设置了三项参数,增量值设为可调参数,方便了不同用户需求。

生成数据区域用于生成结构性参数的值,输入具体参数单击"生成数据"后会弹出计算结果表格。

生成图表区域用于生成结构性参数随着主应变变化的变化曲线,输入具体参数单击"生成图表"后会自动弹出变化曲线。

2) 参数输入区域操作

参数输入包括干密度、含水量、围压和主应变四个参数,要求干密度单位为 kg/m^3,含水量用小数表示,围压支持单围压和多围压输入,主应变应规定起始值、终止值和增量值,均取百分数。下面输入一组参数,如图 2.5 所示,干密度取

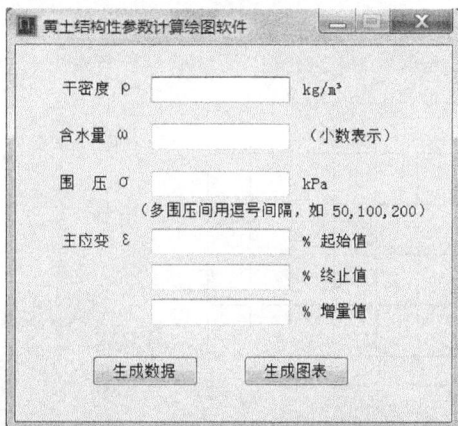

图 2.4　黄土结构性参数计算绘图软件界面

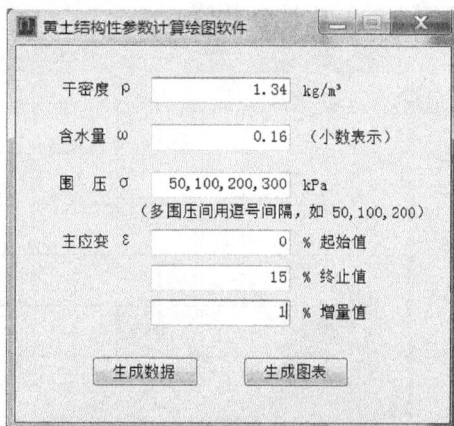

图 2.5　参数输入举例

1.34kg/m³,含水量取 0.16,围压取多围压,分别为 50kPa、100kPa、200kPa、300kPa,主应变起始值取 0,终止值取 15%,增量值取 1%。

3)生成数据区域操作

单击图 2.5 中"生成数据",将会弹出计算结构表格,如图 2.6 所示。可以看出,数据生成表格中每种围压下会得到不同的 m_{se} 值,不同的 m_{se} 紧跟着对应围压。数据表格中对应围压 50kPa、100kPa、200kPa、300kPa 均生成了各自的 m_{se}。

ρ	ω	ε	σ	N1	σ	N1	σ	N1	σ	N1
1.34	0.16	0	50	2.414836...	100	2.417756...	200	2.423696...	300	2.429436...
1.34	0.16	1	50	2.323547...	100	2.315015...	200	2.298013...	300	2.281095...
1.34	0.16	2	50	2.234871...	100	2.215580...	200	2.177361...	300	2.139621...
1.34	0.16	3	50	2.148732...	100	2.119345...	200	2.061446...	300	2.004696...
1.34	0.16	4	50	2.065058...	100	2.026206...	200	1.950081...	300	1.876016...
1.34	0.16	5	50	1.983779...	100	1.936063...	200	1.843088...	300	1.753292...
1.34	0.16	6	50	1.904825...	100	1.848842...	200	1.740295...	300	1.636249...
1.34	0.16	7	50	1.828131...	100	1.764387...	200	1.641538...	300	1.524623...
1.34	0.16	8	50	1.753631...	100	1.682669...	200	1.546657...	300	1.418164...
1.34	0.16	9	50	1.681264...	100	1.603581...	200	1.455502...	300	1.316633...
1.34	0.16	10	50	1.610967...	100	1.527037...	200	1.367925...	300	1.219802...
1.34	0.16	11	50	1.542682...	100	1.452957...	200	1.283786...	300	1.127453...
1.34	0.16	12	50	1.476350...	100	1.381259...	200	1.202950...	300	1.039378...
1.34	0.16	13	50	1.411917...	100	1.311869...	200	1.125288...	300	0.955381...
1.34	0.16	14	50	1.349328...	100	1.244712...	200	1.050675...	300	0.875271...
1.34	0.16	15	50	1.288530...	100	1.179715...	200	0.978990...	300	0.798869...

图 2.6　生成数据表格

4)生成图表区域操作

单击图 2.5 中"生成图表",将会弹出结构性参数变化曲线,如图 2.7 所示。图中横坐标为主应变变化,纵坐标为 m_{se}。不同围压下的结构性参数曲线被区分标示。单击图表,软件会自动调取离单击点最近的主应变下的结构性参数值,并显示在曲线图下部,如图 2.7 所示,单击主应变为 0.06 附近,图表下部显示出了不同围压下的结构性参数值。

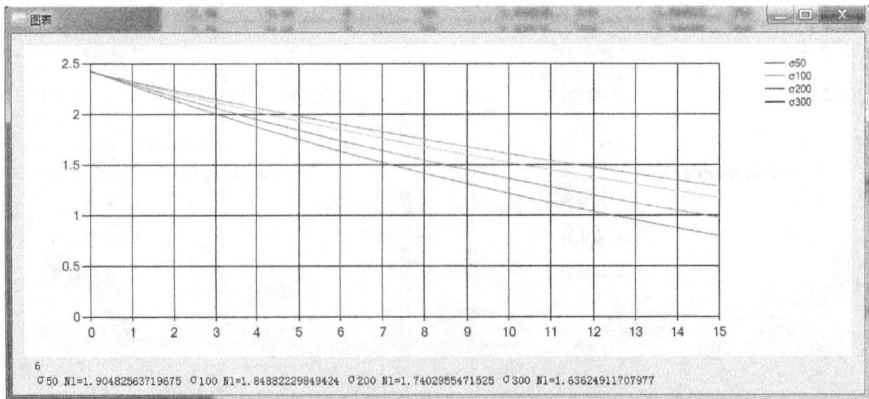

图 2.7　结构性参数变化曲线

2.3　静荷作用下非饱和黄土的结构性邓肯-张本构模型

骆亚生[23]的研究表明,将各围压下不同影响因素(含水量、干密度和黏结程度)下的试验得到的应力-应变曲线$(\sigma_1-\sigma_3)$-ε_1转换为结构性应力-应变曲线$\dfrac{\sigma_1-\sigma_3}{m_{se}}\varepsilon_1$,集中在一个狭窄的区域内,且呈双曲线形态,有较好的归一化作用。可以用这一区域的平均线作为反映结构性影响的应力-应变曲线,并不会产生不可接受的误差。这也表明,$\dfrac{\sigma_1-\sigma_3}{m_{se}}\varepsilon_1$曲线(狭窄区域内的平均曲线)能够综合反映土的含水量、干密度和黏结程度的影响,同时该曲线与轴向应变ε_1之间存在唯一对应关系。

为进一步举例说明,冯志焱[26]同样对黄土的$(\sigma_1-\sigma_3)$-ε_1曲线做了归一化处理,如图2.8所示,可以看出,不同黄土在不同含水量下均按相同围压分布在一个

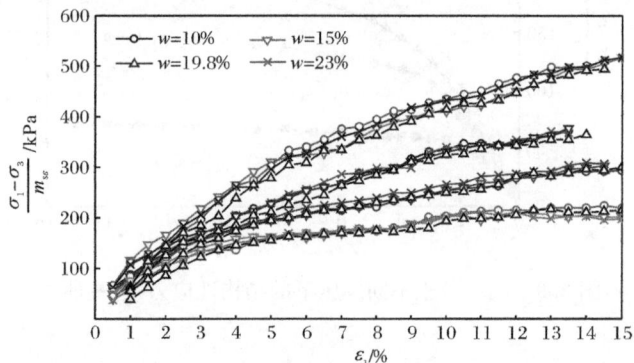

(a) 黄土1

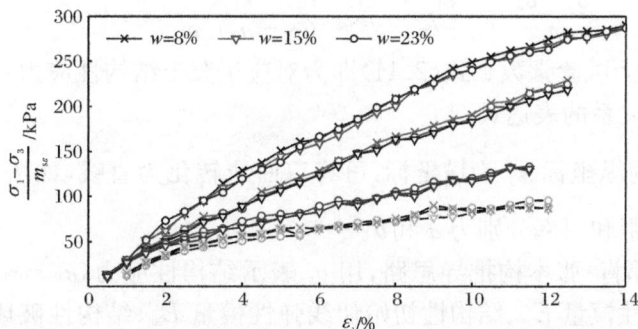

(b) 黄土2

图2.8　不同含水量下$\dfrac{\sigma_1-\sigma_3}{m_{se}}$-$\varepsilon_1$曲线

窄带内,它们都近似具有双曲线形态。如果用该狭窄区域的平均值作为反映结构性影响的应力-应变曲线,其误差在可接受的范围内。

由以上分析可知,$(\sigma_1 - \sigma_3)$-ε_1 曲线归一化后得到的 $\dfrac{\sigma_1 - \sigma_3}{m_{s\varepsilon}}$-$\varepsilon_1$ 曲线的特点充分表明了结构性参数引入应力-应变关系的合理性和有效性。

2.3.1 结构性邓肯-张本构模型的推导

不同围压下,同一黄土会产生不同的结构性应力-应变曲线[23],如图 2.9 所示,可以看出,不同围压下的结构性应力-应变曲线均表现出双曲线特性,邓肯-张模型的推导思路可应用在结构性应力-应变关系中建立黄土的结构性本构关系。

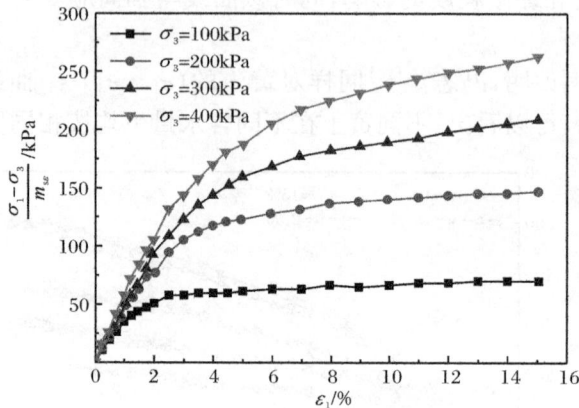

图 2.9 同一黄土不同围压下的结构性应力-应变曲线

(1) 对于某一围压下的 $\dfrac{\sigma_1 - \sigma_3}{m_{s\varepsilon}}$-$\varepsilon_1$ 曲线,如图 2.10 所示,双曲线拟合可写为

$$\frac{\sigma_1 - \sigma_3}{m_{s\varepsilon}} = \frac{\varepsilon_1}{a + b\varepsilon_1} \quad \text{或} \quad \frac{\varepsilon_1}{(\sigma_1 - \sigma_3)/m_{s\varepsilon}} = a + b\varepsilon_1 \qquad (2.11)$$

式中,a 与 b 均为试验常数。式(2.11)即为对应于黄土结构性应力-应变曲线的黄土结构性本构关系的表达式。

以 $\dfrac{\varepsilon_1 m_{s\varepsilon}}{\sigma_1 - \sigma_3}$ 为纵坐标、ε_1 为横坐标,可将双曲线转化为直线,如图 2.11 所示,该直线的纵轴截距和斜率分别为 a 和 b。

(2) 按照邓肯-张本构推导思路,用 q_s 表示结构性应力 $(\sigma_1 - \sigma_3)/m_{s\varepsilon}$,相应的结构性切线弹性模量 E_{st}、结构性初始切线弹性模量 E_{si}、结构性破坏比 R_{sf} 和结构性应力水平 S_s 等有下列相应描述:

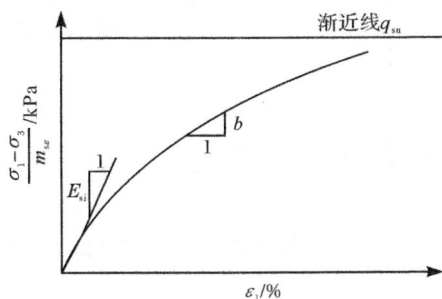

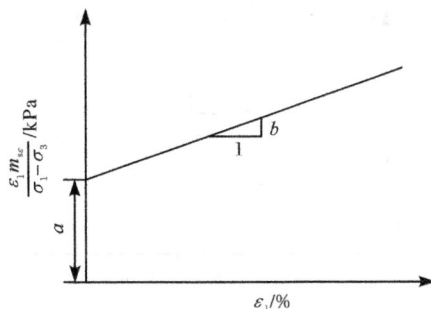

图 2.10　$\dfrac{\sigma_1-\sigma_3}{m_{se}}$-$\varepsilon_1$ 曲线（σ_3＝常数）　　　图 2.11　$\dfrac{\varepsilon_1 m_{se}}{\sigma_1-\sigma_3}$-$\varepsilon_1$ 曲线

$$E_{st}=\frac{1}{a}(1-bq_s)^2 \tag{2.12}$$

$$E_{si}=\frac{1}{a} \tag{2.13}$$

$$b=\frac{1}{q_{su}} \tag{2.14}$$

$$R_{sf}=\frac{q_{sf}}{q_{su}} \tag{2.15}$$

式中，q_{su} 为 ε_1 趋近于∞时的极限结构应力，在图 2.10 中为 $\dfrac{\sigma_1-\sigma_3}{m_{se}}$-$\varepsilon_1$ 曲线的渐近线。ε_1 达到一定值后，试样破坏，此时 q_{sf} 总是小于 q_{su}，故结构破坏比 R_{sf} 可反映它们之间的关系。

将式(2.13)~式(2.15)代入式(2.12)，可得

$$E_{st}=\left(1-R_{sf}\frac{q_s}{q_{sf}}\right)^2 E_{si} \tag{2.16}$$

式中，$\dfrac{q_s}{q_{sf}}$ 为结构性应力水平 S_s。它的物理意义为结构性应力圆直径与破坏时结构性应力圆直径之比，反映了黄土结构性强度的发挥程度。

（3）上述本构模型中的土性参数 a 与 b 可由图 2.11 直接确定，分别为纵向截距和斜率。

（4）考虑到围压 σ_3 对结构性初始切线弹性模量 E_{si} 的影响，在双对数坐标系下 $\lg(E_{si}/P_a)$-$\lg(\sigma_3/P_a)$ 的关系曲线如图 2.12 所示，这一关系曲线可近似为一条直线，截距为 $\lg k$，斜率为 n，引入标准大气压强 P_a 将双对数坐标无因次量，可得

$$E_{si}=kP_a\left(\frac{\sigma_3}{P_a}\right)^n \tag{2.17}$$

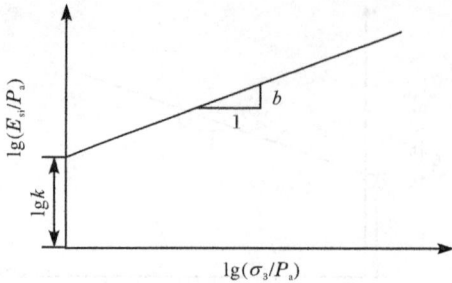

图 2.12　$\lg(E_{si}/P_a)$-$\lg(\sigma_3/P_a)$关系曲线　　图 2.13　黄土结构性极限莫尔圆示意图

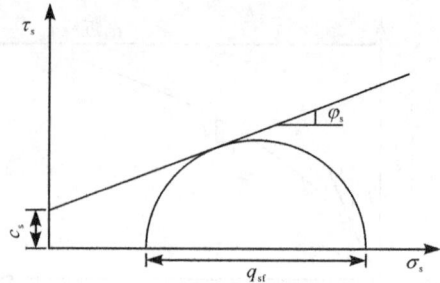

根据破坏准则,在不同围压下取当时试件的纵向压力值和围压值,绘制破坏时不同围压下结构性莫尔-库仑强度包络线,各包络线的切线即可确定结构性抗剪强度指标 c_s 和 φ_s。

由于以上分析过程完全等同于莫尔-库仑破坏准则,故在引入参数 c_s 和 φ_s 后即可得到 q_{sf} 的公式如下:

$$q_{sf}=\frac{2c_s\cos\varphi_s+2\sigma_3\sin\varphi_s}{1-\sin\varphi_s} \tag{2.18}$$

最后将式(2.17)和式(2.18)代入式(2.16),可得到结构性邓肯-张模型的切线弹性模量 E_{st}:

$$E_{st}=\left[1-R_{sf}\frac{(1-\sin\varphi_s)q_s}{2c_s\cos\varphi_s+2\sigma_3\sin\varphi_s}\right]^2kP_a\left(\frac{\sigma_3}{P_a}\right)^n \tag{2.19}$$

结构性应力-应变关系中的泊松比 μ 同样存在双曲线关系,需要由试验有关应变的关系推导,但是考虑到 ε_1 与 ε_3 均可以反映黄土结构性的影响,故作为两者比值的泊松比 μ 仍可以采用一般的邓肯-张模型的表达式和数值。

由于体变模量 B 由 E_t 和 μ 计算获得,同理,结构性体变模量 B_s 可由 E_{ts} 和 μ 计算获得。计算公式为

$$B_s=\frac{E_{ts}}{3(1-2\mu)} \tag{2.20}$$

2.3.2　黄土结构性邓肯-张本构模型的二次开发

利用有限元软件对土的本构关系的二次开发研究已有很多,如修正剑桥模型、邓肯-张模型、三剪强度统一理论等。本书采用有限元计算软件 ANSYS 进行黄土结构性邓肯-张本构的二次开发。考虑到软件中提供的材料本构模型可能无法满足工程计算的需要,故 ANSYS 中提供四种二次开发工具,包括参数化设计语言(ANSYS parametric design language,APDL)、用户可编程特性(user programmable features,UPFs)、界面设计语言(user interface design language,UIDL)和TCL/Tk 语言(tool command language)[140~150]。四种开发工具的特点和编译对

象均有不同，按照功能不同，作者简单将其分为以下三类：

（1）APDL 为 ANSYS 中应用最广的命令流，它的优点为可以自动完成建模过程，只需改变参数即可改变模型，无须重新建模，同时它还可以自动完成某些功能，大大提高了分析效率。

（2）UPFs 满足用户根据需要编译生成用户定制版的 ANSYS 软件，如建立新单元、新的材料属性和新的材料模型等，同时还提供定制的优化算法计算，甚至可以将 ANSYS 作为子程序调用。用户在 FORTRAN 语言基础上，可对 ANSYS 中用户可编译的子程序进行修改，从源代码层次上对 ANSYS 进行二次开发。UPFs 工具专门用于用户开发材料模型。

（3）UIDL 和 TCL/Tk 语言均为界面设计语言，UIDL 是专门进行程序界面设计的语言，允许用户添加或改变 ANSYS 界面中的一些项目菜单和特定的程序，使用户使用更加灵活，并组织设计图形界面；TCL/Tk 语言针对全面构建用户要求图形界面，在 UIDL 不能满足用户需求时可使用该语言。

通过以上分析可知，为了改变 ANSYS 中材料本构子程序，本书将使用用户可编程特性 UPFs 编译工具对 ANSYS 进行二次开发，编译黄土结构性邓肯-张本构模型[151~157]。

1. usermat 子程序

UPFs 的子程序分为两种，分别为用户可编译程序（用户子程序）和不可编译程序，用户子程序包括本构开发子程序、单元开发子程序、荷载定义子程序等。本书修改的子程序为 usermat 子程序，该子程序用于实现各种线性或非线性的弹性或弹塑性材料的开发。

usermat 子程序的主要任务为定义材料的应力-应变关系，可分为两类：一类是给定应变增量，并计算应力增量，达到应力更新（$\Delta \varepsilon \rightarrow \Delta \sigma \rightarrow \sigma$）的目的；另一类是给出雅可比矩阵（Jacobian matrix，$\boldsymbol{D}_{ep} = \dfrac{\partial \Delta \sigma}{\partial \Delta \varepsilon}$）。

usermat 子程序同样分为两部分：一是用户与 ANSYS 链接的输入和输出变量的定义，该部分内容不可修改，内部参数与主程序相连，用于子程序和主程序之间的数据交换；二是用户定义部分，该部分中用户需定义拟开发本构中的所有参数，同时给出参数的计算方法。不可修改部分的程序结构如下：

```
*deck,usermat        USERDISTRIB  parallel                              gal
      subroutine usermat(
   &            matId, elemId,kDomIntPt, kLayer, kSectPt,
   &            ldstep, isubst,keycut,
   &            nDirect, nShear, ncomp, nStatev, nProp,
```

```
    &              Time, dTime, Temp, dTemp,
    &              stress, statev, dsdePl, sedEl, sedPl, epseq,
    &              Strain, dStrain, epsPl, prop, coords,
    &              var0, defGrad_t, defGrad,
    &              tsstif, epsZZ,
    &              var1, var2, var3, var4, var5,
    &              var6, var7, var8)
c——————————————————————————————
c——————————————————————————————
# include "impcom.inc"
c
      INTEGER
    &              matId, elemId,
    &              kDomIntPt, kLayer, kSectPt,
    &              ldstep, isubst, keycut,
    &              nDirect, nShear, ncomp, nStatev, nProp
      DOUBLE PRECISION
    &              Time,      dTime,     Temp,      dTemp,
    &              sedEl,     sedPl,     epseq,     epsZZ
      DOUBLE PRECISION
    &              stress  (ncomp  ), statev (nStatev),
    &              dsdePl  (ncomp, ncomp),
    &              Strain  (ncomp  ), dStrain (ncomp  ),
    &              epsPl   (ncomp  ), prop    (nProp  ),
    &              coords  (3),
    &              defGrad (3,3),     defGrad_t(3,3),
    &              tsstif  (2)
```

其中，matId 为材料号；elemId 为单元号；kDomIntPt 为材料积分点号；kLayer 为单元层号；kSectPt 为单元截面号；ldstep 为荷载步数；isubst 为荷载子步数；key-cut 为荷载切分控制参数；nDirect 为正应力或正应变分量个数；nShear 为剪应力与剪应变分量个数；ncomp 为应力分量或应变分量个数；nStatev 为状态变量个数；nProp 为材料常数个数；Time 为增量步开始的时间，不是真正的时间，只是开始标记；dTime 为增量步内时间增量；Temp、dTemp 与温度相关；stress 为应力分量；statev 为状态变量；dsdePl 为一致切线算子矩阵；sedEl 为弹性区标记；sedPl 为塑性区标记；Strain 为增量步开始时的应变分量；dStrain 为应变增量；epsPl 为弹性应变分量；prop 为材料常数数组；coords 为当前材料积分点的坐标；defGrad_t 为增量步开始时的变形梯度矩阵；defGrad 为增量步结束时的变形梯度矩阵；tsstif 为横观剪切矩阵；epsZZ 为平面应力状态下垂直于平面方向的应变。

有限元计算中，将荷载步分为若干个荷载子步，每一个子步内又进行若干次 Newton-Raphson 迭代过程，每进行一次 Newton-Raphson 迭代，usermat 被调用一次，更新应力并给出雅可比矩阵 $\boldsymbol{D}_{ep}$，利用式（2.21）计算得到单元切线刚度矩阵，再利用式（2.22）集成得到切线刚度矩阵，进而得到节点位移增量和新的节点位移向量，然后重复上述迭代过程，直到满足收敛准则，计算结束。

$$\boldsymbol{K}_{e,T} = \int_e \boldsymbol{B}^{\mathrm{T}} \boldsymbol{D}_{ep} \boldsymbol{B} \mathrm{d}V \tag{2.21}$$

$$\boldsymbol{K}_T = A \sum_{e=1}^{n_{\text{elem}}} \boldsymbol{K}_{e,T} \tag{2.22}$$

式中，$\boldsymbol{B}$ 为应变-位移关系矩阵；A 为单元集成操作；n_{elem} 为单元个数。

2. 黄土结构性邓肯-张本构模型的子程序编写

黄土结构性邓肯-张本构模型子程序的编写包括定义参数、获得刚度矩阵、更新应力状态、更新状态变量、获得主应力、获得雅可比矩阵、更新应力和获得弹性参数。下面将对重点内容进行详细说明。

1）定义参数

首先定义黄土结构性邓肯-张本构模型中的各类参数，包括参数的名称、类型和参数值的来源。该部分在子程序中的代码如下：

```
DOUBLE PRECISION var0, var1, var2, var3, var4, var5,
&                     var6, var7, var8
DOUBLE PRECISION S1S30, S30, SSO, pps, ps(nDirect), s
DOUBLE PRECISION ak, an, rf, c, fai, pa, vKb, vnb, aur, hsl, gmd
DOUBLE PRECISION EI, PMIUT, BTMIN, ETMIN, FEI, ALAM, GG, BT, ET
external getps, getdsdePl
INTEGER          k1, k2, i, j
DOUBLE PRECISION dStress(ncomp), dStress1(ncomp), dStress2(ncomp)
DOUBLE PRECISION stress1(ncomp), stress2(ncomp), eStress(ncomp)
DOUBLE PRECISION dStrain1(ncomp), dStrain2(ncomp)
ak=prop(1)
an=prop(2)
rf=prop(3)
c=prop(4)
fai=(prop(5) * 3.1415926)/180.0
pa=prop(6)
vKb=prop(7)
```

```
vnb=prop(8)
aur=prop(9)
hsl=prop(10)
gmd=peop(11)
S1S3O=statev(1)
S3O=statev(2)
SSO=statev(3)
```

其中,DOUBLE PRECISION 定义了双精度参数,INTEGER 定义了整型参数。同时定义了外部子程序 getps 和 getdsdePl,getps 子程序用于获得主应力,getdsdePl 子程序用于获得刚度矩阵。

由于 ANSYS 程序库中有些字母代码已经被占用,因此在编写代码时有些参数需要改变名称,从而避免与主程序代码重复造成编译失败。上述代码中,S1S3O 为历史上最大主应力差,S3O 为前期固结应力,SSO 为历史上最大应力水平,ak 代表了黄土结构性邓肯-张本构模型中的 k 值,an 为 n,rf 为破坏比,c 为黏聚力 c_s,fai 为内摩擦角 φ_s,pa 为标准大气压力,vKb 代表 Kb_s,vnb 代表 nb_s,aur 代表 Kur (卸荷参数)/ak,hsl 为黄土含水量,gmd 为黄土干密度。PMIUT 为泊松比,BTMIN 为最小泊松比,ETMIN 为最小弹性模量,ALAM 为拉梅常数 L,GG 为雅可比矩阵中的剪切模量 G,FEI 为 $\lambda+2G$,BT 为体积模量,ET 为切线变形模量。

2) 更新应力状态

用于更新应力状态的代码如下:

```
IF((ps(3)-ps(1)).GT.S1S3O)   S1S3O=ps(3)-ps(1)
IF(S.GT.SSO) SSO=S
statev(1)=S1S3O
statev(2)=S3O
statev(3)=SSO
c      print *,ps(1),dsdepl(1,1),s
RETURN
END
```

更新应力状态或更新其他参数的代码均使用循环语句。其中,".GT."代表逻辑运算中的大于,故上述第一行代码的意思是如果 ps(3)-ps(1)>S1S3O,那么用 ps(3)-ps(1)代替最大主应力差 S1S3O。

3) 获得雅可比矩阵

雅可比矩阵由子程序 getdsdePl 获得,该子程序在参数定义中已有定义。获得雅可比矩阵的代码如下:

```
SUBROUTINE getdsdePl(dsdePl,ncomp,FEI,GG,ALAM)
# include "impcom.inc"
integer ncomp
double precision dsdePl    (ncomp,ncomp)
double precision FEI,GG,ALAM
dsdePl(1,1)=FEI
dsdePl(2,2)=FEI
dsdePl(3,3)=FEI
dsdePl(4,4)=GG
dsdePl(5,5)=GG
dsdePl(6,6)=GG
dsdePl(1,2)=ALAM
dsdePl(1,3)=ALAM
dsdePl(2,1)=dsdePl(1,2)
dsdePl(3,1)=dsdePl(1,3)
dsdePl(2,3)=ALAM
dsdePl(3,2)=dsdePl(2,3)
RETURN
END
```

FEI、GG、ALAM 的含义在前面已经解释过,以上代码设定的应力-应变矩阵 $\boldsymbol{D}$ 如下,该矩阵决定了应力与应变之间的关系。

$$\boldsymbol{D}=\begin{bmatrix} L+2G & L & L & 0 & 0 & 0 \\ L & L+2G & L & 0 & 0 & 0 \\ L & L & L+2G & 0 & 0 & 0 \\ 0 & 0 & 0 & G & 0 & 0 \\ 0 & 0 & 0 & 0 & G & 0 \\ 0 & 0 & 0 & 0 & 0 & G \end{bmatrix}$$

4) 更新应力子程序

```
SUBROUTINE updateStress(dsdePl,stress,dstrain,ncomp)
# include "impcom.inc"
integer ncomp,k1,k2
double precision dsdePl(ncomp,ncomp),stress(ncomp),dStrain(ncomp)
```

```
DO  K1=1,ncomp
        DO  K2=1,ncomp
            stress(K2)=stress(K2)+dsdePl(K2,K1) * dStrain(K1)
        end do
    end do
RETURN
END
```

对于非线性计算中的一步,简单说应力-应变关系矩阵可求取应力向量 $\boldsymbol{\sigma}=\boldsymbol{D}\times\boldsymbol{\varepsilon}$,其中,$\boldsymbol{\varepsilon}$ 为应变向量。当 ANSYS 主程序将应变增量 $\Delta\varepsilon$ 传入 usermat 后,该子程序将按照式(2.23)计算应力增量。非线性有限元的计算过程此处不再赘述。

$$\Delta\boldsymbol{\sigma}=\boldsymbol{D}_e\Delta\boldsymbol{\varepsilon} \tag{2.23}$$

继而得到更新后的应力,即

$$\boldsymbol{\sigma}=\boldsymbol{\sigma}_0+\Delta\boldsymbol{\sigma} \tag{2.24}$$

综合式(2.23)与式(2.24)可得

$$\boldsymbol{\sigma}=\boldsymbol{\sigma}_0+\boldsymbol{D}_e\Delta\boldsymbol{\varepsilon} \tag{2.25}$$

5) 获得弹性参数子程序 getLam

该子程序中,分别实现了以下内容:拉应力修正,计算了黄土结构性参数 m_{se} (为避免代码重复,程序中用 NL 表示),计算了应力水平、弹性模量与体积模量。具体代码如下:

```
SUBROUTINE getLam(FEI, ALAM, GG, ps, stress, fai, S30, S1S30,    SSO, ak, pa, an, vKb,
vnb, aur, rf, S, c, ncomp, nDirect, hsl, gmd, dstrain)
    # include "impcom.inc"
        integer nDirect,ncomp
DOUBLE PRECISION EI, PMIUT, BTMIN, ETMIN, FEI, ALAM, GG, BT, ET
DOUBLE PRECISION S1S30,S30,SSO,ps(nDirect),S
DOUBLE PRECISION ak, an, rf, c, fai, pa, vKb, vnb, aur, hsl, gmd
DOUBLE PRECISION stress(ncomp)
DOUBLE PRECISION NL, y1, y2, y3, y4, A, B, F, D, E
DOUBLE PRECISION dstrain(ncomp)
```

以下程序进行拉应力修正,如果全是拉应力,则要进行修正。

```
    IF(ps(3).GT.0)THEN
stress(6)=ps(1)/(ps(1)-ps(3)) * stress(6)
stress(3)=ps(1)/2 * (1-(stress(3)-stress(1))/(ps(3)-ps(1)))
stress(1)=ps(1)/2 * (1+(stress(3)-stress(1))/(ps(3)-ps(1)))
```

```
ps(3)＝0
    END IF
```

以下程序为结构性参数 m_{se} 的计算，计算公式见式（2.9）和式（2.10）。

```
y1＝2＊(hs1－0.05)/0.21－1
y2＝2＊dstrain(1)/15－1
y3＝2＊(－ps(3)－50)/350－1
y4＝2＊(gmd－1.2)/0.14－1
A＝－1.4725＊y1－4.1468＊y2＋0.3173＊y3＋10.5117＊y4－3.1155
B＝3.0804＊y1－0.3540＊y2＋1.1767＊y3－5.1599＊y4－0.6405
F＝0.0630＊y1＋0.0458＊y2＋0.0153＊y3＋3.9530＊y4－3.2943
D＝1.1344＊y1＋1.9698＊y2＋1.0577＊y3＋1.2073＊y4＋3.2098
E＝1.4838＊y1＋12.3624＊y2＋0.7996＊y3＋0.3197＊y4＋15.4236
NL＝0.2120＊(1－ExP(－2＊A))/(1＋ExP(－2＊A))－0.0447＊(1－ExP(－2＊B))/(1＋
ExP(－2＊B))－0.3290＊(1－ExP(－2＊F))/(1＋ExP(－2＊F))－0.0640＊(1－ExP(－2＊D))/
(1＋ExP(－2＊D))－5.5997＊(1－ExP(－2＊E))/(1＋ExP(－2＊E))＋4.6213
```

有限元计算中应对应力水平 S 进行修正，保证应力水平为 $0\sim0.95$。具体代码如下：

```
S＝(1－SIN(fai))＊(ps(3)－ps(1))＊NL
IF((2＊c＊COS(fai)＋2＊(－ps(3))＊SIN(fai)).ne.0) THEN
S＝S/(2＊c＊COS(fai)＋2＊(－ps(3))＊SIN(fai))
ELSE
S＝0
END IF
IF(S.GE.0.95) THEN
S＝0.95
END IF
```

弹性模量与体积模量的计算首先需要判断加卸载，分情况求出弹性模量，然后计算体积模量，在已知体积模量和弹性模量的前提下利用式（2.20）计算切线泊松比，根据弹性理论，由于胡克定律不能反映剪胀，因此切线泊松比须限制在 $0\sim0.5$。

```
IF(－ps(3).GT.S30) S30＝－ps(3)
EI＝ak＊pa＊(S30/pa)＊＊an
IF((ps(3)－ps(1)).LT.S1S30.AND.S.LT.SSO) THEN
ET＝aur＊ak＊pa＊(S30/pa)＊＊an
```

```
ELSE
ET=EI*(1-rf*S)**2*NL
END IF
ETMIN=0.25*ak*pa*(0.02)**an
IF(ET.LT.ETMIN) ET=ETMIN
BT=vKb*pa*(S3O/pa)**vnb
BTMIN=(ET/3.0)*((2.0-SIN(fai))/SIN(fai))
IF(BT.LT.BTMIN) BT=BTMIN
PMIUT=0.5-ET/(6.0*BT)
IF(PMIUT.GT.0.49) THEN
PMIUT=0.49
ELSE
PMIUT=PMIUT
END IF
FEI=ET*(1-PMIUT)/(1+PMIUT)/(1-2*PMIUT)
ALAM=FEI*PMIUT/(1-PMIUT)
GG=ET/2./(1+PMIUT)
RETURN
END
```

2.3.3　ANSYS 中黄土结构性邓肯-张本构模型的验证

1. 验证思路

本节采用数值方法在 ANSYS 中模拟三轴试验过程,材料本构关系采用在 ANSYS 中定制的黄土结构性邓肯-张本构模型。

由于骆亚生[23]和冯志焱[26]已对模型参数计算的应力-应变关系与试验曲线进行了对比,并且结果证明模型计算值与试验值具有相当好的一致性,故本节拟通过比较三轴试验的数值模拟结果与黄土结构性邓肯-张模型的参数计算结果对已开发的黄土结构性邓肯-张模型进行验证。如果证明两者计算结果一致性较好,那么基于 ANSYS 开发的黄土结构性邓肯-张模型将同样与试验结果具有较好的一致性。可全面证明基于 ANSYS 开发的黄土结构性邓肯-张模型的适用性和正确性。

2. 建立模型

采用 ANSYS 最新技术实体单元 Solid185,模型为标准三轴试验试件尺寸(ϕ39.1mm×80mm),如图 2.14 所示,模型底面采用竖向位移约束。模型顶面分级加载,逐级增大 10kPa。计算中围压取 200kPa。

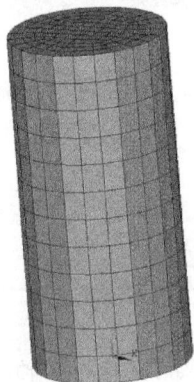

图 2.14　标准三轴试验试件模型

本次计算材料参数取自文献[23],黄土土样干密度为 1.26g/cm³,含水量为 17.8%,R_f 取各围压下结构性破坏比的平均值,其他材料参数见表 2.3。

表 2.3　黄土结构性邓肯-张本构模型参数

参数	K	n	R_f	c_s/kPa	φ_3/(°)	K_b	m	K_{ur}
数值	0.6286	0.0777	0.818	7.82	13.0	70	0.0861	1.5715

3. 结果对比

利用黄土结构性邓肯-张本构模型推导中的式(2.12)、黄土结构性参数计算公式(2.9)和式(2.10),以及试验常数[23](表 2.4)可计算主应力差 $\sigma_1 - \sigma_3$ 与轴向应变 ε_1 的关系曲线。

表 2.4　三轴试验常数

围压/kPa	a/kPa^{-1}	b/kPa^{-1}	E_{si}/kPa	q_{su}/kPa	R_{sf}
200	0.0157	0.0055	63.69	181.82	0.818

图 2.15 为数值模拟与黄土结构性邓肯-张本构模型参数在 200kPa 围压下主应力差-轴向应变对比曲线,可以看出,利用基于 ANSYS 中开发的黄土结构性邓肯-张本构模型的数值模拟曲线与黄土结构性邓肯-张本构模型参数的计算曲线趋势一致,且误差满足工程要求,说明基于 ANSYS 中开发的黄土结构性邓肯-张本构模型的计算精度满足工程要求,计算结果可靠。

由于文献[23]和[26]已对模型参数计算的应力-应变关系与试验曲线进行了对比,证明模型计算值与试验值具有相当好的一致性,同时三轴试验的数值模拟

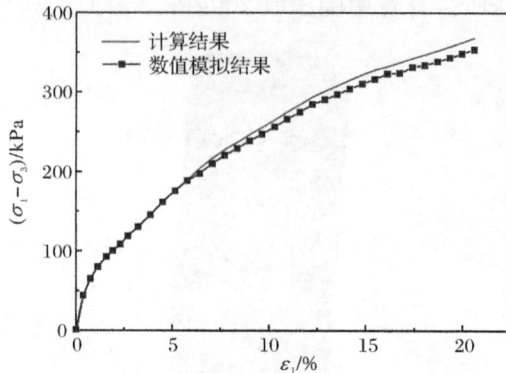

图 2.15　200kPa 下主应力差-轴向应变对比曲线

结果与黄土结构性邓肯-张本构模型的参数计算结果同样具有很好的一致性,故基于 ANSYS 开发的黄土结构性邓肯-张本构模型将同样与试验结果具有较好的一致性。

2.4　小　　结

本章首先引入黄土结构性参数的概念,利用 BP 神经网络拟合了黄土结构性参数的计算公式,同时为了方便黄土结构性参数的计算与应用,编写了黄土结构性参数计算与绘图软件。然后,引入静荷作用下非饱和黄土的结构性邓肯-张本构模型,并利用开发工具 UPFs 在 ANSYS 中对其进行二次开发,编写了黄土结构性邓肯-张本构模型的子程序。最后,通过比较三轴试验的数值模拟结果与黄土结构性邓肯-张模型参数的计算结果,对已开发的黄土结构性邓肯-张本构模型进行验证。

本章主要结论如下:

(1) 利用 BP 神经网络拟合黄土结构性参数,得到了黄土结构性参数的计算公式[式(2.9)和式(2.10)],同时编写了黄土结构性参数的计算绘图软件。

(2) 利用 UPFs 对 ANSYS 进行二次开发,编写了黄土结构性邓肯-张本构模型子程序,使得 ANSYS 计算中可直接应用黄土结构性邓肯-张本构模型。

(3) 三轴试验的数值模拟结果与黄土结构性邓肯-张模型参数的计算结果的对比表明,基于 ANSYS 开发的黄土结构性邓肯-张本构模型的计算精度满足工程要求,计算结果可靠。

第3章 围岩浸水恶化后黄土隧道衬砌受力数值计算

3.1 概　述

如前所述,黄土具有显著的垂直节理,土质疏松,干燥时较为坚硬,一旦浸水浸泡,土体容易剥落、侵蚀,黄土强度大幅降低,同时黄土为粉末颗粒且具有大孔隙和较强透水性,黄土浸水后常出现强烈的沉陷和变形。黄土隧道中围岩的浸水恶化所带来的强度衰减和变形势必会直接影响到由其包裹的衬砌结构,所以针对黄土隧道围岩浸水恶化后隧道衬砌结构表面压力分布及量值的研究显得尤为重要。

本章的研究思路为:首先,从三方面论述黄土隧道围岩浸水及围岩浸水导致衬砌劣化的客观存在;其次,通过再次整理作者团队早期的现场原位浸水试验,确定水在黄土围岩中的浸水范围与时间的关系方程,为后续计算工况的确定做准备;再次,建立计算模型,介绍模型单元、本构关系、边界条件、材料参数等有关信息,同时从浸水位置和浸水范围两因素入手结合实际情况确定计算工况;最后,整理不同计算工况下隧道二次衬砌表面的接触压力分布及量值情况,对比分析不同浸水位置下随着浸水发展的衬砌表面接触压力,为后续研究工作的开展奠定基础。

3.2 黄土隧道围岩浸水及衬砌结构劣化的客观存在

本节从三个方面论证黄土隧道围岩浸水及其劣化衬砌的客观存在性,三方面分别为山体内部裂缝、水的来源和某隧道灌溉区与衬砌裂缝分布的关系。

山体内部裂缝。从山体外观上看,黄土隧道开挖过程中,上覆土体发生沉降,地表出现纵向和横向裂缝,且裂缝一般超前掌子面。赵勇等[5]对已建公路黄土隧道施工地表裂缝和运营陇海铁路黄土隧道调查发现,隧道埋深140m仍有地表陷坑的发生。一般较大地表裂缝均会得到填充处理,但早期对地表裂缝认识不足,裂缝没有进行填充处理的情况较为普遍,同时一般裂缝也没有填充。利用物理探测和坑探等手段,明确了隧道施工可造成山体内部的破坏滑移面。文献[158]同样提到黄土围岩中存在从拱脚至地表的裂缝,倾斜角度推测为70°左右。在有限元计算方面,已有学者根据剪应力大于地层抗剪强度、相同埋深下水平位移最大点连线(位移突变点)和竖直位移反弯点连线三个判断依据通过有限元分析得出，埋深 30m 时，施工地表裂缝位于轴线两侧 20.9m 附近，裂缝以倾角 64.3°向隧道内侧发展，直到隧道拱腰。以上研究均证明了黄土隧道山体内部裂缝的存在。

水的来源。黄土围岩水的来源通常有三种，即降水、农业灌溉与地表河流湖泊补给水。黄土地区年降水量最大为 870mm，降水集中在 6～9 月，四个月降水量达到全年降水量的 65%[159]。黄土地区的农业灌溉区主要分布在山体高度较低位置，相对于隧道而言，也就是隧道的浅埋段(此处浅埋指的是按照规范计算的浅埋深度，黄土深浅埋判定问题此处不进行分析)，山体内部裂缝在浅埋黄土隧道中普遍存在。若黄土隧道地表附近存在河流与湖泊，则隧道施工或运营期内同样可能出现渗水，例如，陕西省延安市延安至吴起高速公路内某黄土隧道靠近地表河流，隧道建成后衬砌开裂严重，大量地下水渗入。地表河流与湖泊补给水水量最为充沛，但河流湖泊水的入渗通道不明确，不排除渗水沿山体内部裂缝向隧道渗入的可能。综上所述，黄土隧道山体内部裂缝浸水水源充沛，满足裂缝浸水可能。

某隧道农业灌溉区与衬砌裂缝分布的关系：上行线 K61＋180～K61＋480 和 K61＋800～K62＋20、下行线 K61＋180～K61＋500 和 K61＋780～K62＋20 均为农业灌溉区，如图 3.1 和图 3.2 所示，农业灌溉区内拱顶裂缝长度减小，而边墙裂缝长度增大，特别是隧道洞身中部灌溉区内，拱顶、边墙裂缝长度大小和地基下沉关系明显，相关性强。上行线 K61＋900 附近边墙裂缝长度略有增大，而下行线该区域裂缝长度没有较大变化，此与上述关系存在偏差，推断该现象是该区域接近隧道洞口，影响衬砌开裂因素复杂所致。故从定性的角度分析，围岩浸水与衬砌裂缝的出现存在密切关联，围岩浸水对黄土隧道衬砌的影响客观存在。

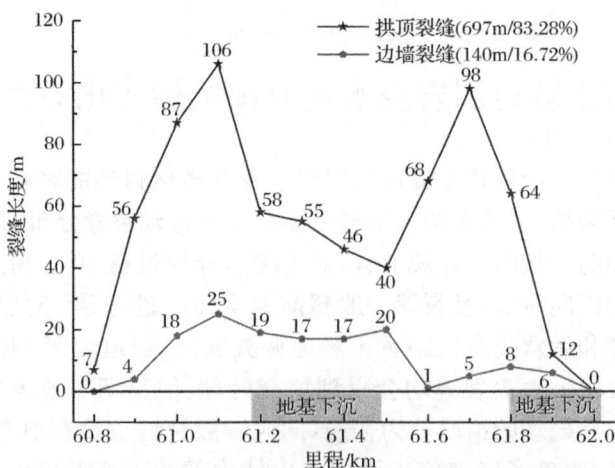

图 3.1　上行线裂缝长度统计曲线(每 100m 累计)

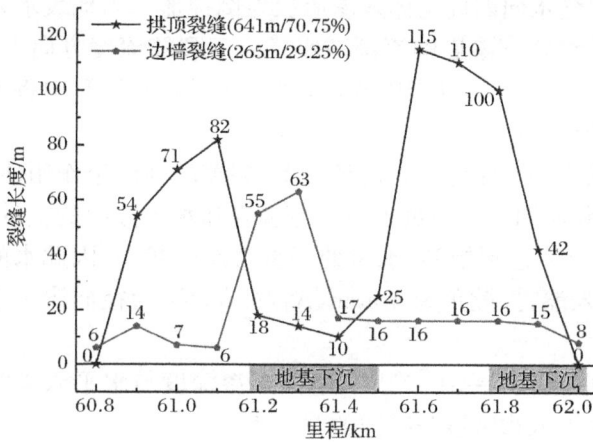

图 3.2　下行线裂缝长度统计曲线(每 100m 累计)

3.3　黄土裂缝浸水扩散范围

作者团队通过黄土原位浸水试验[160]得到的黄土竖向入渗深度与时间的关系为

$$Z_1 = 0.1775\sqrt{t} + 0.0317t \tag{3.1}$$

式中，t 为时间，h；Z_1 为竖向入渗深度，m。

张建丰[161]认为水在黄土裂缝中入渗，除了沿地表垂直向下运动，还通过裂缝的侧壁向两侧进行水平运动，并且通过试验得到了水向黄土中入渗过程的湿润锋在剖面上的变化情况，如图 3.3 所示。

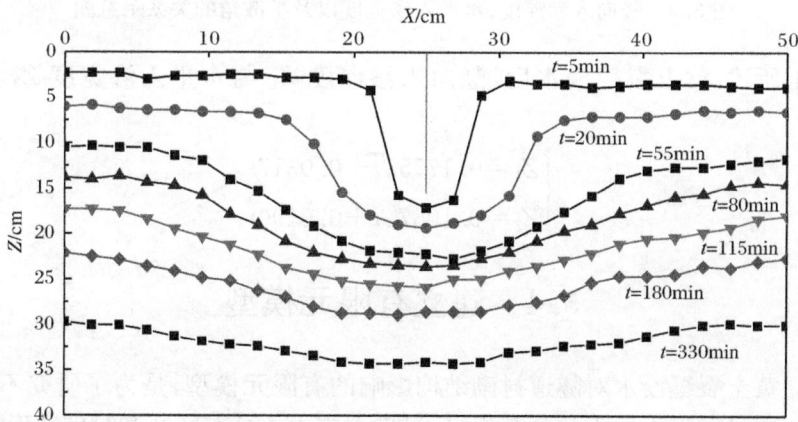

图 3.3　黄土裂缝入渗湿润锋变化

可以看出,裂缝水向四周土体入渗形状为倒钟形。当地表水入渗深度超过裂缝深度后,裂缝对水体下渗影响逐渐减小。由于裂缝深度方向上,不同深度上的水平入渗宽度差相差不大,且难以确定,因此在有限元计算中将不同深度的水平入渗宽度取同一值。

刘永涛[162]认为在有裂隙存在的情况下,裂隙的强渗透作用使裂隙首先充水,并在裂隙的底部和四周继续向黄土中发生垂直和水平方向的扩散。汪国烈等[163]认为黄土浸水区土体达到饱和,水常处于重力渗流状态,因此水的渗流边界线常呈折线向下向外入渗,扩散角为 $\arctan(K_1/K_2)$,K_1 为径向渗透系数,K_2 为垂向渗透系数。

黄土实测扩散角取 $\alpha = 31°$[160,164],竖向入渗深度与水平入渗宽度的几何关系如图 3.4 所示,水平入渗宽度与时间的关系为

$$Z_2 = Z_1 \tan 31° = 0.1067\sqrt{t} + 0.0190t \tag{3.2}$$

式中,t 为时间,h;Z_2 为水平入渗宽度,m。

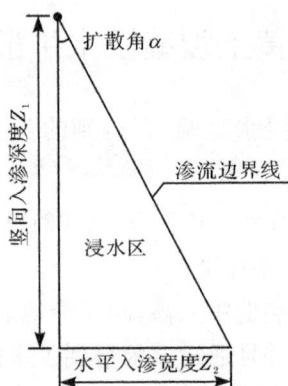

图 3.4　竖向入渗深度、水平入渗宽度以及扩散角的关系示意图

综上所述,黄土裂缝浸水后,竖向入渗深度 Z_1 与水平入渗宽度 Z_2 计算公式为

$$\begin{cases} Z_1 = 0.1775\sqrt{t} + 0.0317t \\ Z_2 = 0.1067\sqrt{t} + 0.0190t \end{cases}$$

3.4　建立有限元模型

建立黄土裂缝浸水对隧道衬砌结构影响的有限元模型,是为了研究不同浸水情况下二次衬砌表面压力的分布规律、衬砌主应力的分布特征和衬砌变形情况。

3.4.1　本构关系与单元选择

黄土隧道围岩裂缝浸水对隧道衬砌结构的影响视为平面应变问题,故采用平面模型予以模拟,黄土材料本构采用第 2 章黄土结构性邓肯-张本构关系,引入黄土结构性参数考虑黄土结构性影响。

由于 usermat 子程序不支持传统单元,因此黄土围岩利用最新技术单元 Plane182 代替传统单元 Plane42,Plane182 具有塑性、超弹、应力刚化、大变形和大应变等功能。初期支护与二次衬砌同样选用 Plane182。二次衬砌接触压力选用接触单元 Conta172 与目标单元 Targe169 模拟计算,其中,Conta172 布设在初期支护内侧表面,Targe169 布设在二次衬砌外侧表面,如表 3.1 所示。

表 3.1　有限元模拟使用单元

单元	模拟对象	布设位置
Plane182	围岩与衬砌	—
Conta172	接触压力	初期支护内侧表面
Targe169	接触压力	二次衬砌外侧表面

3.4.2　边界条件和模型参数

以行车速度为 100km/h 的高速公路两车道标准断面[165]为研究对象,为尽量减少边界约束对计算结果产生的不利影响,计算模型的边界范围如下:隧道两侧围岩水平宽度取 40m,模型底部边界距离隧道底部 35m,隧道上方埋深 30m,整个模型宽 82m,高 75m。模型底部施加水平与竖向位移约束,左右两侧施加水平位移约束,上部为自由表面。

计算中二次衬砌采用 C25 混凝土,厚 40cm,初期支护为喷射混凝土,厚 25cm,仰拱采用 C20 混凝土,厚 25cm,具体参数见表 3.2,其中,C25 混凝土单轴抗拉强度取 1.7MPa,单轴抗压强度取 15.5MPa。

表 3.2　衬砌混凝土参数

支护结构	弹性模量/GPa	泊松比	容重/(kN/m³)
二次衬砌	30	0.167	25
初期支护	23	0.167	22
仰拱	26	0.167	25

有限元模型中黄土围岩分为两层,拟定上层为第四系上更新统新黄土(Q_3),下层为第四系中更新统老黄土(Q_2)。计算模型中上层 Q_3 黄土天然状态和浸水后的含水量以及下层 Q_2 黄土天然含水量下的结构性邓肯-张参数如表 3.3

所示[23,26]。

表 3.3　黄土结构性邓肯-张本构模型参数

参数		K	n	R_f	c_s/kPa	$\varphi_s/(°)$	K_b	m	K_{ur}
上层 Q_3	未浸水	0.9343	0.2045	0.799	56.1	18.8	86	0.0889	1.7624
黄土	浸水	0.6540	0.1431	0.879	39.3	13.2	65	0.0622	1.2382
下层 Q_2 黄土		0.6286	0.0777	0.817	7.82	13.0	70	0.0861	1.5715

3.4.3　计算工况的确定

现有在役黄土隧道实际工程中,隧道施工造成的山体内部裂缝分为两种:第一种裂缝从隧道拱脚沿一定倾角向隧道两侧延伸至地表;第二种裂缝从隧道拱腰沿一定倾角向隧道两侧延伸至地表。同时,山体内部裂缝形式分为隧道单侧开裂和双侧开裂,例如,新庄岭黄土隧道为上、下行线分离式隧道,上行线隧道右侧与下行线隧道左侧围岩中分别存在山体裂缝。

考虑到浸水范围的增大,黄土围岩沉降量也会不断增大,从而不同程度地影响隧道衬砌的力学性能变化。例如,文献[5]研究表明,地表裂缝浸水地层软化后,地表竖向位移明显增大,黄土隧道埋深 10m,当地表 2m 以内地层浸水软化时,地表附加竖向位移为 3.1mm,当地表 10m 地层浸水软化后,地表竖向位移达到 9.6mm,当地表以下及两侧破裂区地层浸水软化后,地表附加竖向位移达到 13.6mm。因此,计算工况中也应考虑浸水范围的影响,按照式(3.1)与式(3.2)可确定不同时间内的浸水深度和宽度。

农业灌溉及雨季降水黄土入渗时间较长,当浸水时间分别为半天、1 天、2 天、3 天时,水平入渗宽度 Z_2 分别为 0.6m、0.98m、1.65m、2.27m。由于水在裂缝中通过侧壁向两侧水平入渗,在相应的入渗时间下,浸水宽度为上述值的 2 倍,即 1.2m、1.96m、3.3m、4.54m。为了从量级上有规律地表征围岩浸水范围不断扩大及浸水范围等量扩大后对隧道结构力学性能的影响,将水平入渗宽度在上述值的基础上进行减小和取整,最终确定计算模型中裂缝两侧水平入渗宽度为 1m、2m、3m、4m 和 5m。由于降水或灌溉均存在地表浸水,按照已定的竖向入渗深度、水平入渗宽度和扩散角关系可推知,当水平入渗宽度为 1m、2m、3m、4m 和 5m 时,相应的竖向入渗深度为 0.83m、1.66m、2.49m、3.32m 和 4.16m。

从裂缝开裂位置和形式两因素考虑,计算工况分为五种,如图 3.5～图 3.9 所示。图中,浅色斜线位置为围岩浸水位置,水平浸水均为 1～5m,竖向浸水范围与水平浸水范围相对应。工况一中,裂缝沿两侧拱脚(RJ-LJ)向上倾斜,水平浸水为 1～5m;工况二中,裂缝沿两侧拱腰(RY-LY)向上倾斜,水平浸水为 1～5m;工况三中,

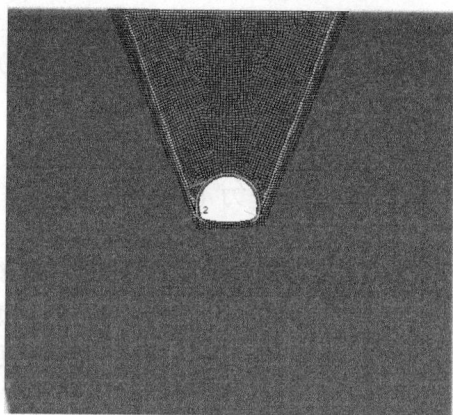

图 3.5　工况一

图 3.6　工况二

图 3.7　工况三

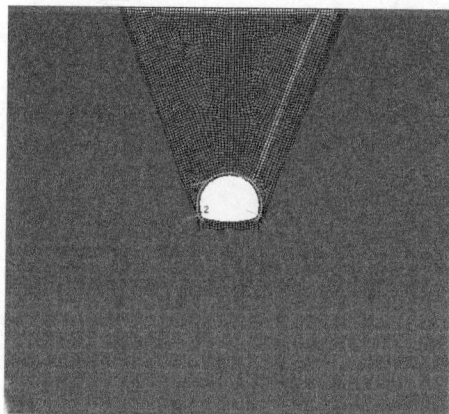

图 3.8　工况四

图 3.9　工况五

裂缝沿右侧拱脚(RJ)向上倾斜,水平浸水为 1～5m;工况四中,裂缝沿右侧拱腰(RY)向上倾斜,水平浸水为 1～5m;工况五中,裂缝右侧拱脚与左侧拱腰(RJ-LY)向上倾斜,水平浸水为 1～5m。

3.5 二次衬砌表面接触压力结果分析

考虑后期物理模型试验加载点位置与数量,提取初期支护与二次衬砌之间接触单元的接触压力,接触压力的提取位置如图 3.10 所示,提取点对称分布在衬砌的 15 个点,分别为拱顶、拱肩、拱腰、拱部下端、边墙、拱脚及仰拱内外侧。为方便后期绘图分析,图中标有位置名称与提取点节点编号。

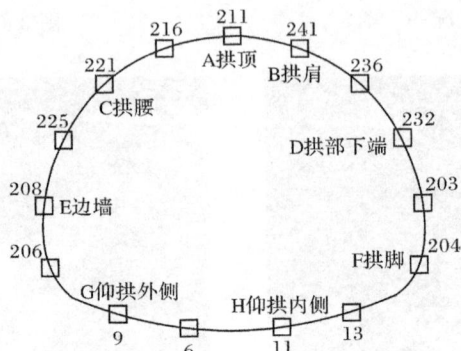

图 3.10 接触压力的提取位置

3.5.1 两侧拱脚围岩浸水

在隧道两侧拱脚围岩浸水 1～5m 过程中,二次衬砌表面接触压力量值变化如表 3.4 所示。

表 3.4 二次衬砌表面接触压力量值(工况一)　　　　(单位:Pa)

节点号	未浸水	浸水 1m	浸水 2m	浸水 3m	浸水 4m	浸水 5m
11	7.75×10^4	1.02×10^5	1.12×10^5	1.20×10^5	1.32×10^5	1.41×10^5
13	1.16×10^5	1.53×10^5	1.68×10^5	1.80×10^5	1.98×10^5	2.12×10^5
204	5.81×10^5	1.02×10^6	1.08×10^6	1.12×10^6	1.19×10^6	1.26×10^6
203	4.31×10^5	3.20×10^5	3.17×10^5	3.31×10^5	3.32×10^5	3.48×10^5
232	8.46×10^5	8.84×10^5	9.03×10^5	8.88×10^5	6.59×10^5	6.59×10^5
236	7.17×10^5	8.25×10^5	7.84×10^5	8.57×10^5	9.40×10^5	1.10×10^6
241	6.87×10^5	6.80×10^5	7.03×10^5	7.21×10^5	7.36×10^5	7.52×10^5

续表

节点号	未浸水	浸水 1m	浸水 2m	浸水 3m	浸水 4m	浸水 5m
211	7.08×10^5	7.12×10^5	7.15×10^5	7.23×10^5	7.25×10^5	7.29×10^5
216	6.87×10^5	6.80×10^5	7.03×10^5	7.21×10^5	7.36×10^5	7.52×10^5
221	7.17×10^5	8.25×10^5	7.84×10^5	8.57×10^5	9.40×10^5	1.10×10^6
225	8.46×10^5	8.84×10^5	9.03×10^5	8.88×10^5	6.59×10^5	6.59×10^5
208	4.31×10^5	3.20×10^5	3.17×10^5	3.31×10^5	3.32×10^5	3.48×10^5
206	5.81×10^5	1.02×10^6	1.08×10^6	1.12×10^6	1.19×10^6	1.26×10^6
9	7.75×10^4	1.02×10^5	1.12×10^5	1.20×10^5	1.32×10^5	1.41×10^5
6	1.16×10^5	1.53×10^5	1.68×10^5	1.80×10^5	1.98×10^5	2.12×10^5

利用以上数据绘制接触压力变化曲线,如图 3.11 所示,图中横坐标表示压力提取位置,该位置在图 3.10 中已有标注。

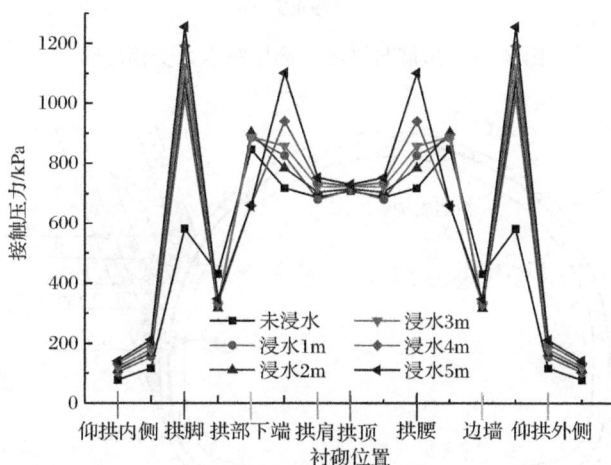

图 3.11　二次衬砌表面接触压力变化曲线(工况一)

可以看出,两侧拱脚浸水情况下,两侧拱脚压力陡然增大,拱部压力峰值在浸水 3m 前位于拱部下端,随着浸水发展,拱腰压力迅速增大且超过拱部下端,拱部接触压力峰值向上移动。隧道拱部表面压力分布形如猫耳状,该形状分布与现场量测结果相一致[166~168]。衬砌绝大部分位置接触压力呈逐渐增大趋势,拱脚与拱腰位置的压力增大速度大于其他位置。拱顶、拱肩与仰拱接触压力逐渐增大但增量相对较小。

边墙与拱部下端接触压力有先减小再增大或先增大再减小现象,边墙接触压力先于拱部下端位置减小,如图 3.12 所示。发生这一现象的原因推测为,当围岩浸水接近压力提取点时,浸水使得黄土围岩变软、强度降低,衬砌压力得到部分消散;浸水继续浸湿土体,黄土地层变形挤压浸水黄土,围岩压力变大。图 3.13 为拱脚裂缝单侧浸水范围示意图。

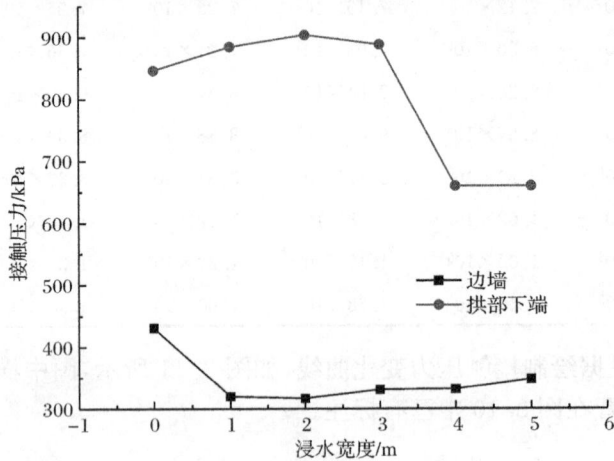

图 3.12　边墙与拱部下端接触压力变化曲线

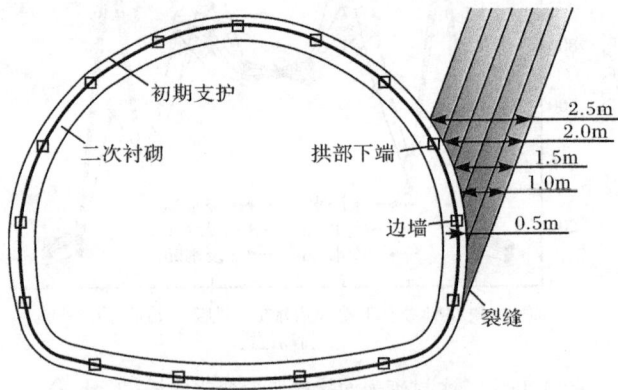

图 3.13　拱脚裂缝单侧浸水范围示意图

3.5.2　两侧拱腰围岩浸水

隧道两侧拱腰围岩浸水 1～5m 过程中,衬砌表面接触压力量值变化如表 3.5 所示。

表 3.5　二次衬砌表面接触压力量值(工况二)　　　　　(单位:Pa)

节点号	未浸水	浸水 1m	浸水 2m	浸水 3m	浸水 4m	浸水 5m
11	7.75×10^4	1.02×10^5	1.08×10^5	1.12×10^5	1.19×10^5	1.26×10^5

续表

节点号	未浸水	浸水 1m	浸水 2m	浸水 3m	浸水 4m	浸水 5m
13	1.16×10^5	2.05×10^5	2.15×10^5	2.24×10^5	2.38×10^5	2.51×10^5
204	5.81×10^5	7.66×10^5	8.38×10^5	9.02×10^5	9.92×10^5	1.06×10^6
203	4.31×10^5	4.30×10^5	4.46×10^5	4.59×10^5	4.70×10^5	4.73×10^5
232	8.46×10^5	8.19×10^5	8.61×10^5	8.98×10^5	9.53×10^5	1.00×10^6
236	7.17×10^5	5.75×10^5	4.92×10^5	4.84×10^5	5.02×10^5	5.17×10^5
241	6.87×10^5	7.28×10^5	8.48×10^5	9.75×10^5	8.73×10^5	6.07×10^5
211	7.08×10^5	7.32×10^5	7.53×10^5	7.86×10^5	8.34×10^5	8.79×10^5
216	6.87×10^5	7.28×10^5	8.48×10^5	9.75×10^5	8.73×10^5	6.07×10^5
221	7.17×10^5	5.75×10^5	4.92×10^5	4.84×10^5	5.02×10^5	5.17×10^5
225	8.46×10^5	8.19×10^5	8.61×10^5	8.98×10^5	9.53×10^5	1.00×10^6
208	4.31×10^5	4.30×10^5	4.46×10^5	4.59×10^5	4.70×10^5	4.73×10^5
206	5.81×10^5	7.66×10^5	8.38×10^5	9.02×10^5	9.92×10^5	1.06×10^6
9	7.75×10^4	2.05×10^5	2.15×10^5	2.24×10^5	2.38×10^5	2.51×10^5
6	1.16×10^5	1.02×10^5	1.08×10^5	1.12×10^5	1.19×10^5	1.26×10^5

利用以上数据绘制接触压力变化曲线,如图 3.14 所示。可以看出,两侧拱腰围岩浸水下,衬砌表面接触压力存在三处较大位置,分别为拱肩、拱部下端与拱脚。未浸水情况下,拱腰至拱顶接触压力分布均匀,随着浸水的发生,衬砌拱肩与拱脚接触压力增加较大,边墙和仰拱接触压力均逐渐增大但幅度不大。拱腰浸水使拱脚衬砌接触压力增大的原因推测为,拱腰围岩浸水导致拱肩围岩压力快速增大,围岩压力向下作用于衬砌致使其产生下沉趋势,拱脚处围岩抵抗衬砌变形使得拱脚接触压力增大。

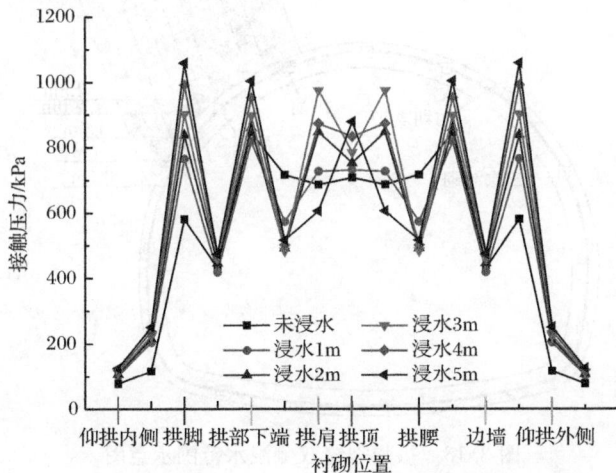

图 3.14　二次衬砌表面接触压力变化曲线(工况二)

图 3.15 为拱腰至拱顶接触压力变化曲线,图中拱腰、拱肩及拱部下端接触压力同样存在先减小再增大或先增大再减小现象,结合拱腰裂缝双侧浸水范围示意图(图 3.16)发现,浸水接近接触压力提取点时,该点接触压力减小。随着浸水继续发展,该点接触压力又将缓慢增大。这与两侧拱脚围岩浸水下边墙与拱部下端的接触压力变化一致。根据这一变化规律,随着围岩进水恶化的持续,逐渐减小的拱肩接触压力后期将逐渐增大。同时发现,隧道围岩裂缝两侧浸水增大过程中,裂缝上部应力提取点接触压力受到浸水的影响明显大于裂缝下部应力提取点。

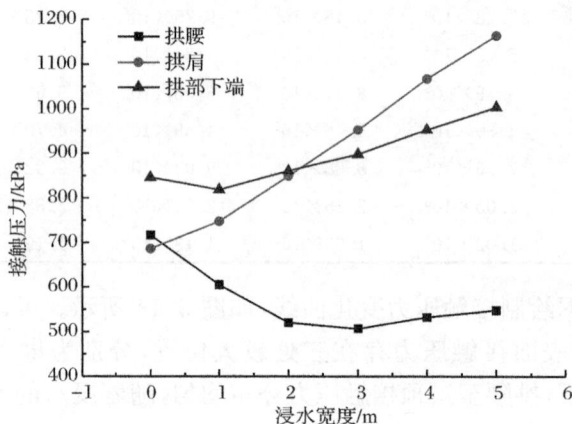

图 3.15　拱腰至拱顶接触压力变化曲线

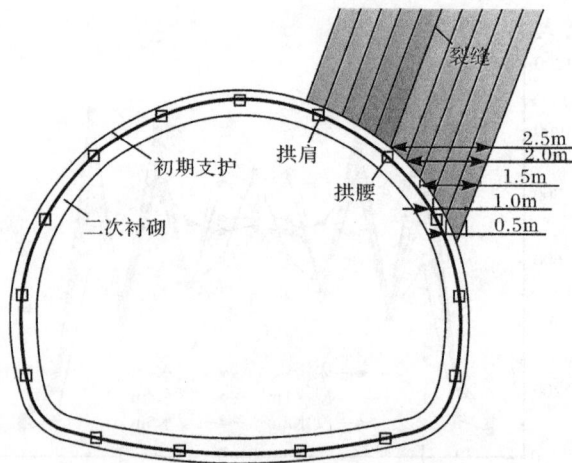

图 3.16　拱腰裂缝双侧浸水范围示意图

3.5.3　一侧(右侧)拱脚围岩浸水

隧道一侧(右侧)拱脚围岩浸水 1～5m 过程中,衬砌表面接触压力量值变化如表 3.6 所示。

表 3.6　二次衬砌表面接触压力量值(工况三)　　　(单位:Pa)

节点号	未浸水	浸水 1m	浸水 2m	浸水 3m	浸水 4m	浸水 5m
11	$7.75×10^4$	$6.15×10^4$	$6.40×10^4$	$6.79×10^4$	$7.06×10^4$	$7.27×10^4$
13	$1.16×10^5$	$1.85×10^5$	$1.92×10^5$	$2.04×10^5$	$2.12×10^5$	$2.18×10^5$
204	$5.81×10^5$	$9.23×10^5$	$9.79×10^5$	$1.02×10^6$	$1.06×10^6$	$1.09×10^6$
203	$4.31×10^5$	$4.31×10^5$	$4.49×10^5$	$4.55×10^5$	$4.70×10^5$	$4.83×10^5$
232	$8.46×10^5$	$8.59×10^5$	$8.62×10^5$	$8.75×10^5$	$8.84×10^5$	$8.97×10^5$
236	$7.17×10^5$	$7.32×10^5$	$7.52×10^5$	$7.71×10^5$	$7.96×10^5$	$8.13×10^5$
241	$6.87×10^5$	$6.95×10^5$	$6.94×10^5$	$7.02×10^5$	$7.09×10^5$	$7.19×10^5$
211	$7.08×10^5$	$7.08×10^5$	$7.13×10^5$	$7.18×10^5$	$7.22×10^5$	$7.29×10^5$
216	$6.87×10^5$	$6.95×10^5$	$7.02×10^5$	$7.13×10^5$	$7.23×10^5$	$7.30×10^5$
221	$7.17×10^5$	$8.30×10^5$	$7.89×10^5$	$8.62×10^5$	$9.45×10^5$	$1.11×10^6$
225	$8.46×10^5$	$8.69×10^5$	$8.92×10^5$	$9.39×10^5$	$6.62×10^5$	$6.85×10^5$
208	$4.31×10^5$	$4.31×10^5$	$3.01×10^5$	$3.04×10^5$	$3.09×10^5$	$3.07×10^5$
206	$5.81×10^5$	$1.03×10^6$	$1.10×10^6$	$1.18×10^6$	$1.26×10^6$	$1.35×10^6$
9	$1.16×10^5$	$1.85×10^5$	$2.00×10^5$	$2.56×10^5$	$2.81×10^5$	$2.98×10^5$
6	$7.75×10^4$	$6.15×10^4$	$6.68×10^4$	$8.52×10^4$	$9.37×10^4$	$9.93×10^4$

图 3.17 为一侧拱脚围岩浸水下衬砌表面接触压力变化曲线。可以看出,单侧围岩浸水后,浸水侧衬砌接触压力增值远大于未浸水侧,单侧拱脚围岩浸水同时引起两侧拱脚接触压力的增大,但浸水侧增量大于未浸水侧,推测未浸水侧拱脚接触压力变大原因为,浸水使得浸水侧拱脚围岩承载力降低,地层变形,浸水侧围岩压力明显增大形成偏压,浸水侧围岩压力挤压衬砌,衬砌向未浸水侧发生相应变形,地层抗力使未浸水侧拱脚接触压力也明显上升。随着浸水发展,浸水侧拱部最大接触压力向上转移,最大接触压力由拱部下端转至拱腰。未浸水侧拱顶至边墙以及衬砌仰拱接触压力均有增大,但幅度较小。边墙与拱部下端接触压力同样发生先减小再增大现象,如图 3.18 所示。与两侧拱脚围岩浸水相比,一侧拱脚浸水后,拱脚接触压力远大于两侧拱脚浸水工况。

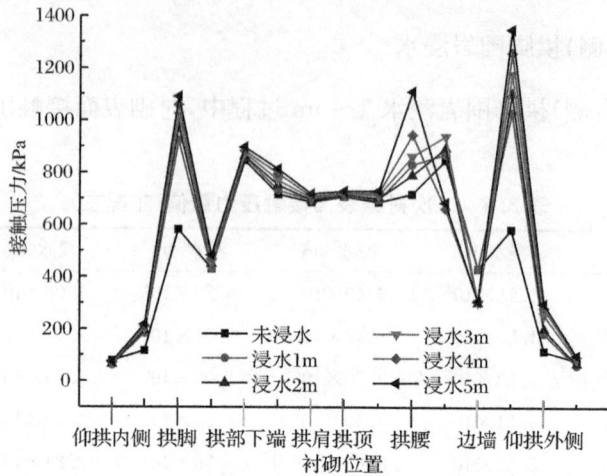

图 3.17　二次衬砌表面接触压力变化曲线(工况三)

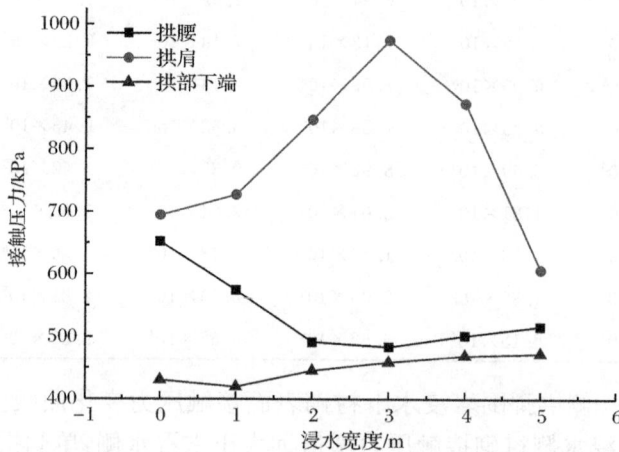

图 3.18　边墙与拱部下端接触压力变化曲线

3.5.4　一侧(右侧)拱腰围岩浸水

隧道一侧(右侧)拱腰围岩浸水 1～5m 过程中,衬砌表面接触压力量值变化如表 3.7 所示。

表 3.7　二次衬砌表面接触压力量值(工况四)　　　　　(单位:Pa)

节点号	未浸水	浸水 1m	浸水 2m	浸水 3m	浸水 4m	浸水 5m
11	7.75×10^4	1.15×10^5	1.24×10^5	1.34×10^5	1.43×10^5	1.53×10^5
13	1.16×10^5	1.72×10^5	1.86×10^5	2.01×10^5	2.15×10^5	2.29×10^5
204	5.81×10^5	8.30×10^5	9.01×10^5	9.63×10^5	1.03×10^6	1.09×10^6

续表

节点号	未浸水	浸水 1m	浸水 2m	浸水 3m	浸水 4m	浸水 5m
203	4.31×10^5	4.40×10^5	4.45×10^5	4.50×10^5	4.54×10^5	4.57×10^5
232	8.46×10^5	8.19×10^5	8.61×10^5	8.98×10^5	9.53×10^5	1.00×10^6
236	7.17×10^5	6.05×10^5	5.20×10^5	5.07×10^5	5.33×10^5	5.48×10^5
241	6.87×10^5	7.48×10^5	8.49×10^5	9.53×10^5	1.07×10^6	1.16×10^6
211	7.08×10^5	7.22×10^5	7.28×10^5	7.32×10^5	7.50×10^5	7.72×10^5
216	6.87×10^5	6.99×10^5	7.03×10^5	7.02×10^5	7.00×10^5	6.96×10^5
221	7.17×10^5	7.26×10^5	7.34×10^5	7.43×10^5	7.56×10^5	7.70×10^5
225	8.59×10^5	8.62×10^5	8.75×10^5	8.84×10^5	8.97×10^5	9.11×10^5
208	4.31×10^5	4.44×10^5	4.51×10^5	4.65×10^5	4.78×10^5	4.91×10^5
206	5.81×10^5	8.79×10^5	9.50×10^5	1.02×10^6	1.10×10^6	1.17×10^6
9	1.16×10^5	1.79×10^5	1.88×10^5	2.07×10^5	2.21×10^5	2.36×10^5
6	7.75×10^4	1.16×10^5	1.27×10^5	1.36×10^5	1.45×10^5	1.55×10^5

图 3.19 为单侧拱腰围岩浸水下衬砌表面接触压力变化曲线。可以看出，一侧拱腰围岩浸水后，浸水侧衬砌接触压力增大程度远大于未浸水侧，衬砌两侧拱脚接触压力均有较大增大，但与一侧拱脚浸水相反的是，未浸水侧拱脚接触压力变化量大于浸水侧。发生这一现象的原因推测为，拱腰浸水使得浸水侧围岩承载力降低，浸水侧围岩压力明显增大形成偏压，浸水侧围岩压力向未浸水侧挤压衬砌，衬砌向未浸水侧发生相应变形，地层抗力使得未浸水侧拱脚接触压力也明显上升。单侧拱腰浸水后拱肩接触压力大幅增大，偏压峰值作用位置出现在衬砌上部，故对衬砌下部的拱脚位置影响比单侧拱脚浸水更为突出。

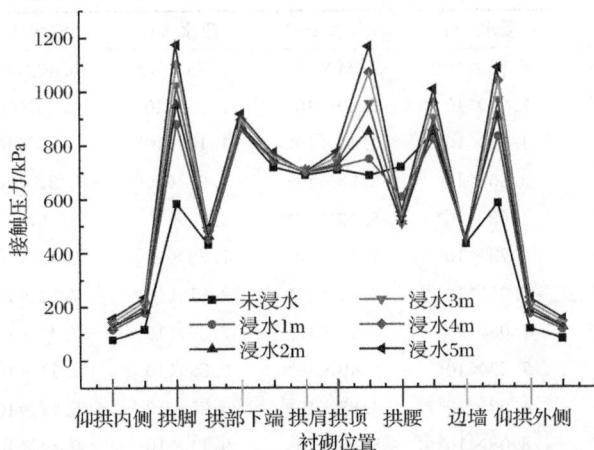

图 3.19　二次衬砌表面接触压力变化曲线（工况四）

浸水侧拱部下端与拱肩接触压力增大幅度明显大于其他位置，拱腰接触压力最先减小，其次是拱部下端，如图 3.20 所示。与两侧拱腰浸水工况不同的是，两侧拱腰浸水 5m 时,拱肩位置接触压力减小,但一侧拱腰浸水过程中,拱肩接触压力始终呈增大趋势。

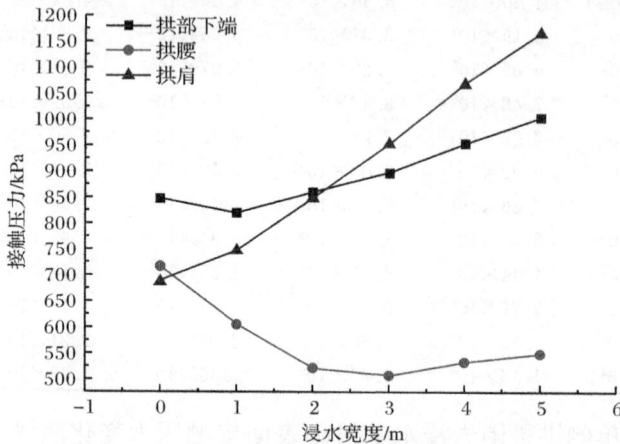

图 3.20　拱部下端、拱腰及拱肩接触压力变化曲线

3.5.5　一侧(右侧)拱脚围岩与另一侧(左侧)拱腰围岩浸水

隧道右侧拱脚围岩与左侧拱腰围岩浸水 1~5m 过程中,二次衬砌表面接触压力量值变化如表 3.8 所示。

表 3.8　二次衬砌表面接触压力量值(工况五)　　(单位:Pa)

节点号	未浸水	浸水 1m	浸水 2m	浸水 3m	浸水 4m	浸水 5m
11	7.75×10^4	6.86×10^4	7.34×10^4	7.85×10^4	8.40×10^4	8.99×10^4
13	1.16×10^5	2.06×10^5	2.20×10^5	2.36×10^5	2.52×10^5	2.70×10^5
204	5.81×10^5	1.03×10^6	1.10×10^6	1.18×10^6	1.26×10^6	1.35×10^6
203	4.31×10^5	3.30×10^5	3.28×10^5	3.21×10^5	3.21×10^5	3.35×10^5
232	8.46×10^5	4.62×10^5	5.16×10^5	4.20×10^5	3.56×10^5	3.48×10^5
236	7.17×10^5	6.75×10^5	7.15×10^5	7.78×10^5	8.48×10^5	1.00×10^6
241	6.87×10^5	6.65×10^5	6.82×10^5	7.31×10^5	7.31×10^5	7.27×10^5
211	7.08×10^5	7.08×10^5	7.16×10^5	7.26×10^5	7.46×10^5	8.44×10^5
216	6.87×10^5	7.27×10^5	8.49×10^5	9.89×10^5	1.11×10^6	1.24×10^6
221	7.17×10^5	4.92×10^5	4.88×10^5	5.20×10^5	5.52×10^5	5.65×10^5
225	8.59×10^5	8.08×10^5	8.49×10^5	9.11×10^5	9.54×10^5	1.00×10^6
208	4.31×10^5	4.49×10^5	4.67×10^5	4.82×10^5	4.90×10^5	4.94×10^5
206	5.81×10^5	1.01×10^6	1.06×10^6	1.12×10^6	1.17×10^6	1.23×10^6
9	1.16×10^5	2.02×10^5	2.12×10^5	2.23×10^5	2.35×10^5	2.47×10^5
6	7.75×10^4	6.74×10^4	7.08×10^4	7.44×10^4	7.82×10^4	8.22×10^4

　　图 3.21 为右侧拱脚围岩与左侧拱腰围岩浸水下衬砌表面接触压力变化曲线。可以看出,右侧拱脚与左侧拱腰浸水下,两侧拱脚接触压力均有大幅增大,拱脚浸水侧增大幅度大于拱腰浸水侧。拱脚浸水侧拱部最大接触压力作用位置从拱部下端上移至拱腰,拱腰浸水侧拱部最大接触压力作用位置从拱部下端上移至拱肩。右侧拱脚与左侧拱腰浸水下衬砌接触压力变化情况像是单侧拱腰和单侧拱脚浸水下接触压力变化情况的组合,其分布特征与单侧拱脚和拱腰浸水一致。

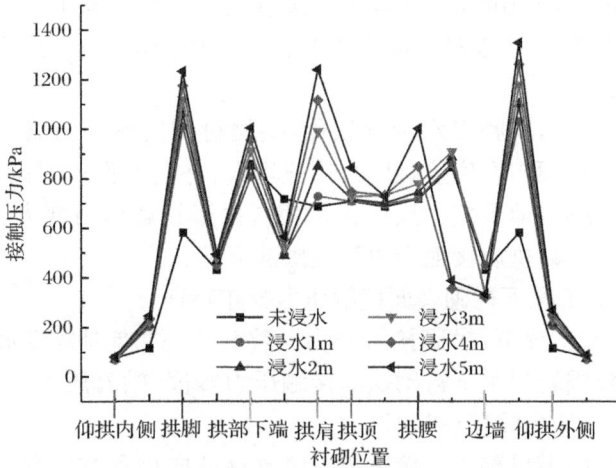

图 3.21　二次衬砌表面接触压力变化曲线(工况五)

3.6　小　　结

　　本章首先从山体内部裂缝、水的来源和某隧道灌溉区与衬砌裂缝分布关系三个方面论述了黄土隧道围岩浸水及其劣化衬砌结构的客观存在;其次结合作者团队原位浸水试验中浸水扩散有关结论和前人得到的黄土裂缝浸水扩散规律,提出了黄土隧道围岩浸水扩散范围计算方程;再次根据黄土围岩开裂位置和浸水范围不同,确定了五种数值模拟浸水工况,同时建立了可靠的有限元模型;最后计算得到了二次衬砌表面接触压力值,分析了接触压力分布及特征,为后续研究工作的开展奠定基础。

　　本章主要结论如下:

　　(1)通过文献资料的整理分析,客观论证了黄土隧道围岩浸水及其劣化衬砌结构的客观存在。

　　(2)结合团队已有资料和前人成果,明确了黄土围岩裂缝浸水的位置和浸水范围,确定了裂缝浸水扩散计算方程,建立了黄土隧道围岩浸水有限元计算模型。

　　（3）围岩浸水恶化下衬砌表面接触压力的变化规律。五种围岩浸水工况下，无论两侧还是单侧围岩浸水，二次衬砌接触压力的变化和分布与浸水位置关系密切，故按浸水位置的不同对二次衬砌接触压力加以总结。

　　拱脚围岩浸水下，浸水围岩强度降低，承载力下降，拱脚围岩压力增大，拱脚衬砌接触压力激增。随着浸水宽度的增加，浸水围岩土体变软使得边墙与拱部下端衬砌接触压力短时间内部分消散，而后逐渐增大，拱腰接触压力始终大幅增加，浸水 4m 时衬砌拱部压力峰值上移，拱腰接触压力超过拱部下端。浸水侧围岩压力的增大致使衬砌偏压，未浸水侧拱脚向衬砌外侧变形，地层抗力反向作用下该处接触压力变大。

　　拱腰围岩浸水下，拱腰浸水围岩软化，拱腰衬砌接触压力略有消散。浸水位置上部围岩下沉，拱顶与拱肩接触压力快速增大，并向下作用衬砌，拱脚在拱部压力作用下向外侧变形，地层抗力反向作用使得拱脚接触压力变大。浸水 4m 时衬砌拱部压力峰值上移，拱肩接触压力超过拱部下端。

　　（4）不同浸水工况下衬砌表面接触压力分布特征。

　　无论何种浸水工况下，拱脚接触压力始终较大，拱脚围岩浸水下拱脚压力大于拱腰浸水；拱腰围岩浸水下衬砌拱部接触压力峰值（拱肩压力）始终大于拱脚围岩浸水下拱部接触压力峰值（拱腰压力）。

　　浸水过程中，隧道拱部最大接触压力位置逐渐向拱顶方向移动。拱脚浸水工况下，拱部最大接触压力由拱部下端移至拱腰；拱腰浸水工况下，拱部最大接触压力由边墙下端移至拱肩或拱顶。

　　随着浸水范围的增大，浸水范围靠近接触压力提取点时，该处接触压力先减小，当浸水漫过该点后，该处接触压力又缓慢增大。

第4章 隧道衬砌结构力学性能测试平台的研发与试验设计

4.1 概　　述

前已述及,现有隧道衬砌加载装置或平台对衬砌模型的加载可分为两种方式:第一种为对隧道模型间接加载,荷载作用于围岩,围岩相似材料包裹隧道模型;第二种加载方式不考虑围岩,荷载直接作用于隧道模型,非加载区内衬砌荷载由带有一定刚度的弹簧模拟。岩土体性质离散性较大,围岩相似材料的配比对隧道模型试验结果影响明显,同时地层抗力的取值均建立于假设与经验之上,与实际情况相差较大,而且现有装置或平台的加载点较少,不能对衬砌所有关键位置进行加载,对衬砌复杂受力情况的模拟效果欠佳。

为了能够更真实地模拟复杂应力条件下隧道衬砌结构的受力与变形情况,参考已有衬砌加载装置或平台的优点、局限性及仪器开发相关过程[29,46,169~174],研发了隧道衬砌结构数控加载测试平台,该试验测试平台共设 15 个加载点,布置于衬砌关键位置,将主动围岩压力与被动围岩弹性抗力统一视为衬砌所受荷载,在已知围岩压力或二次衬砌压力的前提下,实现了对隧道结构的精确化加载,能够对不同衬砌厚度和复杂受力情况进行研究,真实地模拟隧道结构的受力与变形;并且通过加载试验,对比目标加载量与实际加载量之间的差异,验证试验测试平台的可靠性。本章还将推导模型试验设计中所需的相似关系和相似指标,通过衬砌相似材料试验确定模型衬砌相似材料参数,同时详细介绍试验测试内容和元件布设情况,并在第 3 章衬砌表面接触压力计算结果的基础上确定模型试验加载工况。

4.2 隧道衬砌力学性能测试平台的设计

隧道结构力学行为测试平台由驱动系统、加载系统和控制系统三部分组成,试验平台的总体实物如图 4.1 所示。驱动系统接收控制系统指令,为加载系统提供所需动力;加载系统完成对隧道衬砌的加载并将衬砌荷载值实时传送于控制系统;控制系统通过对比加载系统提供的荷载值和荷载目标阈值,对驱动系统下达指令。三大系统的具体设计如下所述。

4.2.1 驱动系统

经过调研和比较,采用电动机、液压油箱、齿轮泵、叠加阀(单向阀、节流阀、溢流阀、减压阀、保压阀、电磁阀)、储能罐、油路管线和压力表作为衬砌模型加载的驱动系统,如图4.2和图4.3所示。

图 4.1 平台总体实物图

图 4.2 油压基站

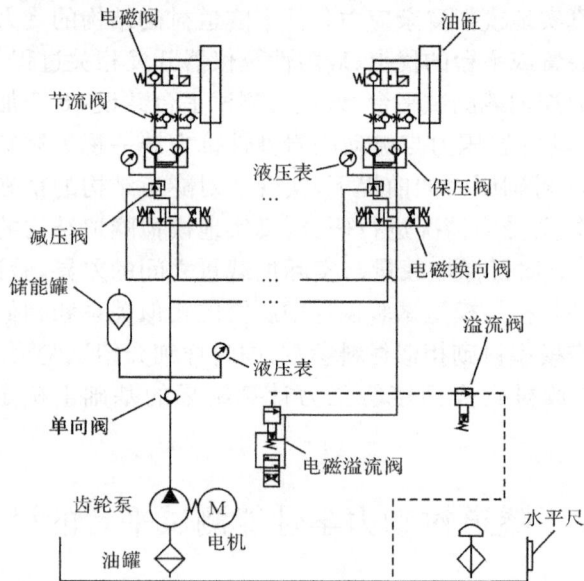

图 4.3 驱动系统

液压泵由电动机驱动,电动机转速为1430r/min,额定功率为3kW,油泵排量为10mL/r,最大输出液压为16MPa,系统总压力先由电磁溢流阀控制,然后经节流阀调整油泵出油流量,粗调油缸进油速度,再经过减压阀调控各自油缸所需压力,电磁换向阀换向控制油缸往复运动。

　　驱动系统的保压功能由单向阀、储能罐、保压阀组合实现。储能罐的容积为 10L,最大储存压力为 20MPa,油泵供给储能罐充满油压后停止供给,由储能罐保压,储能罐压力不足时油泵自动启动补压;油缸达到加载压力目标阈值后,保压阀启动,锁死油缸液压油,保证油缸推力恒定。

　　15 路油路均安装压力表,显示了输压过程中流出减压阀后的油压,配合减压阀调整油压,同时有助于后期系统故障排查。

　　由于加载平台面积较大(约 25m²),油缸与电磁阀之间的液压油行程较长,电磁阀受控切断油路后,驱动系统压力不再供给油缸,但管线内的油压仍可使油缸继续顶推,使得油缸停止时的推力常大于所设定的加载压力目标阈值,因此作者在油缸进油口加设电磁阀和节流阀,电磁阀与液压基站上的电磁阀串联,同时启闭切断油路油压,确保了油缸推力的准确控制,节流阀对油缸进油速度进行微调,即对顶推速度进行精调且二次降低了油缸的顶推速度,最终确定了加载油缸的顶推速度。

4.2.2　加载系统

　　经过调研,采用 15 组液压油缸对衬砌模型关键位置进行加载,调节油缸推力可满足不同工况下衬砌所受压力的变化需求。图 4.4 为加载系统的设计图,加载系统主要由 15 组液压油缸、压力传感器、球形推杆、弧形钢推板和外围钢支护组成。

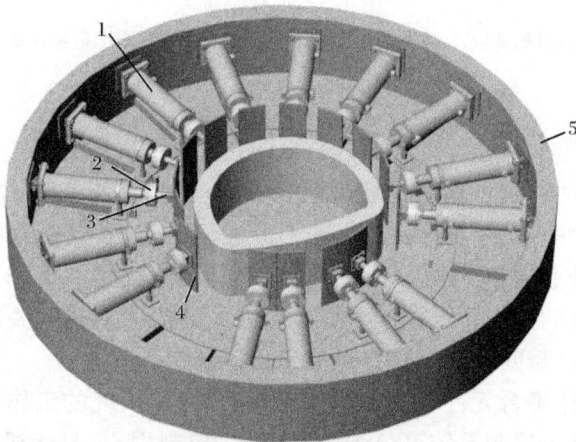

图 4.4　加载系统
1.液压油缸;2.压力传感器;3.球形推杆;4.弧形钢推板;5.外围钢支护

加载油缸行程为 230mm,额定压力为 10MPa,最小加载速度为 90s/mm;由以往经验可知,油缸缸内压力与缸体顶推力之间存在偏差,且这种偏差随着压力的不同而变化,不受控制,为得到衬砌模型所受荷载的精确值,在加载油缸前段安装了压力传感器,该传感器最大量程为 10t,精度为 0.01%;弧形钢推板高 40cm,弧长为 14cm,弧度与衬砌外表面一致,密贴衬砌模型,14cm 的弧长避免了加载接触面积过小而产生的应力集中现象,保证荷载均匀施加于衬砌模型,加载精度为 0.175kPa;球形推杆连接压力传感器与弧形推板,使得衬砌外表面受力始终处于法线方向;同时在加载油缸底部安装螺纹支座,调节油缸加载高度。弧形钢推板、球形推杆、压力传感器、螺纹支座与油缸的组合关系如图 4.5 所示;外围刚支护采用 8mm 钢板焊接而成,足够大的刚度保证了加载过程中油缸压力不会因为围挡变形而发生卸载。

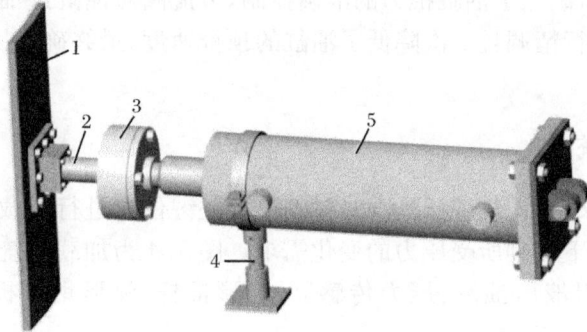

图 4.5　加载装置

1.弧形钢推板;2.球形推杆;3.压力传感器;4.螺纹支座;5.液压油缸

4.2.3　控制系统

试验中油缸加载到目标压力阈值后,系统应瞬间切断油路停止油压供给,并使油缸推力保持恒定,由于油缸常存在十分缓慢的泄压情况,油缸推力也会缓慢下降,长时间停止供油后油缸推力将下降明显,当油缸推力下降至小于目标压力阈值后,系统应自动开启电磁阀补压,该点是试验精确加载的关键所在。在试验加载过程中使油缸瞬间停止工作并保持压力恒定十分重要。

控制系统操作平台元件布置如图 4.6 所示,控制系统的工作原理如图 4.7 所示。可以看出,整个控制系统可分为监测机构、控制中心、显示机构和执行机构 4 部分,其中,监测机构的主要元件为前面提到的压力传感器,主要功能是在模型加载过程中实时监测模型所受推力。控制中心是系统核心部位,其功能全由 PLC 下位机实现,对 PLC 下位机进行程序编写,使其能够控制驱动系统中的电磁阀启闭,

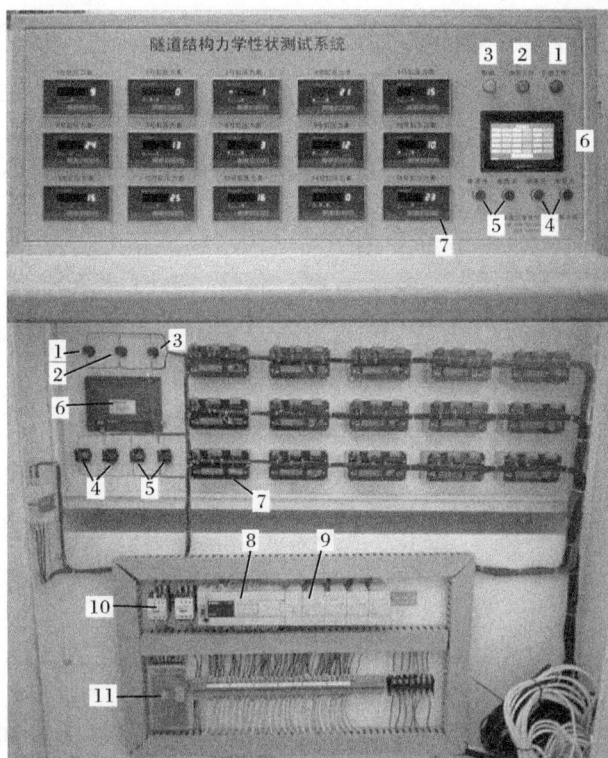

图 4.6　控制系统操作平台元件布置

1. 系统工作指示灯；2. 油泵工作指示灯；3. 电源指示灯；4. 油泵启停指示灯；5. 电源启闭指示灯；
6. 触摸屏；7. 压力指示器；8. PLC 下位机；9. 扩展模块；10. 电源与油泵接触器；11. 电磁阀电源

若发现加载推力达到目标压力阈值，则向电磁阀发出信号切断油路停止供油，若发现油缸推力小于目标压力阈值，则控制电磁阀开启对油缸进行补压，保持油缸推力恒定。显示机构由触摸屏和压力指示器组成，触摸屏中显示 PLC 下位机的控制程序，程序中可选择动作油缸，设定各个油缸目标压力阈值，同时显示实时的推力对比情况，压力指示器将推力实时监测值予以显示并将数字信号转换为模拟信号传入 PLC 下位机中。执行机构主要是液压基站上的电磁双向阀和油缸上的电磁单向阀，由 PLC 下位机控制。由于 PLC 下位机自带 24V 电源无法满足电磁阀启闭需要，因此单设 24V 电源供电磁阀使用。

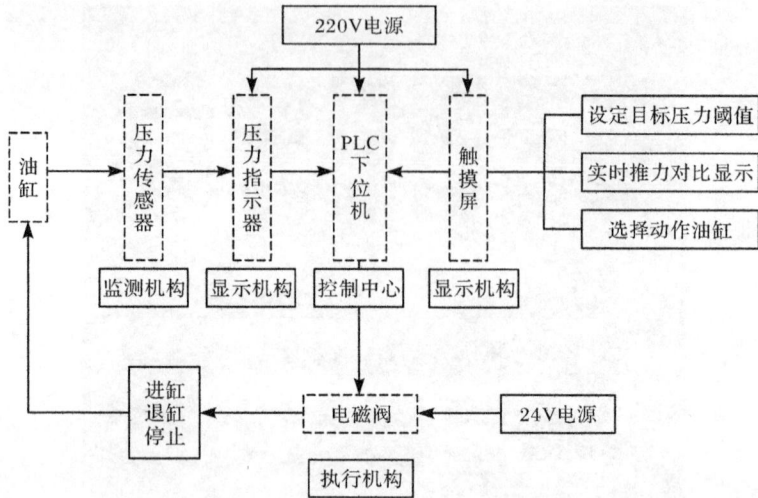

图 4.7　控制系统工作原理

4.3　试验测试平台安全性验算

模型台千斤顶设计最大顶推应力为 5MPa,模型台外部钢筒围挡的稳定性决定了试验过程中是否安全、结果是否可靠和平台是否能够循环多次利用,同时钢筒围挡也是平台最薄弱部件,因此有必要对钢筒围挡的变形和应力进行模拟验算。

1. 模型尺寸

钢筒围挡由两个厚度不同的钢筒和钢筒间的三层圆环加筋钢板焊接而成,如图 4.8 所示。

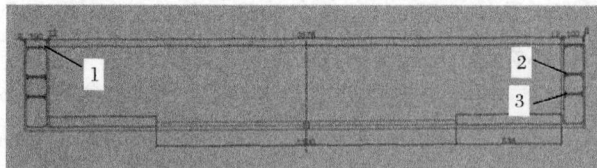

(a) 钢筒围挡剖面图

（b）径向加筋焊接　　　　　　　（c）钢筒围挡内部钢支撑焊接 1

（d）钢筒围挡内部钢支撑焊接 2　　　　　（e）钢筒围挡内部钢支撑焊接 3

图 4.8　钢筒围挡剖面及实际施工图

内钢筒半径为 1.288m，厚度为 12mm。外钢筒及钢筒间加筋钢板半径为 1.4m，厚度为 8mm。内外钢筒相距 100mm，圆环加筋钢板厚度为 8mm，模型台高度为 0.4m，第一层加筋钢板焊接于模型台上表面，第二层距离上表面 0.15m，第三层距离上表面 0.25m。

数值模型全部使用壳单元模拟钢筒及钢板，利用实常数赋予单元厚度，如图 4.9 和图 4.10 所示。

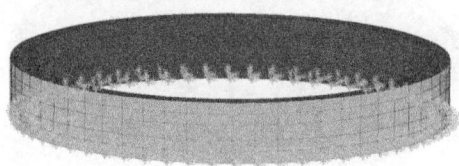

图 4.9　试验平台数值模型　　　　　　图 4.10　模型内部加筋钢板

2. 计算参数

壳单元输入参数如表 4.1 所示。

表 4.1　模型计算参数

弹性模量/GPa	泊松比	密度/(g/cm³)	厚度/mm	
			内钢筒	外钢筒及加筋钢板
200	0.3	7.85	12	8

3. 计算工况

内钢筒内壁共有 15 个加载点,考虑到钢筒为圆形,计算工况最终分为三种,如图 4.11~图 4.13 所示。

图 4.11　工况一:15 点全部加载　　　　图 4.12　工况二:7 点加载

图 4.13　工况三:1 点加载

4. 计算结果

由于三种工况计算结果比较点相同,因此先将云图给出,最后一并比较结果。三种工况计算结果如图 4.14~图 4.16 所示。

0　　0.390E-04　0.781E-04　0.117E-03　0.156E-03 0.195E-04　0.586E-04　0.976E-04　0.137E-03　0.176E-03	-30918　0.7.67E+07　0.154E+08　0.231E+08　0.308E+08 0.382E+07　0.115E+08　　0.192E+08　0.269E+08　0.346E+08
(a) 位移矢量云图	(b) 拉应力云图

−0.371E+08　−0.298E+08　−0.206E+08　−0.123E+08　−0.404E+07
　　−0.330E+08　−0.247E+08　　−0.164E+08　−0.310E+07　50063.1

(c) 压应力云图

0.723E+07　0.150E+08　0.227E+08　0.305E+08　0.383E+08
　　0.111E+08　0.185E+08　　0.266E+08　0.344E+08　0.421E+08

(d) Mises 应力云图

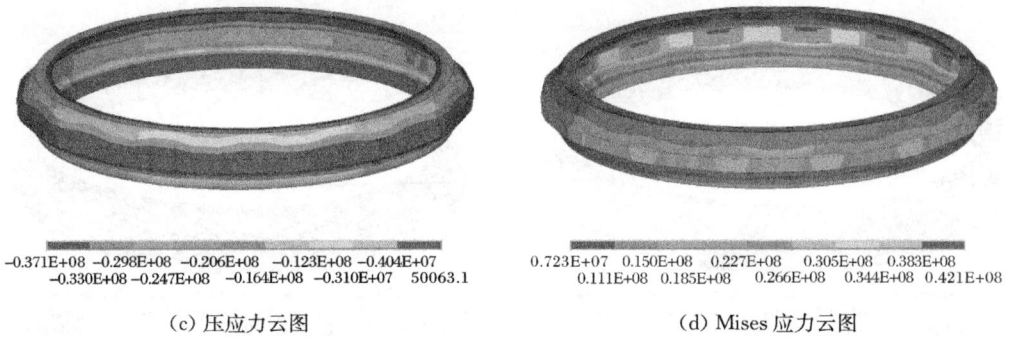

图 4.14　工况一计算结果

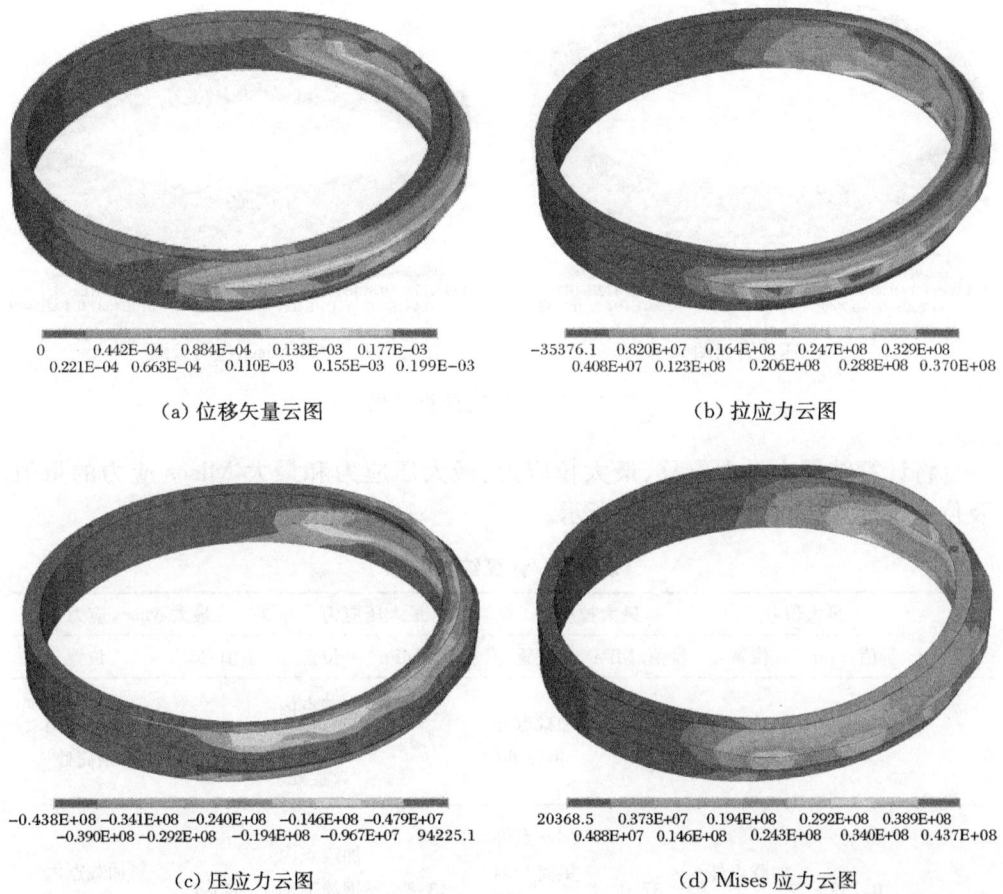

0　　0.442E−04　0.884E−04　0.133E−03　0.177E−03
　0.221E−04　0.663E−04　　0.110E−03　0.155E−03　0.199E−03

(a) 位移矢量云图

−35376.1　0.820E+07　0.164E+08　0.247E+08　0.329E+08
　　0.408E+07　0.123E+08　　0.206E+08　0.288E+08　0.370E+08

(b) 拉应力云图

−0.438E+08　−0.341E+08　−0.240E+08　−0.146E+08　−0.479E+07
　−0.390E+08　−0.292E+08　　−0.194E+08　−0.967E+07　94225.1

(c) 压应力云图

20368.5　0.373E+07　0.194E+08　0.292E+08　0.389E+08
　　0.488E+07　0.146E+08　　0.243E+08　0.340E+08　0.437E+08

(d) Mises 应力云图

图 4.15　工况二计算结果

(a) 位移矢量云图

```
0      0.379E-04   0.757E-04    0.114E-03   0.151E-03
   0.189E-04    0.563E-04     0.946E-03   0.132E-03   0.170E-03
```

(b) 拉应力云图

```
-0.126E+07  0.638E+07   0.140E+08    0.217E+08   0.293E+08
    0.256E+07   0.102E+08    0.178E+08   0.055E+08   0.331E+09
```

(c) 压应力云图

```
-0.432E+08  -0.336E+08 -0.234E+08   -0.143E+08  -0.472E+07
  -0.384E+08  -0.298E+08   -0.151E+09  -0.052E+07    89752
```

(d) Mises 应力云图

```
3991.77   0.394E+07   0.175E+08    0.268E+08   0.357E+08
   0.447E+07   0.134E+08    0.223E+08   0.313E+08   0.402E+08
```

图 4.16 工况三计算结果

将计算结果中最大位移、最大拉应力、最大压应力和最大 Mises 应力的量值及位置统计进行对比，如表 4.2 所示。

表 4.2 计算结果汇总

工况	最大位移		最大拉应力		最大压应力		最大 Mises 应力	
	量值/mm	位置	量值/MPa	位置	量值/MPa	位置	量值/MPa	位置
一	0.176	加载点外钢筒处	34.6	加载点外钢筒处	37.1	加载点内钢筒下部焊接处	42.1	加载点内钢筒处
二	0.199	加载点外钢筒处	37.0	加载点外钢筒及内钢筒下部焊接处	43.8	加载点内钢筒下部焊接处	43.7	加载点内钢筒处

续表

工况	最大位移		最大拉应力		最大压应力		最大 Mises 应力	
	量值/mm	位置	量值/MPa	位置	量值/MPa	位置	量值/MPa	位置
三	0.170	加载点外钢筒处	33.1	加载点外钢筒处	43.2	加载点内钢筒下部焊接处	40.2	加载点内钢筒处

由表 4.2 可知,三种工况下,钢筒围挡最大位移为 0.199mm,基本未变形,最大拉应力为 37.0MPa,最大压应力为 43.8MPa,最大 Mises 应力为 43.7MPa。

《钢结构设计规范》(GB 50017—2003)规定:Q235 钢厚度小于等于 16mm,设计抗拉抗压强度为 215MPa,抗剪强度为 125MPa。

对比可知,模型加载试验平台关键部件——钢筒围挡受力均未超过设计值,且几乎未变形,故钢筒围挡安全可靠。因此,可认为试验平台安全可靠。

4.4　测试平台的操作流程

将预先浇筑好的隧道衬砌模型放置在位移限制面板上。通过控制系统中的触摸屏输入窗口,将对隧道模型施加的荷载输入控制系统中。启动供压系统,加载系统开始工作,15 个加载装置将根据输入的压力数值对隧道模型 15 个加载面施加均布压力。加载装置中的压力传感器能够实时量测施加压力的大小,并将数据传输给控制系统,显示在压力表上,试验人员能够清楚地看到 15 个加载装置每一时刻的压力大小,为试验过程中的判断提供依据。加载装置在对隧道模型 15 个加载面处施加的压力达到控制系统中设置的目标值后保持目标加载压力值不变。15 组液压加压系统可独立加载或部分加载,可以根据试验目的独立设置每一组加载装置施加的压力值,实现对隧道结构模型的精确化加载,对不同受力工况进行研究,真实地模拟隧道结构的受力与变形等力学行为。

具体操作流程如下:

(1) 启动控制平台,进入操作系统开始界面,如图 4.17 所示,点击进入。

(2) 完成步骤(1)后进入模式选择界面,如图 4.18 所示。控制系统提供两种操作模式:手动模式与自动模式,手动模式中分别提供 15 组油缸的进缸与退缸操作(图 4.19),主要用于试验准备阶段控制 15 组油缸与衬砌模型的距离,以及设备维护阶段各组油缸的功能完整性排查。试验中选择自动模式,由计算机自行加载。点击"油泵启动",开启油泵,点击"自动模式",进入自动模式相关操作。

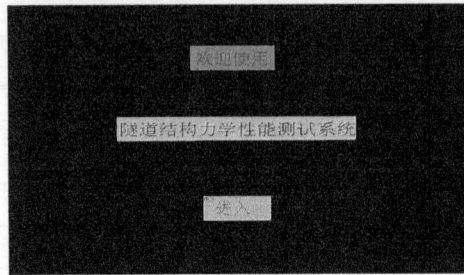

图 4.17　操作系统开始界面

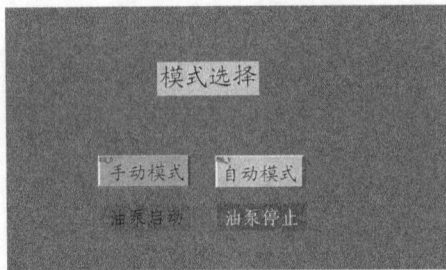

图 4.18　模式选择界面

图 4.19　手动模式操作界面

（3）进入自动模式后,首先选择动作油缸,如图 4.20 所示。不同试验工况对动作油缸的数量要求不同,左侧加载油缸选择后,右侧已选油缸的指示灯即会亮起。

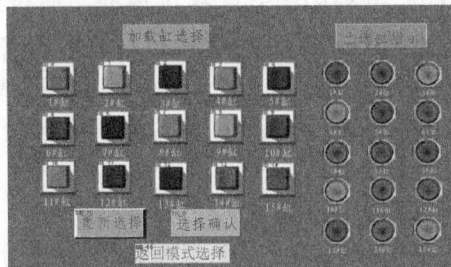

图 4.20　动作油缸选择

选择完动作油缸后,点击"选择确认",进入推力设置界面（图 4.21）,在相应窗口中输入目标加载值,由于加载系统中压力传感器测量单位为 kg,此处推力设置同为 kg 计量。质量单位 kg 转化为力的单位 N 按 1：10 计算,故每 kg 为 10N,推板面积为 0.14m×0.4m,两者相除即可得到衬砌模型上加载的力的量值（Pa）。推力设置完成后,点击"进入工作界面"。

（4）工作界面如图 4.22 所示,点击"缸加压",油缸加载开始。上层窗口显示目标加载值,下层窗口显示现有加载量,两者对比可显示出目前加载系统的工作状态。工作界面内设有"返回推力设置",满足加载过程中需要更新目标加载值的需要。点击"停止",全部油缸停止加载,并自行保压。试验结束后,点击"缸退回",全部油缸退缸。

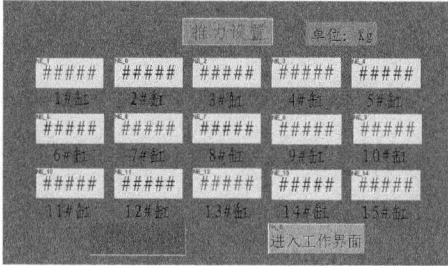

图 4.21 油缸目标加载值设置

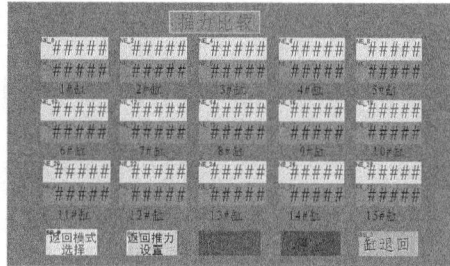

图 4.22 控制系统加载工作界面

4.5 试验测试平台可靠性验证

为了评价试验平台加载的可靠性,利用端口输出压力显示器显示实际加载值,加载过程中,每加载一组量值,压力保持 10min,随后读取实际加载值,通过比较实际加载值与目标加载值来评价试验平台加载的可靠性。

试验平台测试阶段,加载了一组偏压隧道的二次衬砌压力值,提取 6 组相对应的实际加载值(real load)和目标加载值(target load),如表 4.3 所示。可以看出,实际加载值与目标加载值的差值基本均保持在 10kg 内,最大压力差值为1.75Pa,而工程实际中隧道二次衬砌压力值基本均在几十千帕,故该误差满足工程要求。同时注意到,随着目标加载值的增大,实际加载值与目标加载值之间的差值呈逐渐减小趋势。

表 4.3 偏压加载下实际加载值与目标加载值对比 （单位:kg）

油缸编号	1	2	3	4	5	6	7	8	9	10	11	12	13	14	15
实际加载值 1	21	21	21	24	25	23	19	20	19	20	21	21	22	21	22
目标加载值 1	20	20	20	20	20	20	20	20	20	20	20	20	20	20	20
实际加载值 2	50	67	125	127	55	125	64	29	38	118	125	110	125	127	34
目标加载值 2	46	64	120	120	48	120	53	22	33	110	120	105	120	120	28
实际加载值 3	54	68	153	164	53	182	62	27	39	115	263	110	259	140	35
目标加载值 3	46	64	147	151	48	179	53	22	33	260	105	253	134	28
实际加载值 4	65	82	167	168	60	195	71	32	55	128	331	123	267	157	41
目标加载值 4	56	74	157	161	58	189	63	25	41	120	328	115	263	144	36

油缸编号	1	2	3	4	5	6	7	8	9	10	11	12	13	14	15
实际加载值 5	61	85	195	196	74	231	75	34	45	140	400	136	316	168	41
目标加载值 5	57	80	184	189	61	224	66	25	41	138	398	132	316	168	36
实际加载值 6	72	100	230	226	81	274	89	34	54	167	480	159	379	210	45
目标加载值 6	68	95	221	226	73	268	79	29	49	165	478	158	379	202	43

目标加载值与实际加载值的加载曲线对比如图 4.23 所示。

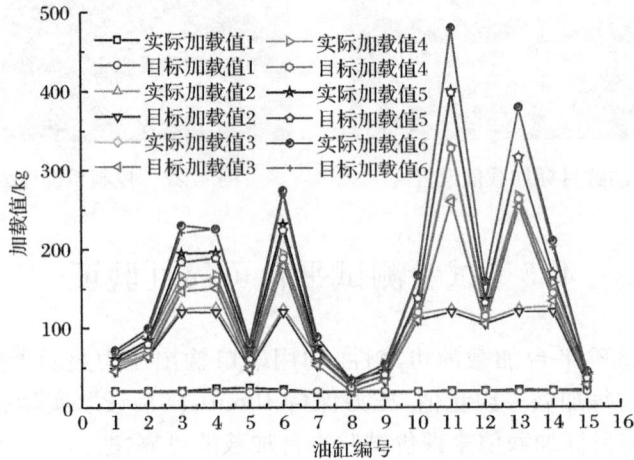

图 4.23　目标加载值与实际加载值的加载曲线对比

各个油缸各异性加载为本平台的特点,对称荷载比偏压荷载更能体现和评价试验平台各个油缸的各异性加载,图 4.24 为试验测试平台施加对称荷载后实际加载曲线。图中 1 号缸位置为隧道拱顶中心点,该点无对称点,2 号缸对称 15 号缸,3 号缸对称 14 号缸,4 号缸对称 13 号缸,以此类推。可以看出,油缸的对称加载效果十分理想。实际加载值如表 4.4 所示,对称位置加载量值相差很小,完全符合对称加载。

表 4.4　对称加载实际加载值　　　　　　　　　（单位:kg）

油缸编号	1	2	3	4	5	6	7	8	9	10	11	12	13	14	15
数据组 1	50	47	96	107	31	125	64	29	28	64	125	31	105	97	47
数据组 2	75	75	131	139	66	161	93	43	43	93	166	62	137	126	74
数据组 3	99	98	198	214	75	273	135	55	53	138	274	74	213	194	98
数据组 4	154	152	325	356	112	456	212	82	85	213	459	111	354	320	146
数据组 5	173	170	366	402	127	519	243	92	92	243	520	124	401	361	168

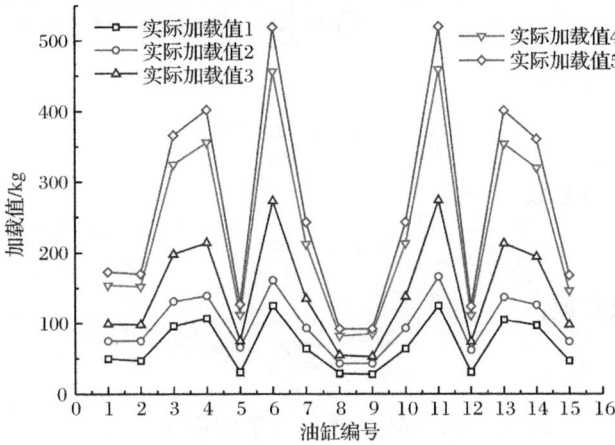

图 4.24　施加对称荷载后实际加载曲线

4.6　黄土围岩浸水恶化下隧道衬砌模型试验设计

4.6.1　相似理论及量纲分析

1. 相似第一理论

弹性问题符合弹性理论,该问题的原型和模型都应该满足平衡方程、几何方程、物理方程和边界条件。原型和模型的物理量分别用下角 p 与 m 表示,C 表示相似常数。

假设原型和模型的相似常数如下[175]。

几何相似常数:

$$C_l = \frac{x_p}{x_m} = \frac{y_p}{y_m} = \frac{z_p}{z_m} = \frac{u_p}{u_m} = \frac{v_p}{v_m} = \frac{w_p}{w_m} = \frac{l_p}{l_m} \tag{4.1}$$

应力相似常数:

$$C_\sigma = \frac{(\sigma_x)_p}{(\sigma_x)_m} = \frac{(\sigma_y)_p}{(\sigma_y)_m} = \frac{(\sigma_z)_p}{(\sigma_z)_m} = \frac{(\tau_{xy})_p}{(\tau_{xy})_m} = \cdots = \frac{\sigma_p}{\sigma_m} \tag{4.2}$$

应变相似常数:

$$C_\varepsilon = \frac{(\varepsilon_x)_p}{(\varepsilon_x)_m} = \frac{(\varepsilon_y)_p}{(\varepsilon_y)_m} = \frac{(\varepsilon_z)_p}{(\varepsilon_z)_m} = \frac{(\varepsilon_{xy})_p}{(\varepsilon_{xy})_m} = \cdots = \frac{\varepsilon_p}{\varepsilon_m} \tag{4.3}$$

位移相似常数:

$$C_\delta = \frac{\delta_p}{\delta_m} \tag{4.4}$$

弹性模量相似常数:

$$C_E = \frac{E_p}{E_m} \tag{4.5}$$

泊松比相似常数：

$$C_\mu = \frac{\mu_p}{\mu_m} \tag{4.6}$$

边界面力相似常数：

$$C_{\bar{x}} = \frac{\bar{x}_p}{\bar{x}_m} \tag{4.7}$$

体积力相似常数：

$$C_x = \frac{x_p}{x_m} \tag{4.8}$$

研究对象内部一点受力应该满足弹性力学的以下方程。

平衡微分方程：

$$\begin{cases} \dfrac{\partial \sigma_x}{\partial x} + \dfrac{\partial \tau_{yx}}{\partial y} + \dfrac{\partial \tau_{zx}}{\partial z} + X = 0 \\[2mm] \dfrac{\partial \sigma_y}{\partial y} + \dfrac{\partial \tau_{zy}}{\partial z} + \dfrac{\partial \tau_{xy}}{\partial x} + Y = 0 \\[2mm] \dfrac{\partial \sigma_z}{\partial z} + \dfrac{\partial \tau_{xz}}{\partial x} + \dfrac{\partial \tau_{yz}}{\partial y} + Z = 0 \end{cases} \tag{4.9}$$

几何方程：

$$\begin{cases} \varepsilon_x = \dfrac{\partial u}{\partial x}, & \gamma_{xy} = \dfrac{\partial v}{\partial x} + \dfrac{\partial u}{\partial y} \\[2mm] \varepsilon_y = \dfrac{\partial v}{\partial y}, & \gamma_{yz} = \dfrac{\partial w}{\partial y} + \dfrac{\partial v}{\partial z} \\[2mm] \varepsilon_z = \dfrac{\partial w}{\partial z}, & \gamma_{zx} = \dfrac{\partial u}{\partial z} + \dfrac{\partial w}{\partial x} \end{cases} \tag{4.10}$$

物理方程：

$$\begin{cases} \varepsilon_x = \dfrac{1}{E}\left[\sigma_x - \mu(\sigma_y + \sigma_z)\right], & \gamma_{xy} = \dfrac{2(1+\mu)}{E}\tau_{xy} \\[2mm] \varepsilon_y = \dfrac{1}{E}\left[\sigma_y - \mu(\sigma_z + \sigma_x)\right], & \gamma_{yz} = \dfrac{2(1+\mu)}{E}\tau_{yz} \\[2mm] \varepsilon_z = \dfrac{1}{E}\left[\sigma_z - \mu(\sigma_x + \sigma_y)\right], & \gamma_{zx} = \dfrac{2(1+\mu)}{E}\tau_{zx} \end{cases} \tag{4.11}$$

应力边界方程：

$$\begin{cases} \bar{X} = \sigma_x l + \tau_{yx} m + \tau_{zx} n \\[2mm] \bar{Y} = \tau_{xy} l + \sigma_y m + \tau_{yz} n \\[2mm] \bar{Z} = \tau_{xz} l + \tau_{yz} m + \sigma_z n \end{cases} \tag{4.12}$$

位移边界方程：

$$\begin{cases} u=u^* \\ v=v^* \\ w=w^* \end{cases} \tag{4.13}$$

式中，σ 和 τ 为正应力和剪应力；ε 和 γ 为正应变和剪应变；u、v、w 为直坐标内 x、y、z 方向的位移分量；$\overline{X}$、$\overline{Y}$、$\overline{Z}$、l、m、n 及 X、Y、Z 分别为 x、y、z 方向的面力分量，表面法线夹角余弦及体积力分量；$*$ 为边界上已知的位移分量；E、μ 为弹性模量和泊松比。

对于平衡微分方程 x 方向的分式，原型和模型的表达分别为

$$\left(\frac{\partial \sigma_x}{\partial x} + \frac{\partial \tau_{yx}}{\partial y} + \frac{\partial \tau_{zx}}{\partial z} + X \right)_{\mathrm{p}} = 0 \tag{4.14}$$

$$\left(\frac{\partial \sigma_x}{\partial x} + \frac{\partial \tau_{yx}}{\partial y} + \frac{\partial \tau_{zx}}{\partial z} + X \right)_{\mathrm{m}} = 0 \tag{4.15}$$

将式(4.2)代入式(4.14)，可得

$$\frac{\partial \sigma_x}{\partial x} + \frac{\partial \tau_{yx}}{\partial y} + \frac{\partial \tau_{zx}}{\partial z} + \frac{C_l C_x}{C_\sigma} X = 0 \tag{4.16}$$

与模型表达式相比，根据相似原理，如果原型和模型相似，那么式(4.16)与式(4.15)应该相等，故 $\dfrac{C_l C_x}{C_\sigma} = 1$。

面积力：

$$\overline{X} = \gamma h \tag{4.17}$$

按照以上方法，对几何方程式(4.10)、物理方程式(4.11)和应力边界方程式(4.12)及面积力式(4.17)进行代入并对比分析可得其他相似常数间的关系：

$$\frac{C_\varepsilon C_E}{C_\sigma} = 1, \quad C_\mu = 1, \quad \frac{C_{\overline{x}}}{C_\sigma} = 1, \quad C_{\overline{x}} = C_\gamma C_l \tag{4.18}$$

总结可得相似常数关系式为

$$\begin{cases} C_\sigma = C_l C_x = C_l C_\gamma \\ C_{\overline{x}} = C_\sigma \\ C_\gamma = C_x \\ C_\sigma = C_\varepsilon C_E \\ C_\sigma = C_\varepsilon C_l = \dfrac{C_l^2 C_\gamma}{C_E} \\ C_\sigma = C_E = C_{\overline{x}} \\ C_\mu = C_\varepsilon = 1 \end{cases} \tag{4.19}$$

从 $C_{\overline{x}} = C_\sigma$ 可以推导出线分布力 q、集中力 F 和集中力矩 M 等的相似常数：

$$\begin{cases} C_q = C_{\bar{x}}C_l = C_\sigma C_l \\ C_F = C_{\bar{x}}C_l^2 = C_\gamma C_l^3 = C_\sigma C_l^2 \\ C_M = C_F C_l = C_\sigma C_l^3 = C_\gamma C_l^4 \end{cases} \tag{4.20}$$

本节所述相似常数对原型和模型内的所有点及各个方向的分量具有相同使用性。

2. 相似第二定理

在几何相似且只考虑自重作用的条件下,两相似体系的应力、应变关系如下。

相似体系中应该考虑的物理量有几何尺寸 l、材料容重 γ、弹性模量 E、泊松比 μ、应力 σ 和应变 ε。它们之间的关系为

$$f(\sigma, \varepsilon, E, \gamma, l, \mu) = 0$$

μ 与 ε 为无量纲量,一般设定无量纲量的相似比为 1,选择质量系统[M]、[L]为基本量纲,其量纲矩阵为

	σ	E	γ	l
[M]	1	1	1	0
[L]	-1	-1	-2	1
[T]	-2	-2	-2	0

矩阵内独立物理量为 σ 与 l,故相似判据有两个。根据量纲分析法,可得

$$\pi_1 = \frac{\sigma}{\gamma l}, \quad \pi_2 = \frac{E}{\gamma l} \tag{4.21}$$

故可以得到如下相似指标:

$$C_\sigma = C_\gamma C_l, \quad C_\sigma = C_E, \quad C_\mu = 1, \quad C_\varepsilon = 1 \tag{4.22}$$

4.6.2　试验相似条件及相似常数

在基本量纲的选取上,以长度[L]和力[F]为两个基本量纲,由相似第二定理可知,通过 9 个物理量和 2 个基本量纲可得到 7 个相似判据。

首先将这些物理量写成函数的形式,则应力和位移的表达式分别写为

$$\sigma = f_1(L, \gamma, q, E, \mu, \varepsilon, \omega) \tag{4.23}$$

$$u = f_2(L, \gamma, q, E, \mu, \varepsilon, \omega) \tag{4.24}$$

先对式(4.23)采用指数法,写出量纲关系式:

$$[\sigma] = [L^a, \gamma^b, q^c, E^d, \mu^e, \varepsilon^f, \omega^g] \tag{4.25}$$

将各量的量纲代入式(4.25),可得

$$[FL^{-2}]=[L^a \ (FL^{-3})^b \ (FL^{-2})^c \ (FL^{-2})^d \ (F^0 L^0 T^0)^e \ (F^0 L^0 T^0)^f \ (F^0 L^0 T^0)^g]$$

(4.26)

比较式(4.25)和式(4.26),可得

$$\begin{cases} b+c+d=1 \\ a-3b-2c-2d=-2 \end{cases}$$

(4.27)

求得

$$\begin{cases} b=1-c-d \\ a=1-c-d \end{cases}$$

(4.28)

将式(4.28)代入式(4.25),可得

$$\left[\frac{\sigma}{q} \right] = \left[\left(\frac{L\gamma}{q} \right)^{1-c-d} \left(\frac{E}{q} \right)^d \mu^e \varepsilon^f \omega^g \right]$$

(4.29)

写成判据方程为

$$\frac{\sigma}{q} = \varphi_1 \left(\frac{L\gamma}{q}, \frac{E}{q}, \mu, \varepsilon, \omega \right)$$

(4.30)

则有相似判据:

$$\begin{cases} \pi_1=\omega, \quad \pi_2=\varepsilon, \quad \pi_3=\mu \\ \pi_4=\dfrac{E}{q}, \quad \pi_5=\dfrac{L\gamma}{q}, \quad \pi_6=\dfrac{\sigma}{q} \end{cases}$$

(4.31)

同理,对式(4.24)进行量纲分析,可写出判据方程:

$$\frac{u}{L} = \varphi_2 \left(\frac{L\gamma}{q}, \frac{E}{q}, \mu, \varepsilon, \omega \right)$$

(4.32)

并得相似判据为

$$\pi_7 = \frac{u}{L}$$

(4.33)

由以上相似判据可得角位移 ω、应变 ε 和泊松比 μ 的相似比为 1,$C_E=C_q$, $C_L C_\gamma=C_q$,$C_\sigma=C_q$,$C_u=C_L$。

从本次研究的总体目的出发,根据模型的制作能力和加载设备条件等确定几何相似比 $C_L=10$,并以几何相似比 $C_L=10$ 和容重相似比 $C_\gamma=1$ 为基础相似比,由上述各物理量之间的相似关系,可得到各物理力学参数的相似比,如表 4.5 所示。

表 4.5　模型试验相似关系

物理量	量纲	相似关系	相似比
长度 L	[L]	$C_L=10$	10
容重 γ	$[FL^{-3}]$	$C_\gamma=1$	1
面荷载 q	$[FL^{-2}]$	$C_q=C_L C_\gamma$	10

物理量	量纲	相似关系	相似比
弹性模量 E	$[FL^{-2}]$	$C_E = C_q$	10
泊松比 μ	1	$C_\mu = 1$	1
应力 σ	$[FL^{-2}]$	$C_\sigma = C_q$	10
应变 ε	1	$C_\varepsilon = 1$	1

4.6.3　衬砌相似材料试验

1. 模型材料力学参数目标

本试验原型混凝土为 C25 混凝土,模型容重一般不会选择过高,容重相似比按照 1 计算,故按照 4.2 节衬砌设计中已有的等式可以得到目标模型材料的力学参数如下:弹性模量 E_m 约为 3GPa、泊松比约为 0.17 等,原型与模型材料的物理力学参数如表 4.6 所示。原型混凝土二次衬砌厚 40cm,按照几何相似比,模型衬砌厚 4cm。

表 4.6　衬砌混凝土力学参数

弹性模量/GPa	泊松比	容重/(kN/m³)	黏聚力/MPa	内摩擦角/(°)
30	0.167	25	4	55
3	0.167	25	0.4	55

2. 常用的结构模型材料

相似模型试验中,大多数情况下,模型尺寸直接按照几何相似常数缩放得到,此时,如果选择的模型材料与原型材料一致,那么将很难满足相似关系 $C_E = C_\gamma C_l$,即使模型加工进行试验,模拟结果也势必失真。因此,相似材料的配比是模型试验的重要环节,控制着试验效果。

目前,模型材料的配比方案主要有以下三种。

1) 纯石膏

石膏的性质与混凝土接近,均属于脆性材料,且抗压强度也大于抗拉强度,泊松比在 2.0 左右,这些性质都与混凝土相似。石膏通过配合比的调和很容易得到弹性模量为 1～5GPa 的模型材料。石膏购买容易,模型成型方便,易于加工且成型后性能稳定,最适合模拟线弹性模型材料。这种模型材料的缺点是弹性模量的可调范围不大,极限抗压强度与极限抗拉强度的比值过小,约为混凝土的一半,因而它的适用范围受到一定的限制。

在纯石膏内加入掺和料后,材料的性质会更加接近混凝土的性质,合适的组成成分及其配合比,可以使石膏混合料的弹性模量在 0.05～10GPa 变化,泊松比为 0.15～2.0,极限抗压强度与极限抗拉强度的比值为 5～10,这个范围已经很接近混凝土的比值。

2) 石膏硅藻土混合

硅藻土由硅藻类生物的介壳变化形成,成分主要为二氧化硅,属于水硬性掺和料,具有比表面积大且吸水性强的特性,作为惰性材料掺和到石膏浆中可以吸收多余的水分,折减吸水性,较高的石膏含量可以改善材料的均质性。

石膏、硅藻土和水来源方便,配合而成的材料凝固速度快,制作方便,在国内被广泛用来模拟混凝土。它的泊松比接近混凝土,且应力-应变关系呈直线形。硅藻土、石膏和水的不同配比可以使弹性模量在很大范围内变化。水膏比不变的情况下,随着硅藻土的增加,材料的弹性模量、容重和极限抗拉压强度都随之增大,但体积略有缩小。当硅藻土含量接近或超过石膏量时,浆液稠度显著提高,流动性降低,混凝土的极限拉压强度比石膏硅藻土大了接近一倍,因此,对于研究弹性、黏性直到破坏的模型,这种材料不够理想。

需要指出的是,纯石膏及石膏混合料对湿度比较敏感,湿度不同时材料性质相差甚远。

3) 水泥浮石混合料

水泥浮石混合料以水泥为基本材料,外加粒状或粉末状材料,按适当的混合比配置而成。该种材料在国内外得到广泛应用。

水泥浮石混合料是一种轻质混凝土,主要由水泥与不同的浮石外加石灰石粉、膨胀土和硅藻土等组成,浮石是一种多孔状的硅质岩石,很轻能浮于水面数小时而不沉。多孔且强度低的性质作为骨料时会降低材料的力学性质,但它与混凝土材料有很好的相似关系。

3. 相似材料试样制作过程

为了能够达到模拟隧道二次衬砌力学行为的试验目的,参照以往学者的试验经验,选择以石膏为原料,水为拌和剂,通过大量配比试验,最终确定用料比例来满足试验控制参数。相似材料试样的制作放在室内进行,采用的金属制模具为直径 4cm、高 8cm 的圆柱体,如图 4.25 所示。模具的内表面应仔细擦拭干净,然后均匀涂抹上一层食用油以便脱模,本次相似材料力学试验的测量指标包括材料的抗压强度和弹性模量。试样根据水膏比的不同共分为 6 组,每组 3 个试样。具体操作步骤如下:

(1) 首先将石膏和水根据试验方案所确定的配合比,按照每组 3 个试样的体积计算出每次试验中石膏和水的用量。

(2) 为保证试件脱模过程中不会受到损坏,事先在模具的内侧涂上机油作为脱模剂,并为了保证试件的整体性,在模具的缝隙内涂抹凡士林。

(3) 将石膏称量好放置在搅拌容器中,然后将定量的水缓缓加入,采用自制的搅拌工具均匀搅拌 2~3min,直至肉眼看不见体积较大的未溶解石膏骨料,即水与石膏充分融合且呈均匀稠状时停止搅拌,并立即装入模具。

(4) 将搅拌均匀的相似材料装入模具,这个过程必须在 1min 之内完成,因为作为胶结物的石膏胶结速度十分迅速,如果不在短时间内完成装模,拌和料就可能会出现结合或离析等现象,影响相似材料终凝时的力学特性。装模完毕后对模具进行轻轻的振捣,切忌强度过大,以免造成拌和料发生离析,因为石膏在模具内会迅速与水发生反应,产生胶结作用,而此时对模具的强振捣会对石膏溶液有限的胶结作用产生影响,以至于拌和料因此产生大量的结核颗粒。由于石膏溶液的凝结速度很快,所以在浇筑试样时,应根据试验所需的试样总数量进行分批浇筑,切忌将所有试样所需的材料一次性加入搅拌容器进行搅拌,否则会造成前面的模具还未装填完毕,搅拌容器里的石膏溶液已经发生凝结。

(5) 装填完毕的模具放置 10min 左右后进行拆模,浇筑成形的试样如图 4.26 所示。试样的干燥采用电热恒温干燥箱,在试样上标注每组的编号后放入干燥箱内,在烘箱内以 50℃的温度烘 50h,取出称取试样的质量,将试样再放入烘箱烘 8h,如果前后质量相差不到 1g 即认为烘干。在试样的制备过程中,应尽可能保证所有的操作步骤相同,避免试验步骤对试样间的力学性能差异造成影响。

图 4.25　配比试验所用模具　　　　　图 4.26　浇筑成形的试样

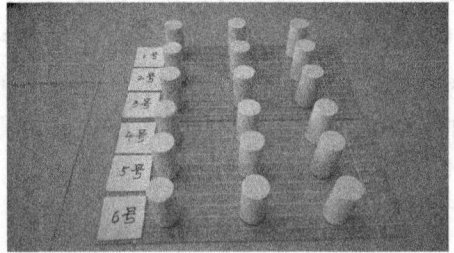

4. 相似材料试样力学性能测试

通过改变石膏和水的含量,制作不同配比的相似材料。浇筑成形并烘干后的试样采用 CRMS 万能压力机对其进行抗压强度和弹性模量的测定。首先将试样放置在压力机的加压平台上(图 4.27),在测试前预先估计一个破坏荷载,然后以 0.4mm/min 的速度加载,直到试件破坏,破坏试件控制在 1min 左右,破坏后的试样如图 4.28 所示。为了减小端部效应的影响,在试样的两端涂抹黄油作为润滑剂。

图 4.27　弹性模量测试过程　　　　　图 4.28　破坏后的试样

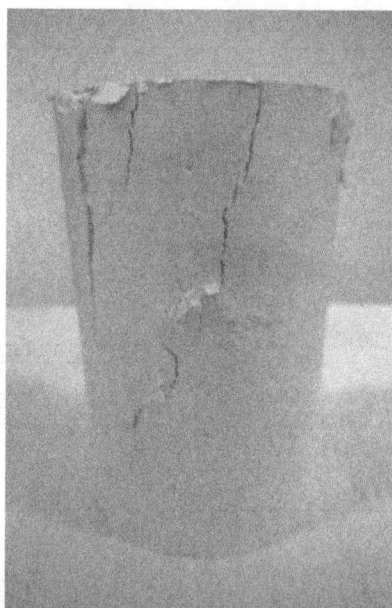

试样的弹性模量计算公式为

$$E=\frac{\sigma}{\varepsilon}=\frac{(P/A)}{(\Delta H/H)}=\frac{PH}{A\Delta H} \qquad (4.34)$$

式中，E 为弹性模量；σ 为应力；ε 为应变；P 为轴向压力；A 为试样底面积；H 为试样高度；ΔH 为试样的轴向压缩量。

　　按照不同的配比制备试样，待试样烘干后依据试验操作规程进行测试，每组测试结果取三个试样的平均值，各组配比试样的测试结果如表 4.7 所示。根据试样物理力学参数测试结果，并参照模型理论值，第 5 组与第 6 组的试验结果比较符合试验所需的相似材料配比。同时在隧道二次衬砌相似材料配置过程中，要保证拌制浆液具有一定的流动性，确保有足够的时间浇筑大型模型，从而避免大型模型在浇筑过程中出现分层现象。第 6 组试样中石膏所占的比例过大，导致在相似材料搅拌的过程中出现难以搅拌均匀并且浆液流动性差的现象，所以最终确定浇筑隧道衬砌模型的试验材料配比为石膏：水＝1：1；选取浇筑配比测试参数与原型参数对比如表 4.8 所示。

表 4.7　二次衬砌相似材料物理力学参数测定与对比

试验编号	材料组成（质量比）		E/MPa
	石膏	水	
1	1	1.8	1.13

试验编号	材料组成(质量比)		E/MPa
	石膏	水	
2	1	1.6	1.76
3	1	1.4	2.15
4	1	1.2	2.51
5	1	1.0	2.73
6	1	0.8	2.75

表 4.8 二次衬砌物理力学参数对比

测试参数	原型值	模型理论值	模型试验值	相似程度
E/GPa	30.0	3.0	2.73	满足

4.7 模型衬砌制作

1. 1∶10 衬砌模型浇筑箱设计

一般的隧道衬砌室内试验中,衬砌模型尺寸较小,现有浇筑效果最好的衬砌浇筑模型箱常使用实木木材切割而成,但脱模较难,当模型尺寸变大时,实木木材制作模型箱势必过重,搬运、组装多有不便,而且实木木材工艺复杂、造价颇高。鉴于此,需要设计一种浇筑精度高,易于搬运、组装,工艺简单,造价合理且便于脱模的较大尺寸的隧道衬砌浇筑模型箱,如图 4.29 所示。

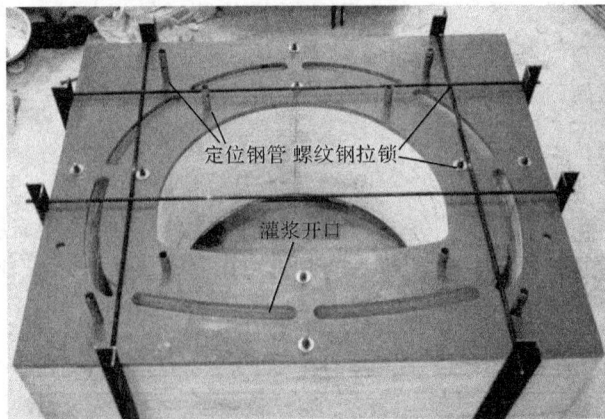

定位钢管 螺纹钢拉锁

灌浆开口

图 4.29 衬砌模型浇筑箱

为了实现上述目的,采取的设计如下:

整个模型浇筑箱尺寸为长 1.4m、宽 1.2m、高 0.45m,由 30 组 PVC 泡沫板模块、2 张硬塑料板、8 根空心不锈钢钢管、4 对角钢和 16 根螺纹钢组成。模型箱俯视图如图 4.30 所示。

按照模型箱各部件的功能划分,一部分构件形成了衬砌形状的中空浇筑区;另一部分构件提供了对模型箱的固定和挤压。

中空浇筑区由 PVC 泡沫板模块和硬塑料板层层堆叠而成。120 张 PVC 泡沫板模块中每 4 张为一组,共 30 组,每组又分为 2 张外模块和 2 张内模块,内、外模块拼装后可形成隧道衬砌样式中空板,同时为减小模型箱重量且提供利于拼装和脱模的操作空间,将模型箱中间非利用区域割除。PVC 泡沫板模块如图 4.31 所示,2 块硬塑料板分为底板和顶板,底板中空,不设浇筑槽,顶板与每组 PVC 泡沫板模块形状一致。A—A 截面与 B—B 截面如图 4.32 和图 4.33 所示。

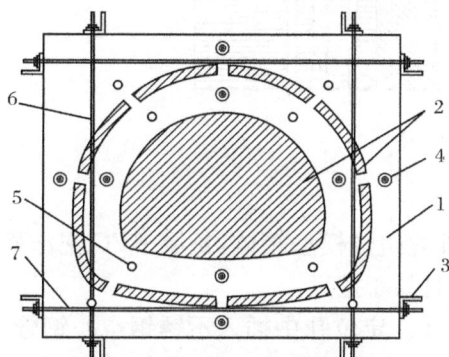

图 4.30　模型箱俯视图
1.硬塑料顶板;2.镂空区域;3.角钢;
4.0.6m 螺纹钢;5.中空不锈钢钢管;
6.1.4m 螺纹钢;7.1.6m 螺纹钢

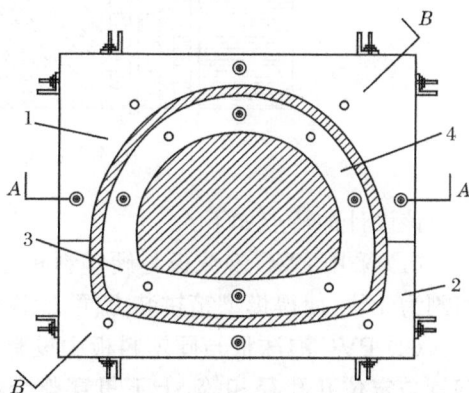

图 4.31　模型箱中间水平截面图
1.外模上模块;2.外模下模块;
3.内模左模块;4.内模右模块

PVC 泡沫板模块中,内模和外模模块在每 45° 的中间位置打有 ϕ15mm 定位挤压孔,其中,45°、135°、225°、315° 为 8 个定位孔,0°、90°、180°、270° 为 8 个挤压孔。内模与外模模块上各有 8 个定位孔和挤压孔。硬塑料顶底板在同样的位置均有相同大小的定位孔和挤压孔。

固定和挤压功能由 8 根长 0.6m 的 ϕ15mm 空心不锈钢钢管、4 对长 0.6m 的角钢和 16 根 ϕ5mm 螺纹钢(4 根长 1.6m,4 根长 1.4m,8 根长 0.6m)实现。8 根空心不锈钢钢管分别插入定位孔中,贯穿整个模型箱顶底板,起到固定 PVC 泡沫板模块的作用,钢管顶部设有两孔,可插入钢条,用于脱模过程中不锈钢管的拔取;8 根长 0.6m 的螺纹钢插入挤压孔,两边加垫片螺栓捏紧挤压模型箱,保证板材之间密贴不漏浆;角钢靠近两端处各有两孔,直径为 5mm,4 对角钢分别布设在模型箱四周,紧压模型,保证模型箱不漏浆,长边、宽边方向靠近边缘处各布设两对,4 根 1.9m 螺纹钢插入长边两侧角钢,4 根 1.7m 螺纹钢插入宽边两侧角钢。

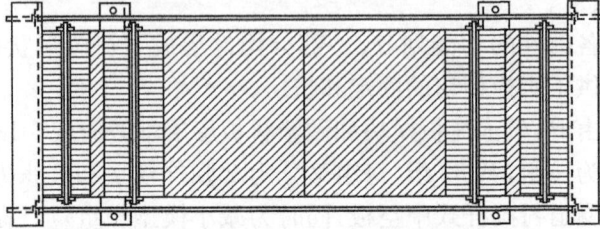

图 4.32 模型箱 *A—A* 截面

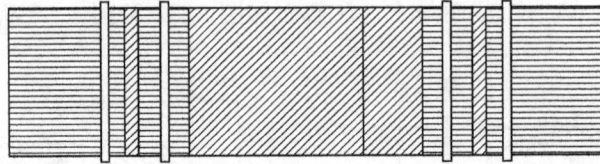

图 4.33 模型箱 *B—B* 截面

该设计的特点如下:

(1) 采用 PVC 泡沫板与硬塑料板层层堆叠组成模型箱体,每层 PVC 泡沫板切割为 4 块,使得模型箱拼装方便、脱模简单且易于搬运。

(2) PVC 泡沫板与硬塑料板中设有定位孔。定位孔中插入不锈钢空心钢管,钢管与定位孔孔径相等,上下贯穿整个模型箱,固定了各 PVC 泡沫板模块,保证了模型箱的浇筑精度。

(3) PVC 泡沫板与硬塑料板中设有挤压孔。螺纹钢贯穿挤压孔,并用螺栓拧紧挤压板材,保证板材层与层之间密贴,阻止浆液漏出。

(4) 模型箱四周布设 4 对角钢,并用螺纹钢连接上紧,从四周挤压模型箱,保证每层板材内部 4 块 PVC 泡沫板模块接缝间的密贴,保证浇筑精度的同时也防止了漏浆的发生。

2. 模型浇筑

隧道二次衬砌模型的浇筑按如下步骤进行。

1) 拼装模型

(1) 在平整的地面上按照模具的几何尺寸在模具的四个角位置放有两块红砖,将模具的下层橡胶板放置在红砖上,并保证橡胶板处于水平位置。在橡胶板对应 PVC 内模板的四个钻孔处插上相应直径的钢管,如图 4.34(a)所示。

(2) 模具内模板的安装,参照多次浇筑模型的经验,并且为了之后取模方便,将 PVC 内模板和外模板一分为二,且内模板与外模板的分割位置相互垂直。将内模板按照钢管与孔的位置相互对应关系以层层叠加的方式进行安装[图 4.34(b)]。模板分割处涂抹凡士林进行拼接[图 4.34(c)],并且在安装每层板的同时用橡胶锤进行锤击以达到层与层之间相互密贴的目的,防止在浇筑过程中出现漏浆的现象。将内模板安装完成后,环内模板的一周,在层与层之间的拼接处,同样涂抹适量的凡士林,以防止漏浆的发生。

(3) 模具外圈板的安装,在橡胶板与外圈板的孔相对应的位置安插钢管,以与内圈板相似的方式进行安装,外圈板的拼接处涂抹凡士林,层与层之间叠加的同时用橡胶锤进行锤击夯实,并且在层与层之间的缝隙处涂抹适量凡士林。外圈板拼接过程如图 4.34(d)和(e)所示。

(4) 将拼装完成后的 PVC 模具板的上方加盖一层橡胶板,橡胶板通过钢管与钻孔固定。为了防止层与层之间缝隙的不密贴和模板拼接缝的存在导致漏浆,在拼接完成后的模具四周通过角钢和带有螺纹的钢筋进行加固,四周面上各安置两个角钢,角钢上打有钻孔,两两相对的角钢通过带有螺纹的钢筋连接,并利用螺丝进行安装、拧紧,起到加固的作用,如图 4.34(f)所示。

(a) 底板安装

(b) 内板安装

(c) 拼接缝

(d) 外板安装(一)

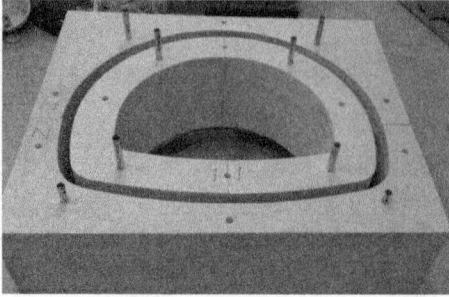

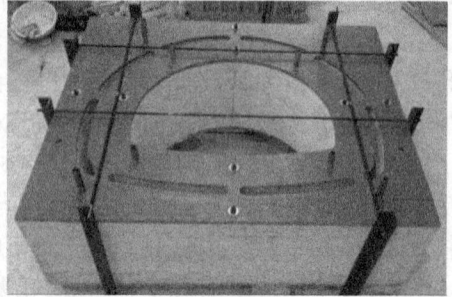

　　　（e）外板安装(二)　　　　　　　　　　　　（f）组装完成的模具

图 4.34　模具的安装过程

2）相似材料配置

按照上述确定的相似材料配比，分别对所需材料石膏和水进行称重，并将称重好的材料置于容器中，然后利用搅拌设备加入纯净水进行搅拌，持续时间为1min左右，所得到的浆液即为浇筑模型时所用的浆液。

3）模型浇筑

将配置好的相似材料浆液通过浇筑工具浇筑在模具内模与外模之间的隧道二次衬砌断面的空隙内，浆液的浇筑过程要迅速，尽量在 2min 以内装填至目标高度。因为作为胶凝材料的石膏胶结十分迅速，如果不迅速完成装填，浆液会出现结合、离析等现象，影响终凝时的力学强度。装模完毕后在模具外侧利用橡胶锤轻轻敲击模具外壁以排出模具内气体，如果模具内浆液面下降，利用剩余浆液补充。石膏浆液凝固前，将模型顶部抹平，然后静置 5～8h，当模型强度达到设计强度的 50％后进行拆模。

4）拆模

先将用于加固模具的角钢和螺纹钢筋进行拆卸，然后将用于固定模型位置的8 根钢管从模具的孔中拔出。PVC 模板的拆除是从外模开始的，由上及下依次拆除每层模板，拆除过程中注意别损伤已经浇筑成形的石膏模型。

5）模型的养护

（1）模具从模型上拆除完毕后，立即检查模型表面是否存在空洞，如果存在较多空洞，需要用与模型同配比的浆液对空洞进行修复。

（2）模型在自然状态下干燥，并利用模型表面的干燥度来判别其干燥程度。具体操作是在模型外表面的上、中、下取三处测点，每处测点两点间距保持为1cm，当绝缘电阻达到 200～500MΩ 时，认为模型已干燥。

（3）干燥后的模型置于安全位置，待用。

4.8　试验测试内容及元件布设

4.8.1　量测内容与目的

本次模型试验是在数值模拟的基础上，通过隧道结构性能力学测试平台将围岩浸水恶化后隧道二次衬砌受到的压力施加在隧道模型上，以研究围岩浸水恶化后衬砌结构力学性能演化特征和衬砌劣化机理，为隧道结构的长期稳定和安全研究提供支持。

1) 衬砌模型实际加载值

平台通过沿隧道模型径向的 15 个加载装置，根据控制系统输入的加载压力目标值对隧道模型施加压力，荷载的施加分若干等级加压到目标荷载值。通过自主编程的外接计算机数据提取记录程序定时提取记录 15 个加载装置实时所施加的压力值与相应的时间。通过时间与同样需要量测的结构应力应变数据和结构位移数据相对应，为分析隧道模型在不同受力工况下的物理力学行为提供依据。

2) 衬砌内外侧应变分布和衬砌内力

采用在衬砌内外侧对称布设环向电阻应变片的方式，量测二衬内外侧相应监测点的应变值，计算出二次衬砌的截面内力。读数装置采用静态 DH3816N 型应变仪。设衬砌的内外侧应变值分别为 ε_1 和 ε_2，根据材料的本构关系及平截面假定，可求出衬砌的截面内力（轴力和弯矩），单位长度衬砌的截面内力计算公式为

$$N = \frac{1}{2}E(\varepsilon_1 + \varepsilon_2)bh \tag{4.35}$$

$$M = \frac{1}{12}E(\varepsilon_1 - \varepsilon_2)bh^2 \tag{4.36}$$

式中，b 为单位长度，取 1m；h 为衬砌厚度，按设计取值；E 为衬砌的弹性模量。

3) 洞室周边径向位移

在隧道模型内圈典型位置（拱顶、左右拱腰、左右拱脚、仰拱）布置测点，用高精度的电子百分表进行量测，电子百分表的数据读取同样使用上述的静态 DH3816N 型应变仪。

4) 裂缝发展监测

每次试验加载至目标荷载值后，用数码相机记录裂缝及破坏范围，并且对裂缝进行素描记录。在试验过程中，每级荷载加载后，均要观察隧道模型有无开裂情况，并且在试验过程中记录裂缝的发生及发展过程。

4.8.2　测试元件布设

在应变片的布置过程中，由于隧道模型外侧受到 15 个弧形钢推板的限制，所

以外侧的应变片只能布置在钢推板之间的缝隙处。模型内侧的应变片与外侧相对应布置,且在拱顶和边墙处进行了加密处理。模型外侧共计布置 15 个测点,内侧共计布置 30 个测点,具体的测点位置与编号如图 4.35 所示。洞室径向位移的测点布置由于受到模型内空间的限制,只分别在模型的拱顶、拱肩、拱脚和仰拱中心处呈对称布设。各测点布置完成后的结果如图 4.36 所示。

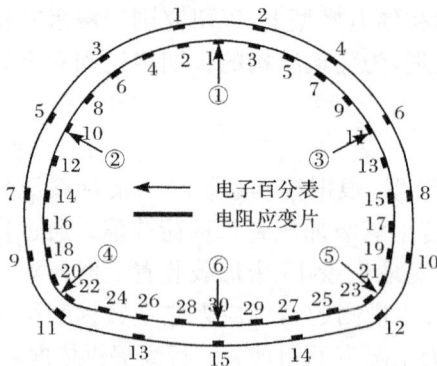

图 4.35　应变片布设位置及相应编号

图 4.36　测点布设现场图

4.9　加 载 工 况

不同浸水位置和浸水范围下二次衬砌的表面接触压力在第 3 章中已有研究,物理模型试验按照五种浸水工况下二次衬砌表面接触压力加载衬砌模型,加载工况对应于五种浸水工况。

五种浸水工况均从围岩未浸水情况开始发展,未浸水下各工况衬砌压力相同,故物理模型试验中五种加载工况从开始加载到未浸水的加载过程完全一致。然后,按照不同浸水工况下的接触压力变化继续加载。

加载工况对应于数值计算中的浸水工况,分别是两侧拱脚浸水加载、两侧拱腰浸水加载、一侧(右侧)拱脚浸水加载、一侧(右侧)拱腰浸水加载、一侧(右侧)拱脚浸水与另一侧(左侧)拱腰浸水加载。

由于试验平台中压力传感器测量单位为 kg,故需将衬砌表面接触压力应力单位 Pa 转换为 kg,计算中推板面积为 $0.056m^2(0.14m \times 0.4m)$,1kg 等价于 9.8N。

4.9.1　开始加载至未浸水阶段加载

由于各个加载工况前期未浸水前加载相同,因此将开始加载至未浸水阶段加载工况统一进行说明。

本阶段采用等比包络线原则加载,即将未浸水接触压力分为十次加载,分别为 0.1 倍、0.2 倍、0.3 倍、0.4 倍、0.5 倍、0.6 倍、0.7 倍、0.8 倍、0.9 倍和 1 倍（未浸水）。以上为加载的目标值，当加载过程中加载至目标值时停止加载，保持荷载 10min 后进行应变与变形量测。本阶段目标加载值如表 4.9 所示，未浸水情况下衬砌加载为对称加载，9 号缸与 8 号缸加载值相同，表中记在同一位置，记作 9(8)，其他缸相同表述。

表 4.9　开始加载至未浸水接触压力阶段目标加载值　　（单位：kg）

缸号	9(8)	10(7)	11(6)	12(5)	13(4)	14(3)	15(2)	1
0.1 倍	5	11	54	24	43	37	39	40
0.2 倍	11	22	108	48	86	73	78	79
0.3 倍	16	32	161	72	129	110	117	119
0.4 倍	22	43	215	96	172	146	156	159
0.5 倍	27	54	269	121	216	183	195	199
0.6 倍	32	65	323	145	259	219	233	238
0.7 倍	38	76	377	169	302	256	272	278
0.8 倍	43	86	430	193	345	292	311	318
0.9 倍	49	97	484	217	388	329	350	357
1 倍	54	108	538	241	431	365	389	397

4.9.2　不同浸水工况下加载

（1）加载工况一：两侧拱脚浸水加载。该工况下的目标加载值如表 4.10 所示。

表 4.10　目标加载值（加载工况一）　　（单位：kg）

缸号	1m	2m	3m	4m	5m
9	57	63	67	74	79
10	86	94	101	111	119
11	573	602	628	667	703
12	179	177	185	186	195
13	495	506	497	369	369
14	462	439	480	526	617
15	381	394	404	412	421
1	399	401	405	406	408
2	381	394	404	412	421
3	462	439	480	526	617

缸号	1m	2m	3m	4m	5m
4	495	506	497	369	369
5	179	177	185	186	195
6	573	602	628	667	703
7	86	94	101	111	119
8	57	63	67	74	79

注:1~5m 为浸水宽度,下同。

(2)加载工况二:两侧拱腰浸水加载。该工况下的目标加载值如表 4.11 所示。

表 4.11　目标加载值(加载工况二)　　　　(单位:kg)

缸号	1m	2m	3m	4m	5m
9	57	60	63	67	70
10	115	120	126	133	141
11	429	469	505	556	593
12	235	250	257	263	265
13	458	482	503	534	562
14	322	276	271	281	289
15	407	475	546	489	340
1	410	422	440	467	492
2	407	475	546	489	340
3	322	276	271	281	289
4	458	482	503	534	562
5	235	250	257	263	265
6	429	469	505	556	593
7	115	120	126	133	141
8	57	60	63	67	70

(3)加载工况三:一侧(右侧)拱脚浸水加载。该工况下的目标加载值如表 4.12 所示。

表 4.12　目标加载值(加载工况三)　　　　(单位:kg)

缸号	1m	2m	3m	4m	5m
9	34	36	38	40	41

续表

缸号	1m	2m	3m	4m	5m
10	103	108	114	119	122
11	517	548	570	593	611
12	241	252	255	263	270
13	481	483	490	495	502
14	410	421	432	446	455
15	389	389	393	397	402
1	397	399	402	404	408
2	389	393	399	405	409
3	465	442	483	529	621
4	487	499	526	371	384
5	241	168	170	173	172
6	576	616	660	706	755
7	103	112	143	157	167
8	34	37	48	52	56

（4）加载工况四：一侧（右侧）拱腰浸水加载。该工况下的目标加载值如表 4.13 所示。

表 4.13　目标加载值（加载工况四）　　　（单位：kg）

缸号	1m	2m	3m	4m	5m
9	65	71	76	81	87
10	100	105	116	124	132
11	492	532	572	615	657
12	248	252	260	268	275
13	483	490	495	502	510
14	406	411	416	423	431
15	391	394	393	392	390
1	404	407	410	420	432
2	419	476	534	598	652
3	339	291	284	298	307
4	458	482	503	534	562
5	246	249	252	254	256
6	465	505	539	579	608
7	96	104	112	120	128
8	64	70	75	80	86

（5）加载工况五：一侧（右侧）拱脚浸水与另一侧（左侧）拱腰浸水加载。该工况下的目标加载值如表 4.14 所示。

表 4.14　目标加载值（加载工况五）　　　　（单位：kg）

缸号	1m	2m	3m	4m	5m
9	38	40	42	44	46
10	113	119	125	131	138
11	566	595	625	657	691
12	252	261	270	274	277
13	452	476	510	534	562
14	275	273	291	309	317
15	407	475	554	624	694
1	396	401	407	418	473
2	389	392	409	410	407
3	403	417	436	475	560
4	482	496	509	199	217
5	252	184	180	180	187
6	576	616	660	706	755
7	115	123	132	141	151
8	38	41	44	47	50

4.9.3　浸水 5m 至模型失稳阶段加载

通过对比表 4.10～表 4.14 中各个油缸目标加载值发现，固定油缸的目标加载值在相邻浸水宽度间增大或减小的量值比较稳定，为了保持浸水过程中衬砌模型所受荷载的变化规律，本阶段采用等规律加载，即在固定加载位置延续浸水阶段目标加载值的变化规律，15 个油缸加载增量如表 4.15 所示。

表 4.15　浸水 5m 至模型失稳阶段油缸加载增量　　　　（单位：kg）

缸号	工况一	工况二	工况三	工况四	工况五
9	5	3	8	6	3
10	9	6	15	8	9
11	45	32	70	35	49
12	9	9	2	2	6
13	3	27	10	30	15

续表

缸号	工况一	工况二	工况三	工况四	工况五
14	80	10	60	10	75
15	8	70	5	58	1
1	2	20	3	8	45
2	8	70	5	1	70
3	80	10	11	6	16
4	3	27	5	7	26
5	9	9	8	7	4
6	45	32	25	42	34
7	9	6	5	8	6
8	5	3	2	6	2

试验过程中,主要从两点判断衬砌模型是否失稳:一是模型衬砌油缸加载量无法继续增加或持续减小;二是该处衬砌变形量快速增大。

4.10　小　　结

本章首先详细介绍了隧道衬砌力学性能测试平台的设计细节和关键元件的规格参数,并对该测试平台的安全性进行了验算,同时介绍了测试平台控制系统的操作流程。其次,通过加载试验,对比目标加载值与实际加载值之间的差异,验证了试验测试平台的可靠性。再次,推导了模型试验设计中所需的相似关系和相似指标,通过衬砌相似材料试验确定了模型衬砌相似材料参数,同时简要介绍了模型衬砌浇筑箱的设计。最后,介绍了试验测试内容和元件布设情况,同时在第 3 章衬砌表面接触压力计算结果的基础上确定了模型试验加载工况。

本章主要结论如下:

(1)研发了一种适用于复杂受力情况下的隧道衬砌结构力学性能测试平台,通过数值验算和试验加载测试证明了该平台安全性良好,加载模拟结果可靠。

(2)推导并得到了几何相似比为 1:10 的隧道衬砌模型试验相似关系和相似指标,并通过材料试验确定了相似材料和材料配合比。

(3)设计了一种易脱模、易搬运且尺寸较大的隧道衬砌浇筑模型箱,该模型箱具有易于搬运、组装、工艺简单、造价合理且便于脱模等优点。

(4)根据试验目的,确定了试验测试内容和元件的布设情况,确定了模型试验分三阶段加载,每阶段采用不同的加载原则,给出了五种浸水工况下的 15 组油缸的具体加载量,各工况加载量详见表 4.9~表 4.15。

第 5 章　黄土围岩浸水恶化下衬砌结构力学性能演化特征

5.1　概　　述

众所周知,黄土本身具有结构性和水敏性特征,在遇水之后其物理力学性质会出现显著变化,如强度降低、变形增大等。而黄土隧道在围岩浸水条件下,围岩性能常会出现不同程度的恶化,进而导致隧道衬砌结构的受力状态变得极为复杂,对隧道结构的安全运营造成严重威胁。目前,围岩浸水恶化条件下衬砌结构力学性能演化特征尚不明确,衬砌结构的受力状态及变化情况也较为复杂,尤其是在不同浸水位置及浸水深度时,衬砌结构的受力特性有显著的差异,因此有必要对此展开深入研究,明确不同浸水恶化条件下衬砌结构力学性能演化特征,从而为实际工程提供理论指导。

围岩恶化最终的结果主要通过改变衬砌各部位的受力状态来体现,而衬砌结构的内力分布状态及变化情况是反映衬砌结构力学性能的重要指标。因此,为了更全面深入地对衬砌结构的力学性能演化特征进行研究,本章对五组不同浸水工况下模型破坏试验中衬砌结构的应变、轴力和弯矩等主要力学参数进行采集并处理,结合不同工况的特点,借助图形、图像等手段来探究其力学演化特征。从应变角度出发,分析得到不同浸水工况下衬砌的应变分布及变化规律,进而得到不同浸水工况下衬砌结构各部位的安全程度排序及不同工况之间的安全程度排序,为加固方案的制订和评价体系的建立提供依据;从轴力和弯矩角度出发,分析得到不同浸水工况下衬砌内力变化及分布规律,并结合衬砌开裂过程,明确不同工况下各部位轴力弯矩分布形成原因。

5.2　不同浸水工况下衬砌应变分布规律

前已述及,物理模型试验从开始加载到衬砌失稳经历了三种加载方式:未浸水阶段的等比加载、浸水工况下的加载和浸水 5m 至衬砌失稳的等规律加载。由于试验中应变测点和加载工况较多,数据量较大,因此衬砌应变分布规律将按照不同加载阶段分别分析。

五种浸水工况下第一阶段未浸水等比加载的工况完全相同,故将未浸水前阶段的衬砌应变分布规律统一分析。图 5.1 与图 5.2 分别为衬砌内外侧应变片位置及编号。

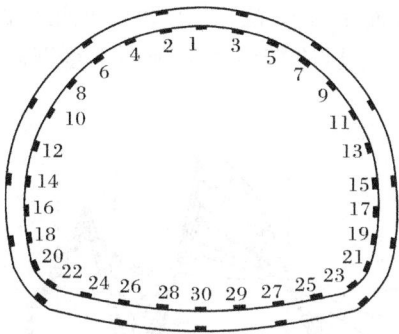

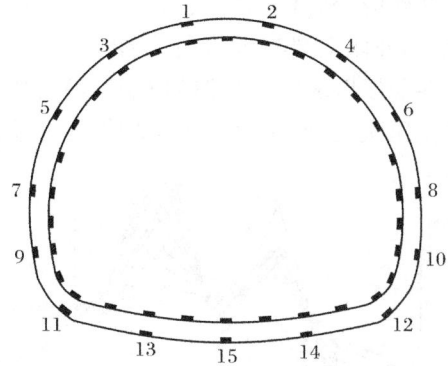

图 5.1　衬砌内侧应变片位置及编号　　　　图 5.2　衬砌外侧应变片位置及编号

5.2.1　未浸水阶段

1）衬砌内侧应变分布规律

图 5.3 为未浸水阶段的衬砌内侧应变分布。可以看出，隧道内侧应变分布基本对称，隧道拱顶与拱肩内侧受拉，拱顶拉应变大于两侧，呈"帽子"状。拱腰至边墙全部受压且从拱腰到边墙中心压应变呈增大趋势，其中边墙受压最为严重。拱脚为拉压转换位置，且加载过程中变化量始终不大。衬砌内侧边墙和拱腰位置应变变化较大，仰拱内侧全部受拉。

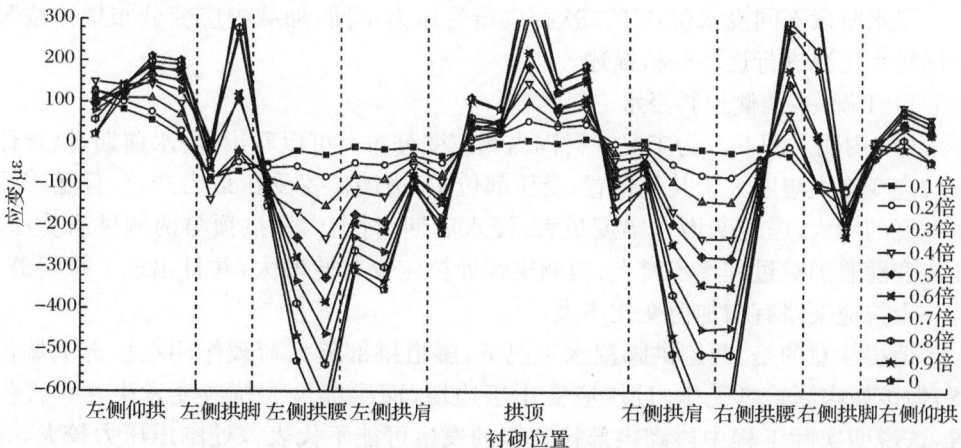

图 5.3　未浸水阶段衬砌内侧应变分布

2）衬砌外侧应变分布规律

图 5.4 为未浸水阶段的衬砌外侧应变分布。可以看出，未浸水等比加载下，衬砌外侧应变同样呈对称分布。隧道衬砌整个拱部外侧全部受压，边墙外侧受拉，拱脚外侧上端与下端受力相反，上端受压而下端受拉，整个仰拱外侧全部受压。在受压区域中，拱部拱顶受压最为严重，然后压应变沿着拱顶向下逐渐减小。仰拱受压次之，最小位置为拱脚外侧上端。

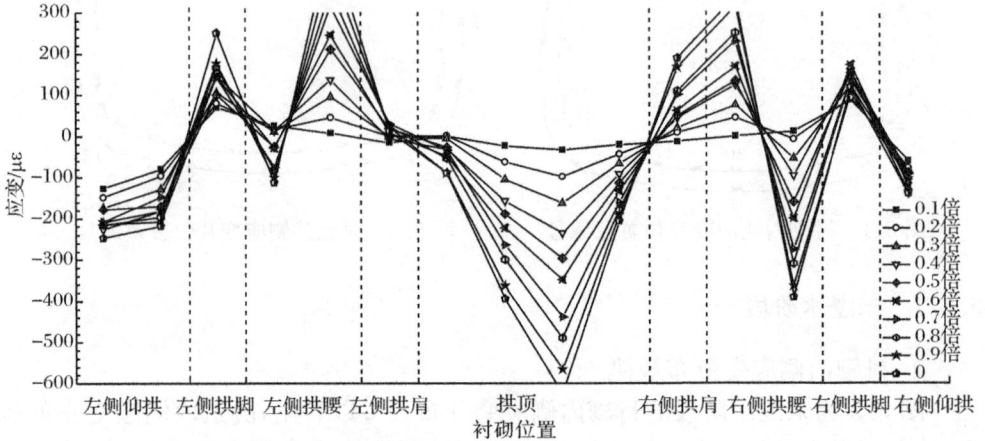

图 5.4　未浸水阶段衬砌外侧应变分布

5.2.2　不同浸水工况

浸水阶段不同浸水位置下二次衬砌所受压力不同，加载中应变分布规律按照不同浸水工况进行逐一分析描述。

1）工况一：两侧拱脚浸水

（1）内侧。图 5.5 为工况一衬砌内侧应变分布。可以看出，浸水前期，拱腰位置拉应变增大幅度大于其他位置；受压部位中，边墙位置受压最为严重，且随着浸水宽度的增大，压应变增大幅度最大；浸水后期，衬砌内侧拱顶与两侧拱肩受压，压应变随着加载过程逐步增大，两侧拱腰处拉应变开始增大，并且出现了拉裂缝，仰拱上拉应变略有增加但变化不大。

值得注意的是，两侧拱脚浸水工况下，隧道拱部最大荷载作用在拱部下端位置，但该处内侧始终受压，且压应变小于边墙，而拱部最大拉应变发生在拱腰位置，这说明实际工程中衬砌拱部拉裂缝的发生可能不代表该处围压压力较大，导致开裂的较大围岩压力可能发生在衬砌其他位置，这与文献[176]中结论右侧围岩压力较大，但左侧衬砌受力更严重相一致，该点认识有助于开裂衬砌加固范围的研究。

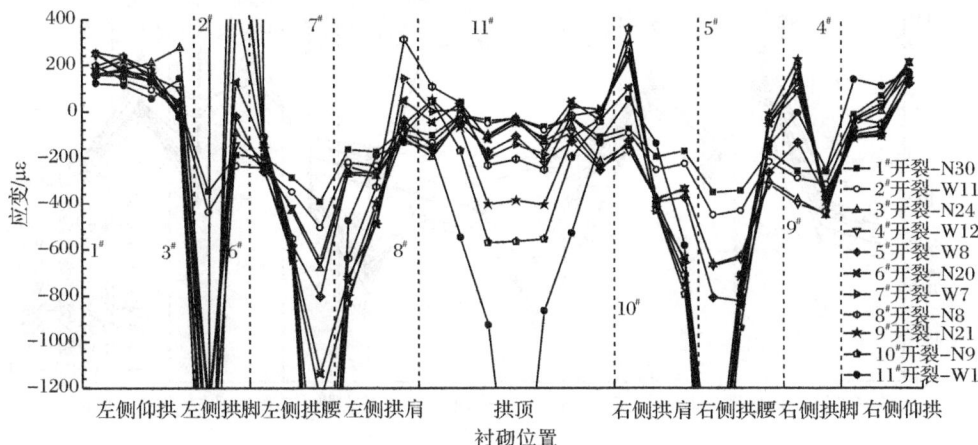

图 5.5　工况一衬砌内侧应变分布

整体来看,在劣化发展过程中,衬砌内侧所受应变近似呈对称分布,受压区范围和量值均大于受拉区,压拉比为 3∶1~4∶1。受压区主要包括左右拱腰、左右拱肩及拱顶中心,其中拱腰和拱顶受压区呈现出钟形特征;受拉区主要包括左右拱脚、左右拱肩及仰拱,受拉区除仰拱外分布比较零散。按各部位平均受压及受拉量值大小对其进行排序,此工况下内侧各部位受压严重程度排序为:左右拱腰＞拱顶中心＞拱顶两侧＞其他位置,受拉严重程度排序为:左右拱肩＞左右拱脚＞仰拱＞其他位置。左右拱肩部分区域以及左右拱脚部分区域,在整个加载过程中出现了应变状态由受压向受拉转变的现象,表明这部分区域受力较复杂,左侧拱脚内侧 6# 裂缝穿过 N20 号应变片,开裂后应变片失效,依据开裂前数据进行分析。

(2) 外侧。图 5.6 为工况一衬砌外侧应变分布。可以看出,浸水前期,隧道衬砌拱部和仰拱外侧全部受压,最大压应变发生在拱顶附近,边墙至仰拱位置全部受拉,最大拉应变发生在边墙位置;浸水后期,继右侧边墙拉裂后,衬砌另一侧边墙对称位置也发生开裂,开裂后拉应变急剧减小,拱顶附近压应变逐步减小。分析这一原因可能为,两侧拱腰所受荷载增量较大,对拱顶呈挤压态势,加之拱顶所受荷载只是小幅增加,故拱部内侧压应变增大,外侧压应变减小。

对比图 5.5 与图 5.6 发现,如果衬砌一侧(内外侧)应变值最大,那么该位置另一侧(内外侧)应变值将会反符号最大。该现象与材料受力发生弯曲现象一致。说明试验加载过程中,衬砌内外侧的表面应变的互相影响敏感,试验平台中采用推板与泡沫橡胶结合的加载设置符合衬砌模型变形需求,没有产生约束其变形的不良影响。

整体来看,在劣化发展过程中,衬砌外侧所受应变整体上近似呈对称分布,受

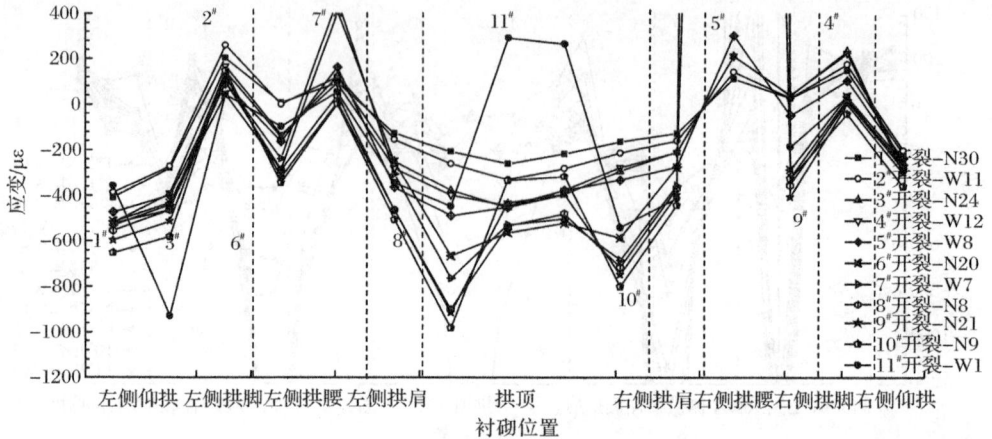

图 5.6　工况一衬砌外侧应变分布

压区整体量值相对内侧有所减小,压拉比约为 3:1。受压区主要包括拱顶、左右拱肩及仰拱,各受压区受压水平相当;受拉区主要包括左右拱腰和左右拱脚,分布比较零散,未见连续受拉区。此工况下外侧各部位受压严重程度排序为:拱顶两侧>拱顶中心>仰拱>左右拱肩>其他位置;受拉严重程度排序为:左侧拱腰>右侧拱腰>左右拱脚>其他位置。外侧各点未出现明显的应变状态转变现象,只有在右侧拱顶内侧 10# 裂缝开裂后,拱顶中心外侧迅速由受压转变为受拉并开裂,右侧拱腰侧外侧 5# 裂缝穿过 W8 号应变片,开裂后应变片失效,依据开裂前数据进行分析。

综合以上可以看出,双侧拱脚浸水时衬砌内外侧应变均呈现出对称分布特征,且受压范围及量值均大于受拉范围及量值,衬砌内侧受压比外侧更严重。

2)工况二:两侧拱腰浸水

(1)内侧。图 5.7 为工况二衬砌内侧应变分布。可以看出,浸水前期,拱顶、拱肩和仰拱始终受拉,受压区覆盖拱腰至拱脚,最大压应变发生在两侧边墙,该处压应变的增大幅度同样最大,其余位置压应变随着远离该点而逐步减小,并且增大幅度也相应减小;浸水后期,衬砌内侧应变分布规律基本未发生改变,衬砌拱部、拱脚和仰拱位置应变量随着荷载增大均有不同程度的增大,但边墙位置压应变基本未变。拱脚外侧拉裂造成拱脚内侧压应变急剧增大。

结合两侧拱腰浸水的加载情况,拱部最大荷载作用在拱肩,该位置内侧受拉但最大拉应变发生在拱顶,发生该现象是因为两侧拱肩所受荷载较大,拱顶和拱肩同步变形,且变形大于两侧拱肩。

整体来看,在双侧拱腰浸水恶化时,衬砌内侧各点所受应变整体上呈对称分布,但与工况一相比,受压区范围与量值均更大,受拉区分布更集中,尤其拱顶出

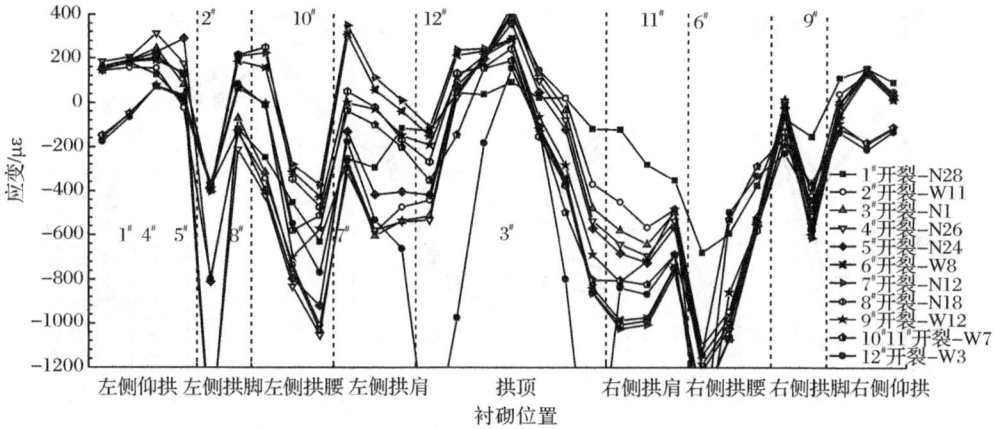

图 5.7　工况二衬砌内侧应变分布

现较大面积受拉区,受压区范围和量值均大于受拉区,压拉比为 3∶1～4∶1。受压区主要包括左右拱腰、左右拱肩及左右拱脚,其中右侧拱腰和右侧拱肩受压区呈现出明显的钟形特征;受拉区主要包括拱顶中心、仰拱及左侧拱腰,除仰拱和拱顶外分布比较零散。此工况下受压严重程度排序为:右侧拱腰＞右侧拱肩＞左侧拱腰＞左右拱脚＞其他位置;受拉严重程度排序为:拱顶中心＞左侧拱腰＞仰拱＞其他位置。左右拱脚部分区域以及左侧拱腰部分区域,在整个加载过程中出现了应变状态由受压向受拉转变的现象,表明这部分区域受力较复杂,且均是在左侧仰拱内侧 5# 裂缝开裂后,迅速由受压状态转变为受拉状态,并发生开裂,表明此部位受影响较大。

　　(2) 外侧。图 5.8 为工况二衬砌外侧应变分布。可以看出,浸水前期,受拉区范围与工况一相同,边墙处拉应变量值与增大幅度均最大;浸水后期,左右两侧拱脚处应变量相差巨大,该现象与左侧仰拱与拱脚连接处先发生开裂有关,拱部外侧压应变在加载过程中变化不大,这与内侧拱顶拉应变变化不大一致。

　　整体来看,衬砌外侧在劣化发展过程中,各部位应变未表现出明显的对称性,受压区整体量值比内侧小,受压区范围和量值均大于受拉区,压拉比为 2∶1～3∶1。受压区主要包括拱顶中心、左侧拱肩及仰拱,拱顶中心及左侧拱肩区域呈现钟形分布,但不明显;受拉区主要包括左右拱脚、右侧拱肩、右侧拱腰及左侧拱腰,其中,右侧拱肩、右侧拱腰及右侧拱脚部分出现连续受拉区,范围较大,其余位置受拉零散。此工况下受压严重程度排序为:拱顶中心＞左侧拱肩＞仰拱＞其他位置;受拉严重程度排序为:右侧拱腰＞左侧拱脚＞右侧拱肩＞右侧拱脚＞其他位置。劣化过程中,右侧拱肩出现应变由压转拉现象,左侧拱腰出现应变由拉转压现象,表明这部分区域受力较复杂。

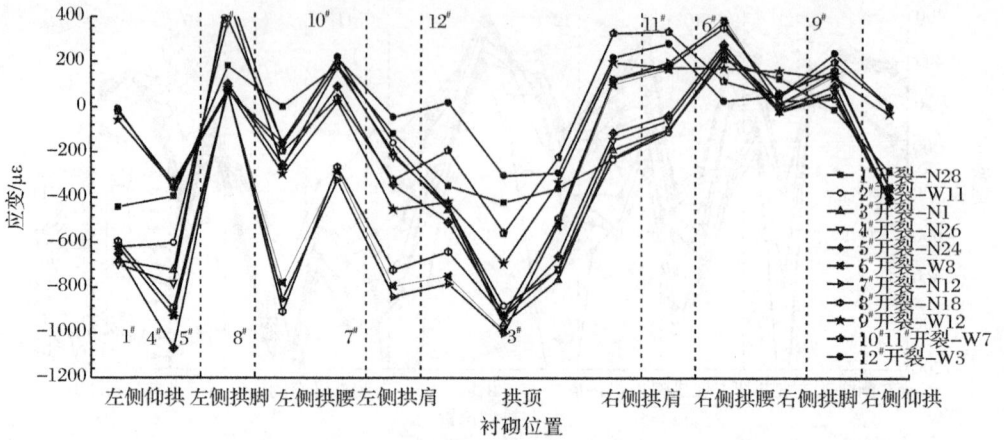

图 5.8　工况二衬砌外侧应变分布

综合以上可以看出，双侧拱腰浸水时衬砌内侧应变呈现出对称分布特征，而外侧应变由于受到开裂等因素影响未表现出对称性，且受压区范围及量值均大于受拉区，外侧受压比内侧更严重，工况二整体受拉范围和量值比工况一更大，即表明对称工况下，双侧拱腰浸水比双侧拱脚浸水更危险。

3) 工况三：一侧（右侧）拱脚浸水

（1）内侧。图 5.9 为工况三衬砌内侧应变分布。可以看出，浸水前期，与两侧拱脚浸水工况相比，受拉区减小但拉应变的量值大于两侧拱脚浸水，最大拉应变发生在两侧拱脚，受压区相对增大；浸水后期，拱部右侧拱腰位置拉应变增大较快且为拱部最大受拉位置，右侧拱脚拉应变大于左侧，在加载过程中右侧拱脚所受荷载同样高于左侧。

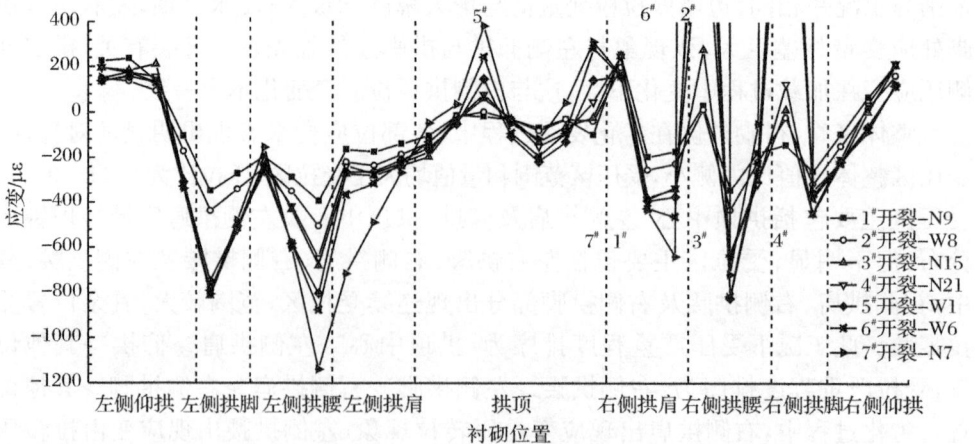

图 5.9　工况三衬砌内侧应变分布

整体来看,在右侧拱脚浸水恶化发展过程中,衬砌内侧应变整体水平与工况一相近,略高于工况一,各部位应变整体上表现出明显的不对称性,受压区范围和量值均大于受拉区,压拉比约为 3∶1。右侧受力状况明显复杂,受拉区基本集中在衬砌右侧,而左侧除仰拱外均为受压区。受压区主要包括左侧拱脚、左侧拱腰、左侧拱肩及右侧拱肩和拱腰一部分,其中左侧拱腰受压区呈钟形;受拉区主要包括拱顶、右侧拱肩、右侧拱腰、右侧拱脚及仰拱,除仰拱外分布比较零散。此工况下受压严重程度排序为:左侧拱腰＞左侧拱脚＞左侧拱肩＞其他位置;受拉严重程度排序为:右侧拱脚＞右侧拱腰＞拱顶＞右侧拱肩＞其他位置。劣化发展过程中,右侧拱肩出现应变由压转拉现象,表明这部分区域受力较复杂,右侧拱腰内侧 3# 裂缝穿过 N15 号应变片,右侧拱脚内侧 4# 裂缝穿过 N21 号应变片,开裂后应变片失效,依据开裂前数据进行分析。

(2) 外侧。图 5.10 为工况三衬砌外侧应变分布。可以看出,浸水初期,右侧边墙和两侧拱脚处受拉,最大拉应变发生在右侧边墙处。拱部受压区压应变分布偏右,最大压应变发生在拱肩位置附近,该现象与拱部拉应变峰值始终发生在 W9 号应变片位置相一致;浸水后期,浸水侧边墙处首先开裂,开裂后应变值迅速减小,并由拉转压,左侧拱肩下端拉应变迅速增大,出现拉裂后,拉应变大幅度减小。

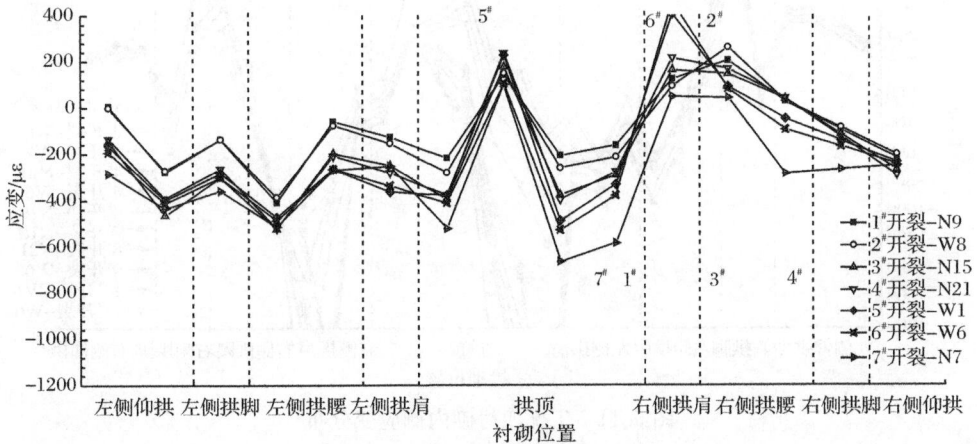

图 5.10　工况三衬砌外侧应变分布

整体来看,衬砌外侧在劣化发展过程中,所受应变整体呈明显的不对称性,受压区整体量值比内侧有所减小,受压区范围和量值均大于受拉区,压拉比为 2∶1～3∶1。受压区主要包括左侧拱脚、左侧拱腰、左侧拱肩、拱顶两侧及仰拱,各受压区水平相当;受拉区主要包括拱顶中心、右侧拱肩及右侧拱腰,受拉区分布较为分散,范围也较小。此工况下受压严重程度排序为:左侧拱腰、拱顶两侧＞左侧拱脚＞左侧拱肩＞仰拱＞右侧拱脚；受拉严重程度排序为：右侧拱肩＞右侧拱腰＞拱顶中心。劣化发展过程中，右侧拱腰出现拉压转变现象。

综合以上可以看出，右侧拱脚浸水时衬砌内外侧应变呈现出明显的不对称性，外侧整体受拉水平比工况一略微增大，右侧整体受拉水平明显大于左侧，内侧受拉比外侧更严重，内外侧整体受拉水平比工况一更大，比工况二略小，拱腰浸水恶化比拱脚浸水恶化更危险。

4) 工况四：一侧(右侧)拱腰浸水

(1) 内侧。图 5.11 为工况四衬砌内侧应变分布。可以看出，浸水前期，拱顶拉应变和两侧拱脚拉应变大幅增大，但浸水过程中拉应变变化较小，而右侧拱肩位置随着浸水宽度的增大，拉应变始终以较大幅度增大，之后，右侧拱肩位置承受的荷载变小，反映在衬砌内侧为拱顶及其右侧拉应变相应减小，右侧拱肩拉应变突然消失，左侧拱脚所受荷载大于右侧(浸水侧)，左侧拱脚拉应变大于右侧 200～300με，浸水一侧边墙受压量值及增长速度均大于未浸水一侧，这说明一侧拱腰浸水对同侧拱肩与边墙位置以及未浸水一侧的拱脚均有较大影响。浸水后期，左侧拱脚位置拉应变持续增大，且大于右侧，但右侧早于左侧开裂，压应变最大位置不再是边墙，移至拱肩下端。

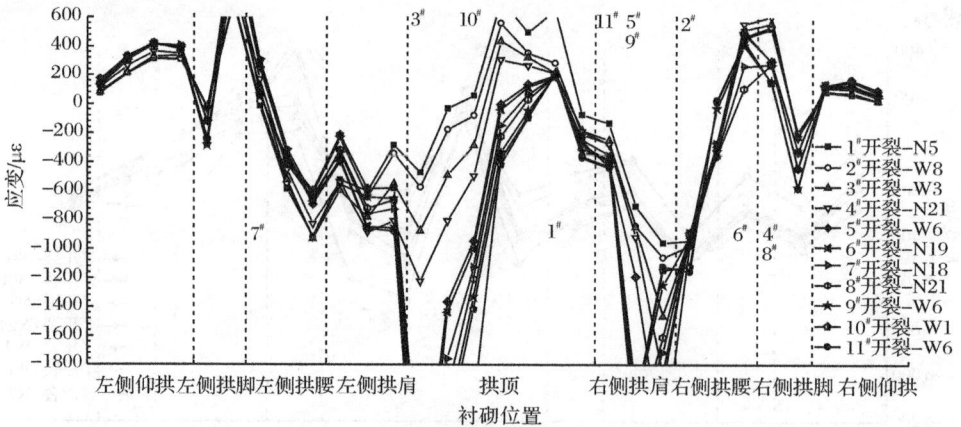

图 5.11　工况四衬砌内侧应变分布

整体来看，在右侧拱腰浸水恶化发展过程中，相比工况一和工况二，工况四衬砌内侧各点应变水平整体上显著提升，拉应变提升明显，各部位应变呈现出不对称性，左侧受压区范围和量值均高于右侧，右侧受拉区量值高于左侧，分布更集中，整体上受压区范围和量值大于受拉区，压拉比为 2:1～3:1。受压区主要包括左侧拱腰、左侧拱肩、左侧拱顶及右侧拱肩，其中右侧拱肩受压区呈钟形，但不明显；受拉区主要包括右侧拱顶、左右拱脚、右侧拱腰及仰拱，分布均较集中。此工况下受压严重程度排序为：拱顶左侧＞右侧拱肩＞左侧拱肩＞左侧拱腰＞其他位置;受拉严重程度排序为:拱顶右侧＞右侧拱脚＞左侧拱脚＞仰拱＞其他位置。拱顶中心部分区域在劣化过程中出现了应变由拉转压现象,表明这部分区域受力较复杂,且是在右侧拱脚内侧 4# 裂缝开裂后,迅速由受压状态转变为受拉状态,表明此部位影响较大。

(2) 外侧。图 5.12 为工况四衬砌外侧应变分布。可以看出,浸水前期,外侧拉应变为浸水一侧大于未浸水一侧,造成该现象的原因为试验加载至 4m 时,右侧边墙外侧接连发生两处开裂,衬砌拉裂释放了部分应力,故右侧(浸水侧)边墙拉应变小于左侧;浸水后期,受拉区面积较大,由于衬砌拉裂,左侧边墙与右侧拱腰拉应变减小,受压各部位压应变量值变化较小。

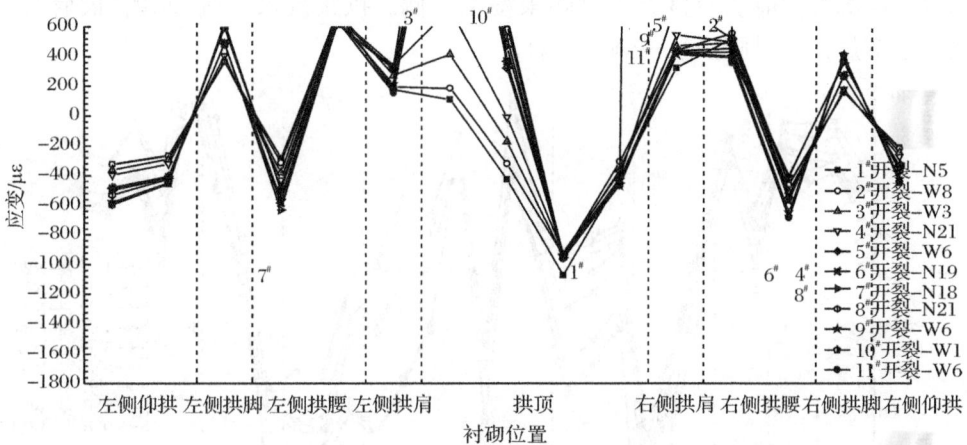

图 5.12　工况四衬砌外侧应变分布

整体来看,在劣化发展过程中,衬砌外侧各点应变整体表现出明显的不对称性,受压区整体量值比内侧大大减小,而受拉区整体量值比内侧大大增加,这主要是由于外侧开裂点多在测点附近甚至穿过测点,引起受拉量值增大,受压区范围和量值与受拉区相当,压拉比为 1:1~2:1。受压区主要包括拱顶右侧、左侧拱腰及仰拱,除拱顶右侧外,其余各点量值相当;受拉区主要包括拱顶左侧、右侧拱肩、左右拱腰及左侧拱脚,其中拱顶右侧、左侧拱肩及临近左侧拱腰部分出现连续受拉区,范围较大,其余位置受拉零散。此工况下受压严重程度排序为:拱顶右侧＞左侧拱腰＞仰拱＞其他位置;受拉严重程度排序为:右侧拱腰＞右侧拱肩＞拱顶左侧＞左右拱脚＞其他位置。劣化过程中,拱顶左侧出现了应变由压转拉现象,表明这部分区域受力较复杂,且均是在左侧拱顶外侧 3# 裂缝开裂后,拉压状态迅速发生转变,表明此部位影响较大。

综合以上可以看出,右侧拱腰浸水时衬砌内外侧应变呈现出明显的不对称性,且内外侧整体受拉量值有了明显的提高,右侧受拉比左侧更严重,外侧受拉比内侧更严重,相对于工况一、工况二、工况三,工况四整体受拉量值更大,受拉区更集中。由此可见,非对称浸水工况比对称浸水工况更危险,浸水区一侧比未浸水区一侧更危险。

5) 工况五:一侧(右侧)拱脚浸水与另一侧(左侧)拱腰浸水

(1) 内侧。图 5.13 为工况五衬砌内侧应变分布。可以看出,浸水前期,隧道两侧浸水位置不同情况下,衬砌内侧应变分布左右两侧相差较大,单侧拱脚浸水时,衬砌内侧拱肩受压,而单侧拱腰浸水时,衬砌内侧拱肩受拉,左侧拱肩存在拉压转换现象,造成这种现象的原因为拱腰与拱脚浸水对衬砌内侧拱肩双重作用的协调结果;浸水后期,衬砌内侧应变拉压分布规律基本未发生改变。拱脚浸水侧(右侧)拱脚处拉应变明显大于拱脚未浸水一侧。拱腰浸水一侧(左侧)拱肩及边墙的应变量大于拱脚浸水一侧(右侧)。

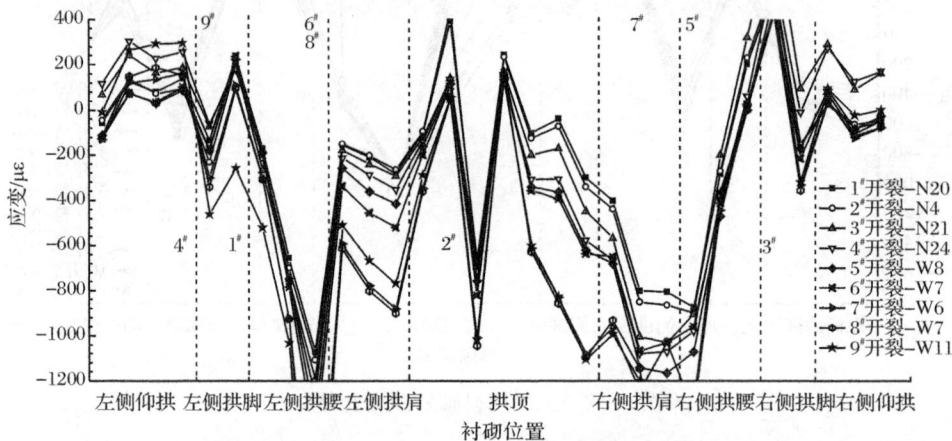

图 5.13　工况五衬砌内侧应变分布

整体来看,在左侧拱腰右侧拱脚浸水恶化发展过程中,衬砌内侧应变水平比工况四略有下降,拉应变降低明显,应变水平依然比工况一、工况二高,各部位应变呈现出一定的不对称性,首次出现仰拱左右两侧拉压状态不一致现象,整体上受压区范围和量值大于受拉区,压拉比为 4∶1～5∶1。受压区主要包括拱顶右侧、左右拱肩及左右拱腰,左右两侧受压区形状明显不对称;受拉区主要包括左侧拱顶、左右拱脚及左侧仰拱,受拉区除左侧仰拱外,分布均较零散。此工况下受压严重程度排序为:左侧拱腰＞右侧拱肩＞右侧拱腰＞左侧拱肩＞其他位置;受拉严重程度排序为:右侧拱脚＞左侧拱顶＞左侧拱脚＞左侧仰拱＞其他位置,整个加载过程中未出现应变状态转变的现象。

(2) 外侧。图 5.14 为工况五衬砌外侧应变分布。可以看出,浸水前期,最大拉应变仍然为边墙位置,受压区最大值发生在右侧拱肩上端位置和左侧下端位置,但量值相对于其他工况较小;浸水后期,两侧边墙先后开裂致使拉应变呈减小趋势。

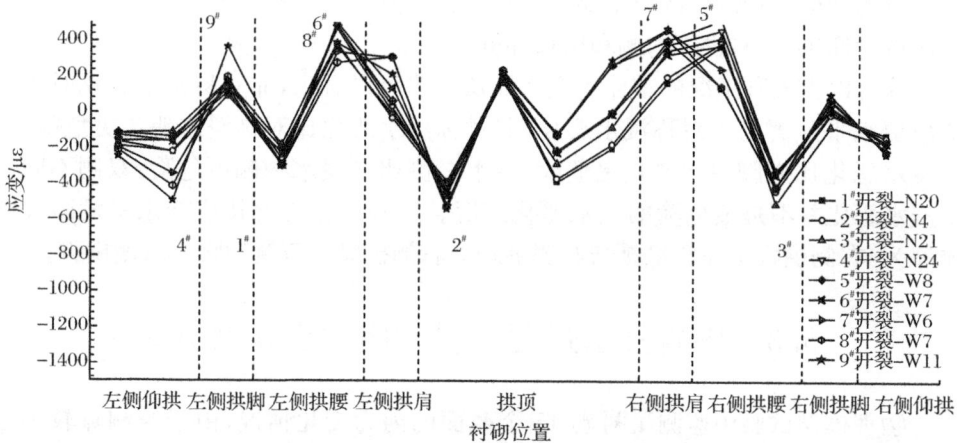

图 5.14　工况五衬砌外侧应变分布

整体来看,衬砌外侧在劣化发展过程中,各点应变整体未表现出明显的对称性,受压区整体量值比内侧大大减小,五种工况中整体量值最小,范围也比较小,受拉区整体量值比内侧略微增加,主要是因为外侧开裂点多在测点附近甚至穿过测点,造成受拉增大,受压区范围和量值与受拉区相当,压拉比约为 1∶1。受压区主要包括拱顶左侧、右侧拱脚及仰拱,分布零散;受拉区主要包括左右拱肩、左右拱腰及左右拱脚,其中左右拱肩与邻近拱腰出现连续受拉区,右侧范围略大于左侧,其余位置受拉零散。此工况下受压严重程度排序为:拱顶左侧>左侧拱腰>仰拱>其他位置;受拉严重程度排序为:左侧拱腰>右侧拱肩>右侧拱腰>左侧拱脚>其他位置。劣化过程中拱顶右侧出现应变由压转拉现象,表明这部分区域受力较复杂。

综合以上可以看出,左侧拱腰右侧拱脚浸水时衬砌内外侧应变未呈现明显的不对称性,相比工况三,其内外侧整体受拉水平略微下降,左右两侧整体受拉水平相当,外侧受拉比内侧更严重,整体受拉水平比工况一、工况二、工况四更大,比工况三略有减小,受拉区范围更大,即表明非对称浸水工况比对称浸水工况更危险,左侧拱腰右侧拱脚浸水恶化时,左侧拱腰、右侧拱脚处受拉更严重,则表明浸水区部位比未浸水部位更危险。

6) 衬砌受力特性

从应变角度出发,分析五种工况下各部位受力特性,可以发现如下特点:①内侧受压较大的区域为左右拱腰和左侧拱脚;②外侧受压较大区域为仰拱部位和拱顶部位;③内侧受拉较大的区域为左右拱脚和仰拱部位;④外侧受拉较大区域为左右拱腰、左侧拱脚和右侧拱肩。实际工程中由于仰拱上方通常被覆盖,受限制较大,安全性较高,出现开裂的可能性小,因此在分析中将仰拱部位剔除,通常情况下衬砌结构中较危险区域主要是左右拱脚两侧和左右拱腰外侧,而相对较安全的区域为仰拱、左右拱腰内侧和拱顶外侧。

综合以上五种工况的整体应变特征及规律可以看出,非对称浸水恶化时内外侧应变水平显著高于对称浸水恶化,非对称浸水恶化比对称浸水恶化更危险,拱腰浸水恶化比拱脚浸水恶化更危险,浸水一侧比未浸水一侧更危险,双侧不同位置浸水恶化并不是最危险的浸水恶化工况。五种恶化工况按应变水平危险程度排序为:右侧拱腰＞左侧拱腰与右侧拱脚＞右侧拱脚＞双侧拱腰＞双侧拱脚。

5.3　围岩浸水过程中衬砌内力变化及分布

物理模型试验中监测了衬砌 15 个截面的内力变化情况,由于监测点较多且有五种工况,故分析中将 15 个截面分为拱部 1～6 号截面、边墙 7～10 号截面及拱脚和仰拱 11～15 号截面分别进行分析,截面位置如图 5.15 所示。

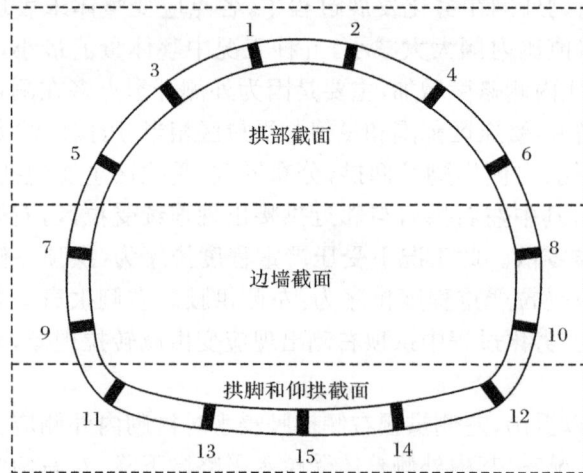

图 5.15　衬砌内力监测截面

5.3.1　衬砌轴力变化及分布

1) 工况一:两侧拱脚浸水

图 5.16 为工况一拱部 1～6 号截面轴力曲线。可以看出,两侧拱脚浸水过程中,衬砌拱部受压,6 个截面轴力量值在整个加载过程中相差不大,拱腰 5 号和 6 号截面轴力略大于拱顶 1 号和 2 号截面及拱肩 3 号和 4 号截面。所有截面轴力变

化趋势基本相同。未浸水到浸水 5m 过程中,轴力均在 $-40\sim-30kN$,轴力增大的速度放缓,加载至 4m 浸水宽度(横坐标 13~14)过程中衬砌开裂,6 个截面轴力均有些许减小,但量值不大。第一阶段加载过程中,6 个截面轴力基本呈线性增大,第三阶段加载前期(横坐标 17~18),左侧边墙上部衬砌外侧开裂,相邻的 3号、5 号截面内力略有减小。

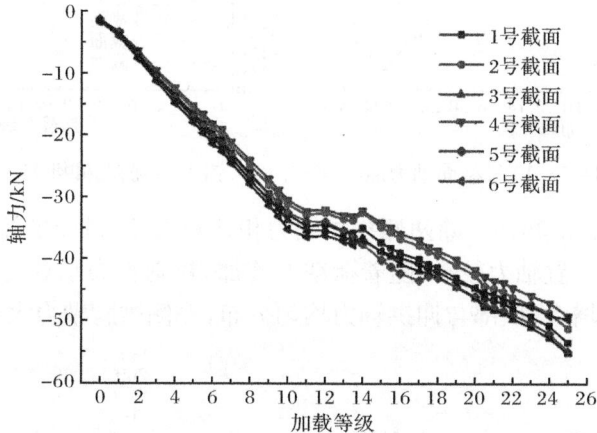

图 5.16　工况一拱部 1~6 号截面轴力曲线

　　图 5.17 为工况一边墙 7~10 号截面轴力曲线。可以看出,整个加载过程中,两侧边墙均受压。第一阶段加载过程中,边墙 7~10 号截面轴力同样呈线性增大,边墙上部 7 号和 8 号截面轴力大于下部 9 号和 10 号截面。同样浸水 4m 时,右侧边墙上部位置发生开裂,8 号截面轴力突然增大,并且在浸水 5m 时,右侧拱脚发生开裂,8 号截面轴力增大趋势减弱。第三阶段加载前期(横坐标 17~18),左侧边墙上部衬砌外侧开裂,相对应的 8 号截面处轴力突然增大。9 号和 10 号截面处始终无裂缝发生,两者量值始终保持基本相等。

　　图 5.18 为工况一拱脚与仰拱 11~15 号截面轴力曲线。可以看出,两侧拱脚浸水工况下,拱脚和仰拱受压,除左侧拱脚 11 号截面外,其他位置轴力量值相差很小,且变化趋势基本一致,量值最大相差在 7kN 以内。明显不同的是,衬砌左侧拱脚处 11 号截面轴力在第一阶段加载过程中突然增大,浸水范围扩大过程中变化稍微平稳,左侧边墙上部 7 号截面附近开裂后,左侧拱脚轴力开始减小。该阶段内左侧拱脚 11 号截面附近裂缝快速发展,且裂缝间出现交织,逐渐贯通。

　　为了更加形象地表征衬砌内力分布情况,挑选浸水 3m 和丧失承载力前两种情况绘制衬砌轴力包络图,如图 5.19 和图 5.20 所示。图中数值为轴力值,从上至下依次是 1~15 号截面对应的量值。

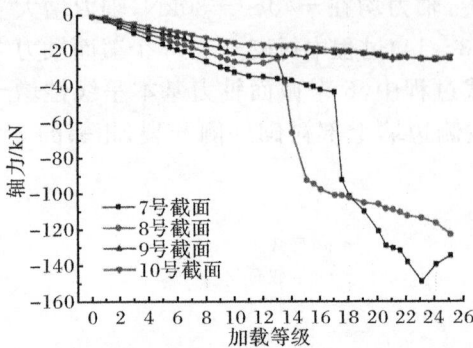

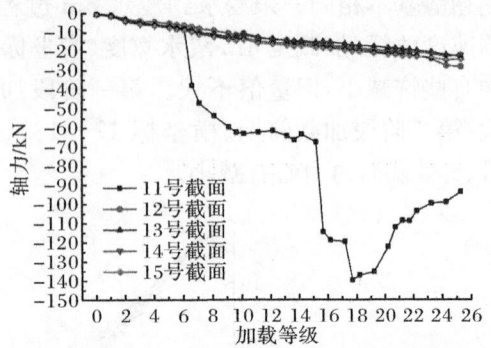

图 5.17　工况一边墙 7～10 号截面轴力曲线　图 5.18　工况一拱脚与仰拱 11～15 号截面轴力曲线

可以看出,浸水 3m 时,除两侧拱脚轴力相差较大外,衬砌拱部轴力分布均匀,边墙下部与仰拱位置轴力较小,随着荷载的施加,衬砌丧失承载力前,衬砌两侧边墙上部轴力迅速增大,拱部与仰拱轴力均匀分布,左侧拱脚轴力大于右侧。

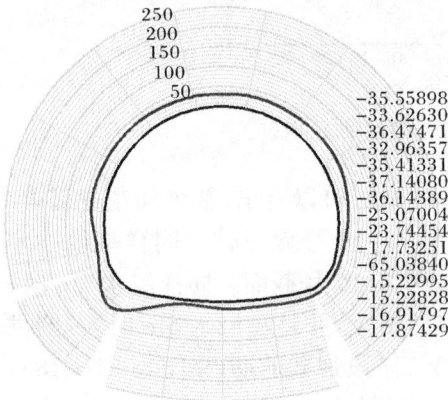

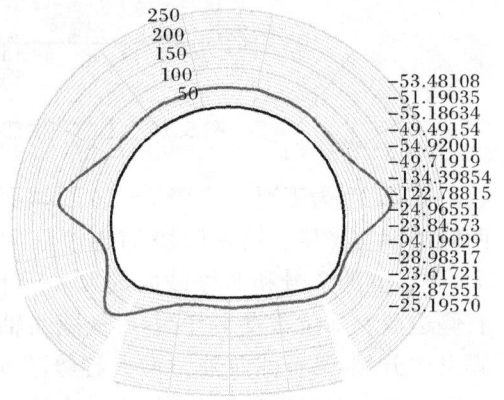

图 5.19　工况一 3m 浸水轴力包络图　　　　图 5.20　工况一丧失承载力前轴力包络图
　　　　　（单位:kN）　　　　　　　　　　　　　　（单位:kN）

综上所述,两侧拱脚围岩浸水恶化前期(浸水宽度 3m),除左侧拱脚外,衬砌轴力分布基本均匀,拱部轴力普遍略大,左侧仰拱内侧与左侧拱脚外侧最先相继开裂,由于两裂缝位置接近且分布在衬砌内外侧,因此这两处裂缝的开裂对左侧拱脚受力影响较大,开裂后左侧拱脚轴力快速增大。随着围岩继续恶化,衬砌两侧边墙上部轴力急剧增大,边墙上部对称位置轴力分布明显凸起,出现该现象是因为两侧拱脚浸水后,衬砌拱腰与拱脚所受压力大幅增大,对衬砌呈上下挤压态势,这就造成了边墙附近衬砌轴力的快速增大,衬砌整体受力增大条件下轴力"转嫁"到边墙位置。左侧拱脚由于多个裂缝的产生与裂缝间的交织,拱脚轴力较大,衬砌其他位置轴力均有增大,相同位置增大幅度基本一致。

2) 工况二:两侧拱腰浸水

图 5.21 为工况二拱部 1~6 号截面轴力曲线。可以看出,拱部 6 个截面轴力变化规律基本相似,且全部受压。5 号和 6 号截面轴力大于其他位置,浸水 3m 时拱部轴力增大速度放缓,其后基本保持不变。

图 5.22 为工况二边墙 7~10 号截面轴力曲线。可以看出,开始浸水后,9 号和 10 号截面轴力增速先行放缓,浸水 2~3m,7 号和 8 号截面轴力增速放缓。衬砌两侧边墙呈受压状态。7 号和 8 号截面轴力大于 9 号和 10 号截面。对比工况一边墙轴力曲线发现,两工况下边墙下部 9 号和 10 号截面轴力量值在各个阶段基本相同,7 号和 8 号截面在裂缝开裂前轴力基本相同。

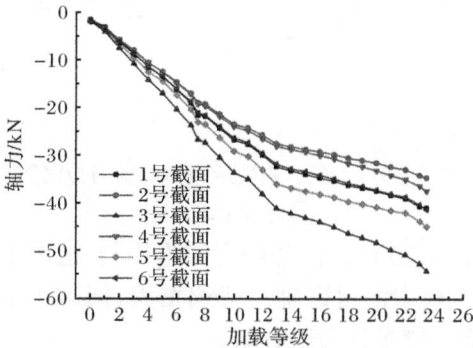

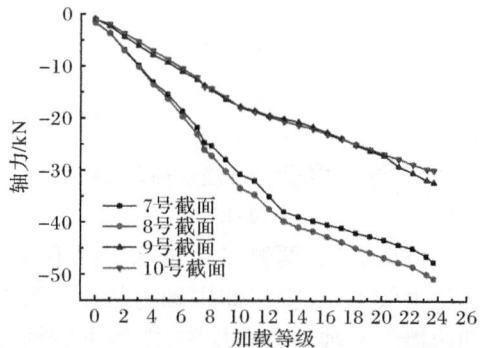

图 5.21　工况二拱部 1~6 号截面轴力曲线　　图 5.22　工况二边墙 7~10 号截面轴力曲线

图 5.23 为工况二拱脚与仰拱 11~15 号截面轴力曲线。可以看出,拱脚与仰拱轴力量值相差不大,且全为负值,拱脚与仰拱向内弯曲,仰拱中心位置负轴力最大。第三阶段加载后期,左侧拱脚内侧开裂(8 号裂缝),该裂缝与前期裂缝交汇,该处 11 号截面轴力陡然增大,增大量值在 23kN 左右。左侧拱脚轴力后期激增,两侧拱腰浸水下导致衬砌丧失承载力的危险位置为 11 号截面左侧拱脚。

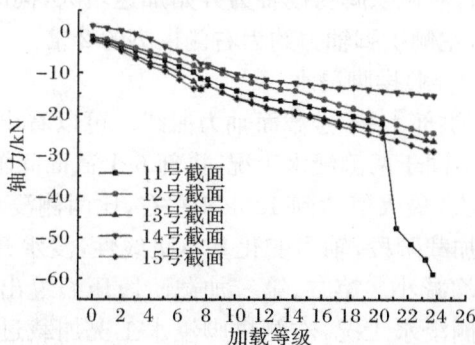

图 5.23　工况二拱脚与仰拱 11~15 号截面轴力曲线

为了更加形象地表征衬砌内力分布情况,挑选浸水 3m 和丧失承载力前两种情况绘制衬砌轴力包络图,如图 5.24 和图 5.25 所示。图中数值为轴力,从上至下依次是 1~15 号截面对应的量值。

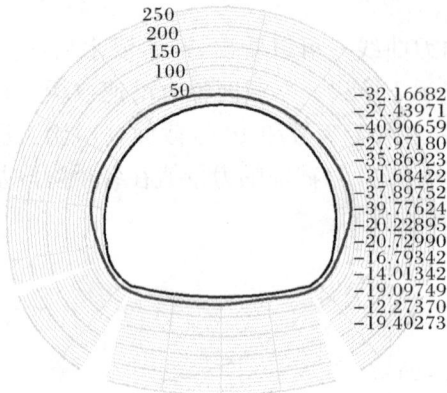

250
200
150
100
50

−32.16682
−27.43971
−40.90659
−27.97180
−35.86923
−31.68422
−37.89752
−39.77624
−20.22895
−20.72990
−16.79342
−14.01342
−19.09749
−12.27370
−19.40273

图 5.24　工况二 3m 浸水轴力包络图
（单位:kN）

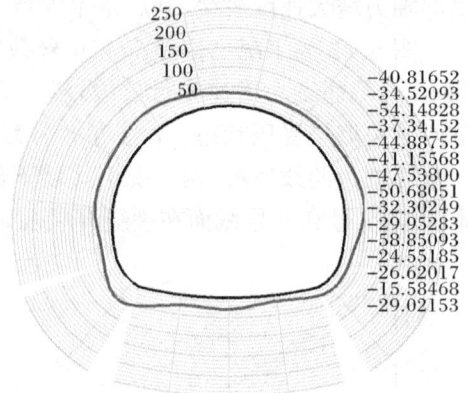

250
200
150
100
50

−40.81652
−34.52093
−54.14828
−37.34152
−44.88755
−41.15568
−47.53800
−50.68051
−32.30249
−29.95283
−58.85093
−24.55185
−26.62017
−15.58468
−29.02153

图 5.25　工况二丧失承载力前轴力包络图
（单位:kN）

可以看出,两侧拱腰浸水工况下,浸水 3m 时衬砌拱部轴力较为均匀,边墙上部轴力较大,拱脚与仰拱轴力较小。丧失承载力前衬砌轴力普遍增大,同时拱部和边墙上部轴力分布均匀,左侧拱脚轴力增大较多且大于右侧。

综上所述,衬砌两侧拱腰围岩浸水恶化下,当浸水宽度为 3m 时,衬砌轴力呈对称分布,拱部及边墙衬砌轴力较大,拱脚及仰拱轴力较小。随着浸水宽度的增加和围岩的持续恶化,衬砌拱脚及拱肩位置所受压力快速增大,衬砌轴力分布整体趋于均匀,由于两侧拱腰围岩浸水工况下拱脚与拱部衬砌所受压力明显小于两侧拱脚围岩浸水工况,边墙轴力比其他位置略有增大,但没有出现如同两侧拱脚浸水工况一样的轴力"凸起"现象。左侧拱脚与左侧仰拱率先相继开裂,两处裂缝距离较近,裂缝出现后,左侧拱脚衬砌轴力开始加速增大,同时随着该处裂缝的发展和新旧裂缝的交织,左侧拱脚轴力约为右侧拱脚的 2 倍。

3) 工况三:一侧(右侧)拱脚浸水

图 5.26 为工况三拱部 1~6 号截面轴力曲线。可以看出,拱部 6 个截面轴力均为负,呈受压状态,不同于两侧浸水工况,拱部 6 个截面间轴力差别较大,拱顶 1 号和 2 号截面轴力最大,最大值达到 120kN 左右,比两侧浸水工况拱部最大轴力大了接近一倍。第一加载阶段,轴力变化基本呈线性,浸水开始后(横坐标 10),6 个截面轴力增大速率均减小。第二、第三加载阶段压裂缝出现前,轴力变化速率基本一致。不同于两侧浸水工况,右侧拱脚浸水工况加载过程中有压裂缝出现,压裂缝出现后,衬砌轴力发生明显波动,且有减小趋势。

图 5.27 为工况三边墙 7~10 号截面轴力曲线。可以看出,边墙两侧 4 个截面

轴力均为负值,呈受压状态。除了 8 号截面加载后期发生轴力突变外,其他位置轴力变形趋势一致,且量值相差不大。浸水 5m 加载完成后,右侧边墙 8 号截面外侧开裂,开裂后 8 号截面轴力值陡增,且增大的状态一直延续至下个裂缝出现。除了 8 号截面轴力外,其他位置截面轴力与衬砌两侧浸水工况相比仍然较大,大于后者接近 30kN。

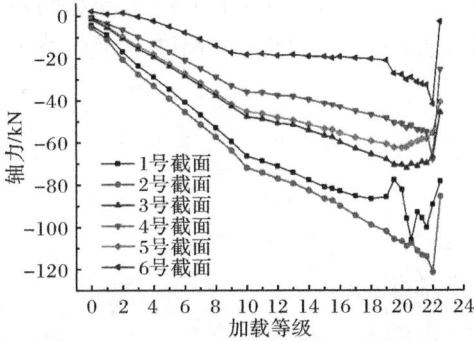

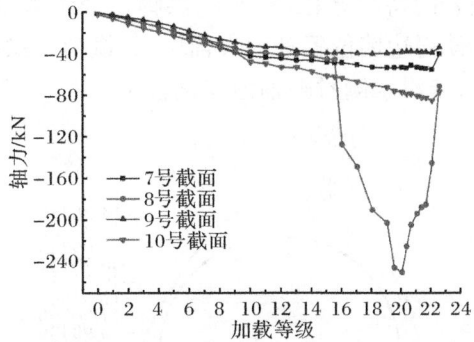

图 5.26　工况三拱部 1～6 号截面轴力曲线　　图 5.27　工况三边墙 7～10 号截面轴力曲线

图 5.28 为工况三拱脚与仰拱 11～15 号截面轴力曲线。可以看出,拱脚浸水侧从拱脚至仰拱方向,轴力始终呈受压状态,而左侧未浸水一侧,拱脚及左侧仰拱轴力始终呈受拉状态,两侧衬砌轴力明显不同。同时,浸水一侧拱脚轴力最大,然后逐渐向仰拱方向递减。

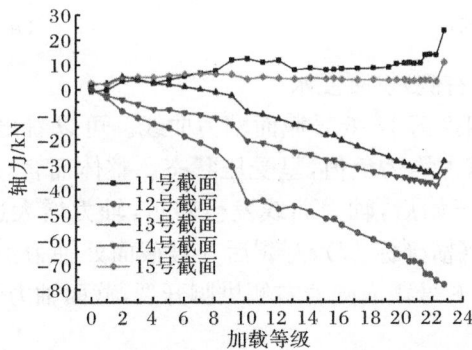

图 5.28　工况三拱脚与仰拱 11～15 号截面轴力曲线

为了更加形象地表征衬砌内力分布情况,挑选浸水 3m 和丧失承载力前两种情况绘制衬砌轴力包络图,如图 5.29 和图 5.30 所示。图中数值为轴力,从上至下依次是 1～15 号截面对应的量值。

可以看出,右侧拱脚浸水工况下,浸水 3m 时轴力分布整体不均匀,左侧拱腰轴力大于右侧拱腰,右侧拱脚及边墙轴力大于左侧。随着荷载的施加,衬砌丧失承载力前,左侧衬砌轴力略有增大,浸水一侧(右侧)除拱腰外,其他位置轴力显著增大。

综上所述,右侧拱脚围岩浸水 3m 时,未浸水侧拱肩、拱腰及边墙位置轴力分布均匀;浸水侧拱腰位置受力增大,拱腰位置向内受到挤压,上部拱顶与下部边墙轴力增大,而受到较大力作用的拱腰位置轴力相对较小。随着浸水宽度的增加和围岩的持续恶化,浸水侧拱脚与浸水侧拱腰的压力大幅增大,上下挤压浸水侧衬砌使得边墙位置轴力大幅增大,拱顶与拱脚位置轴力同时增大但幅度小于边墙位置;未浸水侧衬砌轴力变化较小。

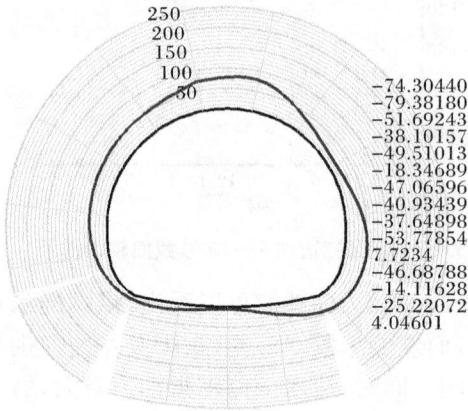

图 5.29　工况三 3m 浸水轴力包络图
（单位:kN）

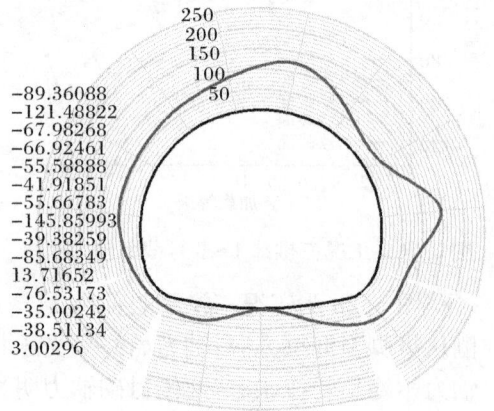

图 5.30　工况三丧失承载力前轴力包络图
（单位:kN）

4）工况四:单侧(右侧)拱腰浸水

图 5.31 为工况四拱部 1～6 号截面轴力曲线。可以看出,除 3 号截面轴力突变外,其余截面轴力基本均为负值,呈受压状态。整体而言,2 号与 4 号截面轴力始终保持较大。浸水开始后,轴力曲线发生转折,轴力增大速率减小。第三加载阶段,3 号截面处开裂(横坐标17),开裂后 3 号截面处轴力由压迅速转拉,而后随着加载,又由拉转压。6 号截面随着右侧拱脚开裂,截面轴力骤增并始终保持增大状态。

图 5.32 为工况四边墙 7～10 号截面轴力曲线。可以看出,边墙 4 个截面基本均呈受压状态,其中 8 号截面轴力最大。第一条裂缝开裂后(横坐标14),7 号截面轴力开始减小,并且内力状态最后转压为拉。9 号和 10 号截面轴力增速减慢,基本呈稳定状态。右侧拱腰浸水工况下边墙 4 个截面的轴力值普遍小于前面三种工况。

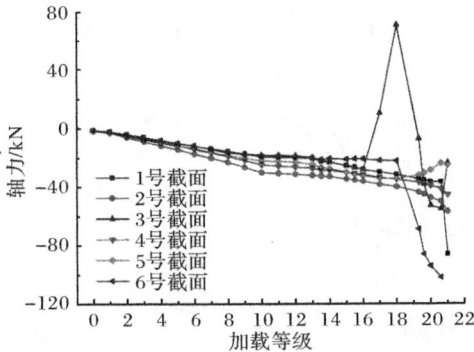

图 5.31　工况四拱部 1～6 号截面轴力曲线　　图 5.32　工况四边墙 7～10 号截面轴力曲线

图 5.33 为工况四拱脚与仰拱 11～15 号截面轴力曲线。可以看出,衬砌左侧拱脚与仰拱 11 号和 13 号截面轴力基本为正,呈受拉状态,右侧(浸水一侧)拱脚和仰拱及仰拱中心轴力为负值,呈受压状态。其中仰拱中心位置轴力最大,其次是未浸水一侧拱脚,接着是浸水侧仰拱、浸水侧拱脚,最后是未浸水侧仰拱。边墙与仰拱截面的轴力在裂缝开裂时均有波动,但变化很小。

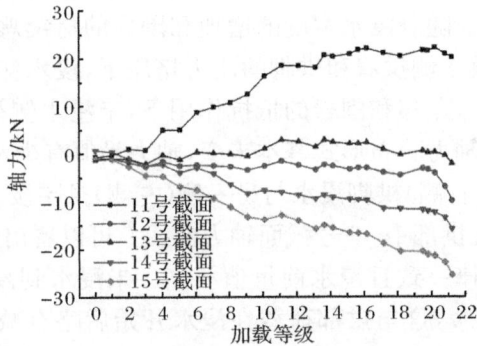

图 5.33　工况四拱脚与仰拱 11～15 号截面轴力曲线

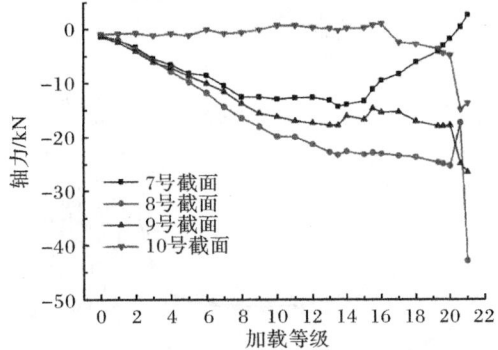

为了更加形象地表征衬砌内力分布情况,挑选浸水 3m 和丧失承载力前两种情况绘制衬砌轴力包络图,如图 5.34 和图 5.35 所示。图中数值为轴力,从上至下依次是 1～15 号截面对应的量值。

可以看出,右侧拱腰浸水工况下,浸水 3m 时衬砌拱部及边墙上部轴力略大,拱脚及仰拱位置轴力较小,随着荷载的增大,衬砌丧失承载力前,衬砌拱部轴力增大明显,拱脚及边墙位置轴力仍然较小。

<table>
<tr><td>

250
200
150
100
50

−19.96540
−31.19049
−18.69039
−26.44447
−23.05840
−19.54173
−12.68774
−21.35985
−17.41664
0.28245
18.30168
−2.44418
2.44910
−8.66248
−14.05112

</td></tr>
</table>

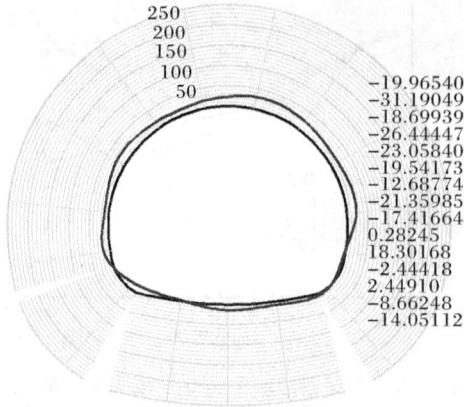

图 5.34　工况四 3m 浸水轴力包络图
（单位：kN）

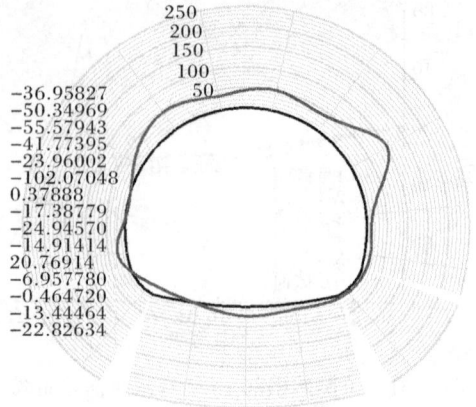

图 5.35　工况四丧失承载力前轴力包络图
（单位：kN）

250
200
150
100
50

−36.95827
−50.34969
−55.57943
−41.77395
−23.96002
−102.07048
0.37888
−17.38779
−24.94570
−14.91414
20.76914
−6.957780
−0.464720
−13.44464
−22.82634

综上所述,右侧拱腰围岩浸水恶化下,当浸水宽度为 3m 时,衬砌轴力分布不均。衬砌上部受力普遍较大,使得边墙以上衬砌轴力普遍大于拱脚与仰拱,同时浸水侧压力大于未浸水侧,拱顶最大轴力偏向于浸水侧。衬砌拱脚下部和相连的仰拱位置呈受拉状态。随着浸水宽度的增加和围岩的持续恶化,浸水侧拱肩与拱脚所受压力增大,在浸水侧拱肩和拱脚的压力挤压下,浸水侧拱腰位置轴力激增,同时在衬砌上部的整体左移和围岩的抵抗作用下,未浸水侧衬砌拱肩轴力也有较大增加。拱脚与仰拱轴力分布形式基本未变,轴力量值有少量增加。

5) 工况五:一侧(右侧)拱脚浸水与另一侧(左侧)拱腰浸水

图 5.36 为工况五拱部 1～6 号截面轴力曲线。可以看出,除 5 号截面外,衬砌拱部截面轴力变化规律一致且浸水前量值相当。未浸水到浸水 1m 时,拱部所有截面轴力增大速度减缓,这与拱部荷载在浸水开始后略有减小有关,但随着荷载的施加,轴力的增速逐渐增大。前期衬砌开裂对拱部轴力影响很小,后期裂缝的密集出现,拱部轴力出现波动。

图 5.37 为工况五边墙 7～10 号截面轴力曲线。可以看出,边墙 4 个截面所有轴力在各阶段内受力均为负值,呈受压状态,7 号和 8 号截面从第一加载阶段开始轴力增速大于 9 号和 10 号截面,当浸水后,7 号截面增速逐渐增大。第三条裂缝出现后,8 号截面轴力增速也开始增大。9 号和 10 号截面在浸水后轴力有所波动,但变化不大,始终保持逐渐增大态势发展。在量值方面,7 号截面始终最大,其次是 8 号截面,接着是 9 号截面,最后是 10 号截面。与前面四种工况相比,一侧(右侧)拱脚浸水与另一侧(左侧)拱腰浸水工况下边墙 4 个截面轴力值只小于一侧拱腰浸水工况。

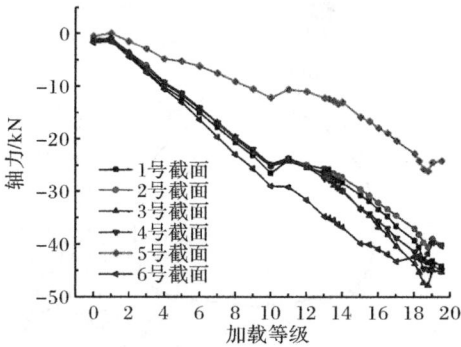

图 5.36　工况五拱部 1～6 号截面轴力曲线　　图 5.37　工况五边墙 7～10 号截面轴力曲线

图 5.38 为工况五拱脚与仰拱 11～15 号截面轴力曲线。可以看出,除 1～3 号裂缝接连开裂外(横坐标 13～14),其他阶段拱脚及边墙均呈受压状态。整体而言,仰拱中心附近轴力最大,拱脚处较小。1～3 号裂缝分别为衬砌内侧两拱脚与边墙接连处和拱顶左侧拱肩,三者连接开裂,致使拱架和边墙轴力发生较大突增,但随着荷载的继续施加,轴力值又减小。

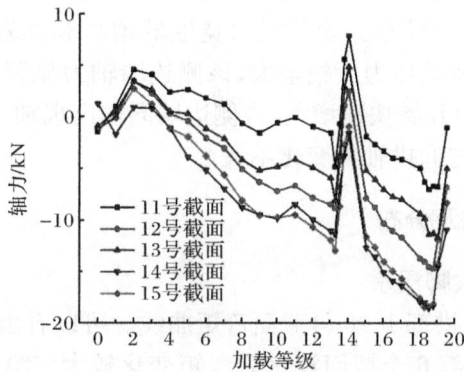

图 5.38　工况五拱脚与仰拱 11～15 号截面轴力曲线

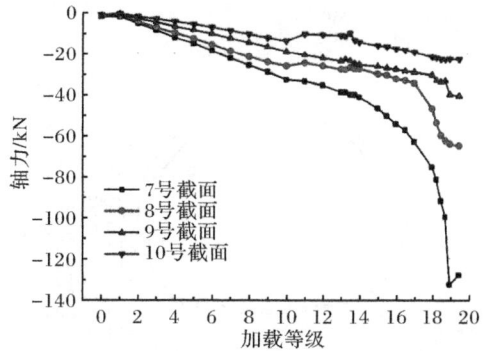

为了更加形象地表征衬砌内力分布情况,挑选浸水 3m 和丧失承载力前两种情况绘制衬砌轴力包络图,如图 5.39 和图 5.40 所示。图中数值为轴力,从上至下依次是 1～15 号截面对应的量值。

可以看出,一侧(右侧)拱脚浸水与另一侧(左侧)拱腰浸水工况下,浸水 3m 时衬砌拱部轴力分布较为均匀,左侧边墙上部轴力较大,拱脚和仰拱位置轴力相对较小。衬砌丧失承载力前,左侧拱腰浸水一侧边墙上部轴力远大于其他位置,拱部衬砌轴力分布仍然均匀,仰拱轴力变化不大。

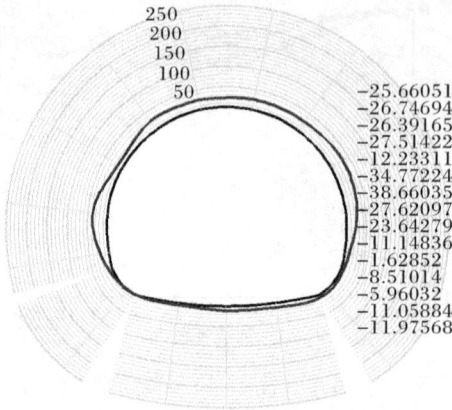

图 5.39 工况五 3m 浸水轴力包络图
（单位：kN）

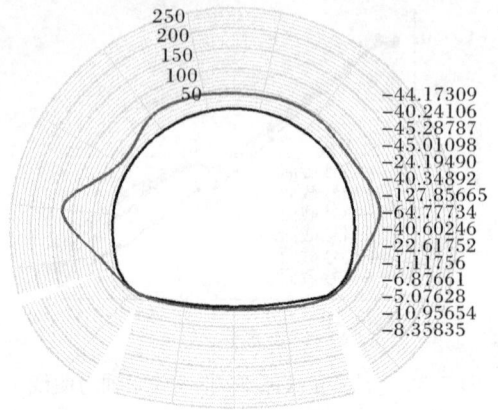

图 5.40 工况五丧失承载力前轴力包络图
（单位：kN）

综上所述，右侧拱脚围岩与左侧拱腰围岩同时浸水下，衬砌两侧浸水 3m 时，拱腰浸水侧拱肩与拱脚所受压力较大，两者上下挤压同侧边墙，拱腰浸水侧边墙位置轴力较大。拱脚浸水侧拱肩至边墙压力没有显著增大，衬砌轴力分布较为均匀，拱脚与仰拱衬砌轴力较小。随着浸水宽度的增加和围岩恶化的持续发展，拱腰浸水侧拱肩与拱脚所受压力大幅增大，该侧边墙轴力显著增大。拱脚浸水侧拱腰位置浸水 3m 后压力开始快速增大，该侧边墙同样出现轴力增大现象，但轴力小于拱腰浸水侧。拱脚与仰拱轴力变化不大。

5.3.2 衬砌弯矩变化及分布

1）工况一：两侧拱脚浸水

图 5.41 为工况一拱部 1～6 号截面弯矩曲线。可以看出，不同于轴力曲线，两侧拱脚浸水工况下拱部 6 个截面浸水后弯矩变化较大。第一加载阶段全部截面弯矩基本呈线性变化，1～4 号截面呈正弯矩，衬砌向内弯曲，5 号和 6 号截面为负弯矩，衬砌向外弯曲。量值方面，拱顶最大，然后是拱肩与拱腰。浸水后，除 3 号与 4 号截面外，其他截面弯矩均有减小。浸水 4m 时（横坐标 14 前），衬砌开裂，所有截面弯矩陡然增大，对比浸水 1～5m 的弯矩量值，浸水过程中衬砌弯矩出现波动，但整体量值始终呈增大趋势。第三加载阶段中，3 号和 4 号截面弯矩量值最大，达到 0.3kN·m；拱顶 1 号和 2 号截面弯矩减小，并且弯曲方向发生改变；拱腰 5 号和 6 号截面弯矩发展规律与 1 号和 2 号截面相同；3 号和 4 号截面正弯矩始终增大。第三加载阶段前期（横坐标 17～18），左侧边墙上部衬砌外侧开裂，3 号和 5 号截面弯矩变化趋势发生明显改变，弯矩减小的速率放缓。

图 5.42 为工况一边墙 7～10 号截面弯矩曲线。可以看出，两侧拱脚浸水工况

下,衬砌边墙对称位置弯矩基本相同,7 号和 8 号截面弯矩比 9 号和 10 号截面大很多。浸水 4m 前,两侧边墙弯矩全部为负,衬砌向外弯曲,右侧边墙裂缝开裂后,7 号和 8 号截面弯矩明显增大,9 号和 10 号截面弯矩由负变正,衬砌向内弯曲。

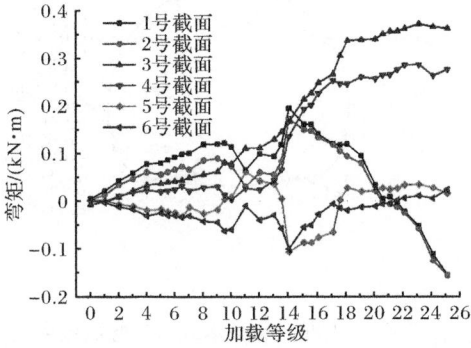

图 5.41　工况一拱部 1～6 号截面弯矩曲线　　图 5.42　工况一边墙 7～10 号截面弯矩曲线

　　图 5.43 为工况一拱脚与仰拱 11～15 号截面弯矩曲线。可以看出,衬砌两侧拱脚弯矩为负,向外弯曲,仰拱弯矩为正,向内弯曲。左侧拱脚 11 号截面弯矩值呈现与轴力值相似的变化规律,其他位置弯矩基本在 0.3kN·m 以内。

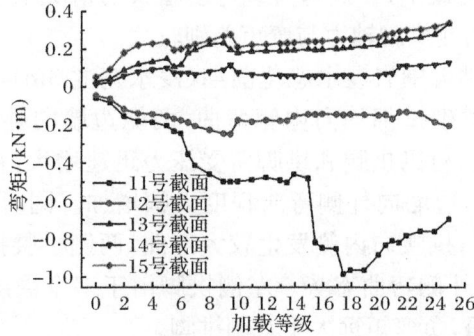

图 5.43　工况一拱脚与仰拱 11～15 号截面弯矩曲线

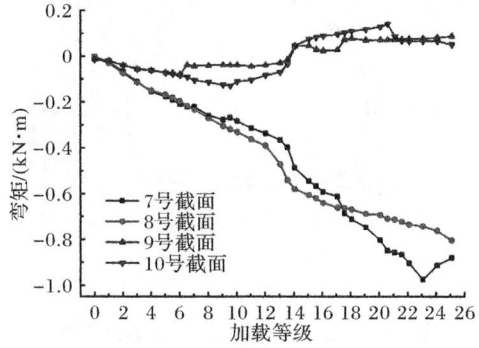

　　为了更加形象地表征衬砌内力分布情况,挑选浸水 3m 和丧失承载力前两种情况绘制衬砌弯矩包络图,如图 5.44 和图 5.45 所示。图中数值为弯矩,从上至下依次是 1～15 号截面对应的量值。

　　可以看出,浸水 3m 时,衬砌拱部向内弯曲,量值相对较小。边墙上部及两侧拱脚向外弯曲且量值相对较大,仰拱向内侧弯曲。对比丧失承载力前衬砌弯矩包络图可发现,衬砌边墙上部和两侧拱脚及仰拱弯矩均有较大增加,边墙下部弯矩变化较小,值得注意的是,衬砌拱顶开始向外侧弯曲,拱部拱肩出现反弯点,这对拱部衬砌承载力将产生不利影响。

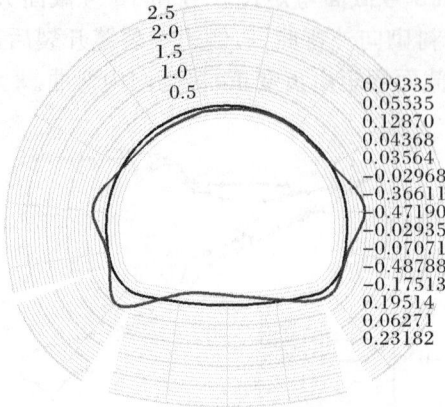

图 5.44　工况一 3m 浸水弯矩包络图
（单位：kN·m）

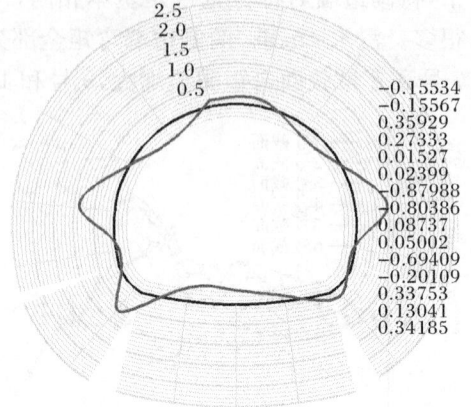

图 5.45　工况一丧失承载力前弯矩包络图
（单位：kN·m）

如果隧道内路面存在，拱脚和仰拱稳定性良好，衬砌拱腰位置继续向内侧弯曲，那么拱顶外侧和边墙外侧拉裂缝将继续发展，由于衬砌向内侧临空面弯曲更加容易，最终很可能在拱腰位置发生破坏，拱腰位置将是衬砌后期破坏的危险位置，左侧拱脚开裂时间最早，在拱脚荷载持续增大的情况下，裂缝始终发展，左侧裂缝大于右侧，造成两侧拱脚轴力与弯矩差别较大。

综上所述，两侧拱脚围岩浸水恶化前期（浸水宽度 3m），除左侧拱脚外，衬砌弯矩分布基本对称，衬砌拱部均向内侧弯曲，两侧边墙向外侧弯曲且弯矩较大。随着围岩的继续恶化，衬砌拱腰和拱脚所受压力迅速增大，衬砌边墙在拱部和拱脚压力的上下挤压下，边墙向外侧弯曲程度大幅增加。同时，衬砌拱部在两侧拱腰位置压力的作用下，拱腰向内侧发生较大弯曲，两侧拱腰挤压拱顶使得拱顶在下沉过程中呈现出向外侧弯曲态势。左侧拱脚由于多个裂缝的开裂与裂缝之间的交织，拱脚弯曲严重，负弯矩远大于右侧拱脚。

2）工况二：两侧拱腰浸水

图 5.46 为工况二拱部 1～6 号截面弯矩曲线。可以看出，拱腰 5 号和 6 号截面弯矩始终为负，拱腰向内弯曲。拱顶 1 号和 2 号截面弯矩始终为正，拱顶向外弯曲。拱肩 3 号和 4 号截面在第一加载阶段和浸水阶段内弯矩始终为正，向外弯曲，随着荷载增大，第三加载阶段内拱肩弯矩由正转负，衬砌向外弯曲。值得注意的是，拱腰浸水 2～3m 时（横坐标 12～13），拱部 6 号截面弯矩突然增大，其后拱顶与拱腰弯矩增大速率变缓，拱肩弯矩开始减小，这一过程中无裂缝开裂，衬砌拱肩所受荷载在浸水 3m 后开始减小，浸水下衬砌受力的改变引起了弯矩突变。纵观工况一与工况二中衬砌相同截面轴力与弯矩值发现，拱部轴力和弯矩值两者相当，且大体变化规律相似。

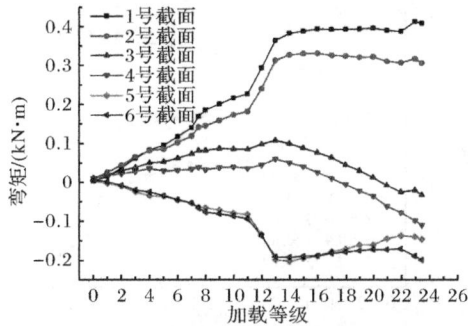

图 5.46　工况二拱部 1~6 号截面弯矩曲线

图 5.47 为工况二边墙 7~10 号截面弯矩曲线。可以看出,边墙 4 个截面弯矩均为负,衬砌向外侧弯曲。边墙上部截面弯矩值小于下部,7 号和 8 号截面在浸水 3m(横坐标 13)后,弯矩均开始减小。对比工况一和工况二边墙弯矩曲线发现,浸水 3m 前,两工况相同位置弯矩值相当。

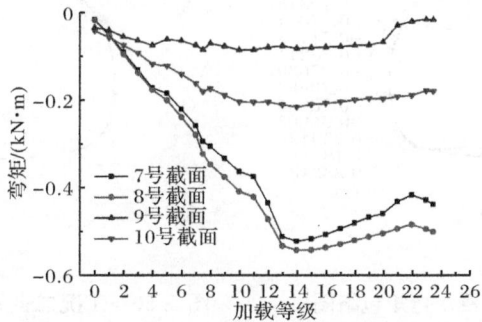

图 5.47　工况二边墙 7~10 号截面弯矩曲线

图 5.48 为工况二拱脚与仰拱 11~15 号截面弯矩曲线。可以看出,两侧拱脚 11 号和 12 号截面弯矩为负,拱脚向外弯曲,仰拱处 3 个截面弯矩为正,衬砌向内弯曲。仰拱 3 个截面各加载阶段弯矩量值相差不大,但左右两侧拱脚弯矩相差较大。特别是加载后期左侧拱脚内侧开裂后,11 号截面弯矩突然增大。

为了更加形象地表征衬砌内力分布情况,挑选浸水 3m 和丧失承载力前两种情况绘制衬砌弯矩包络图,如图 5.49 和图 5.50 所示。图中数值为弯矩,从上至下依次是 1~15 号截面对应的量值。

可以看出,浸水 3m 时和丧失承载力前弯矩在分布特征上没有明显区别,只是在量值上丧失承载力前弯矩明显较大。同时左侧拱脚的弯矩值发展较快。仍假设隧道内路面存在,拱脚和仰拱稳定性良好,衬砌拱顶位置继续向内侧弯曲,那么两侧衬砌拱腰外侧裂缝将继续发展,由于衬砌向内侧临空面弯曲更加容易,最终衬

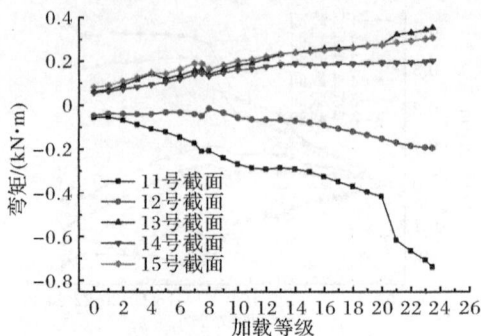

图 5.48　工况二拱脚与仰拱 11～15 号截面弯矩曲线

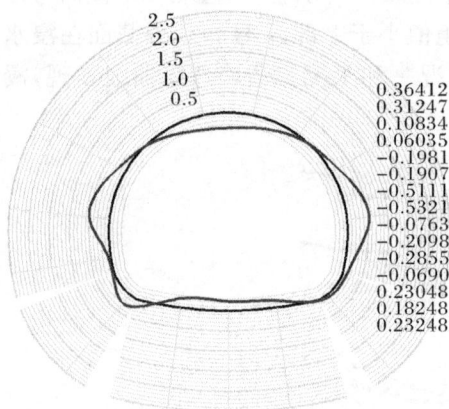

图 5.49　工况二 3m 浸水弯矩包络图
（单位：kN·m）

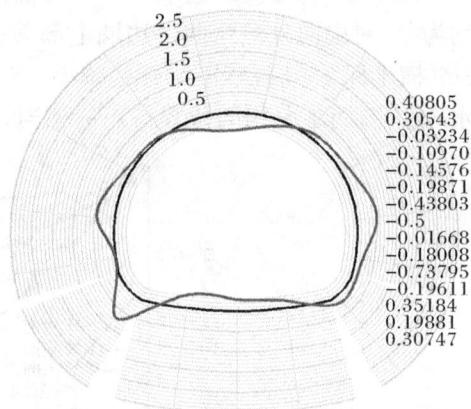

图 5.50　工况二丧失承载力前弯矩包络图
（单位：kN·m）

砌很可能在拱顶位置发生破坏，拱顶位置将是衬砌失稳的危险位置。

综上所述，衬砌两侧拱腰围岩浸水恶化下，当浸水宽度为 3m 时，衬砌弯矩基本呈对称分布，衬砌拱顶、拱肩与仰拱向内侧弯曲，两侧拱腰与边墙向外侧弯曲，其中边墙弯矩较大，随着浸水宽度的增加和围岩的继续恶化，衬砌拱顶与拱肩所受压力持续大幅增大，在拱部和两侧拱脚的较大压力作用下，衬砌两侧拱腰、边墙和拱脚均开始向外侧弯曲，向外侧弯曲的衬砌面积明显增大，但弯矩量值没有明显改变。左侧拱脚由于多个裂缝的开裂和裂缝之间的交织，拱脚弯曲严重，其弯矩远大于右侧拱脚。

3）工况三：一侧（右侧）拱脚浸水

图 5.51 为工况三拱部 1～6 号截面弯矩曲线。可以看出，第一加载阶段中拱部 6 个截面的弯矩基本呈线性变化，3 号和 4 号截面弯矩为负，向外弯曲，拱顶 1 号和 2 号截面弯矩为正，向内弯曲。浸水后，1 号、2 号、5 号、6 号截面弯矩略有减

小,1 号和 2 号截面正弯矩逐渐变小最后转为负弯矩,由向内弯曲变为向外弯曲。与两侧浸水工况相比,一侧拱脚浸水工况下拱腰处负弯矩比前者大将近 4 倍,前者最大为 0.2kN·m,后者最大达到 0.8kN·m。

图 5.52 为工况三边墙 7～10 号截面弯矩曲线。可以看出,9 号和 10 号截面弯矩始终为正,该处衬砌向内弯曲,两截面弯矩始终相差不大,浸水 3m 时,右侧边墙荷载由于浸水减少,8 号截面弯矩开始增大,按照等规律加载 1 次时,边墙外侧拉裂,8 号截面外侧增大速度加快。与之对应的 7 号截面自边墙荷载减小后,弯矩开始减小,最终弯矩值由负变正。

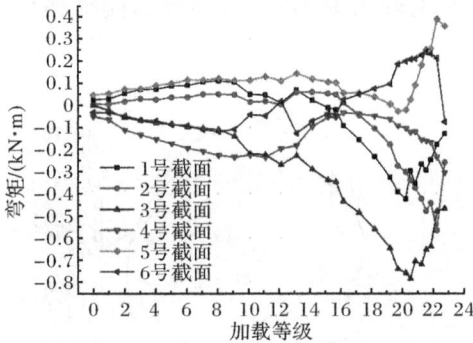

图 5.51　工况三拱部 1～6 号截面弯矩曲线　　图 5.52　工况三边墙 7～10 号截面弯矩曲线

图 5.53 为工况三拱脚与仰拱 11～15 号截面弯矩曲线。可以看出,两侧拱脚与仰拱中心位置弯矩为负,衬砌向外弯曲,仰拱两侧 13 号和 14 号截面自浸水后,弯矩为正,衬砌向内侧弯曲。不同于轴力,未浸水一侧拱脚弯矩大于浸水一侧拱脚。

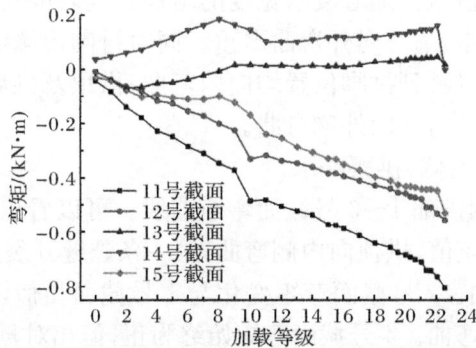

图 5.53　工况三拱脚与仰拱 11～15 号截面弯矩曲线

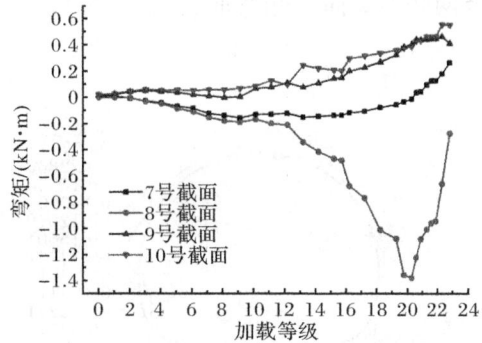

为了更加形象地表征衬砌内力分布情况,挑选浸水 3m 和丧失承载力前两种情况绘制衬砌弯矩包络图,如图 5.54 和图 5.55 所示。图中数值为弯矩,从上至下

依次是 1～15 号截面对应的量值。

可以看出,右侧拱脚 3m 浸水情况下衬砌弯矩分布较为复杂,拉压转换位置较多,边墙与拱脚位置向外弯曲量值较大。衬砌丧失承载力前弯矩量值普遍增大,其中右侧拱肩、边墙上部增大最多。衬砌左侧拱腰及边墙、右侧拱腰位置向内弯曲,值得注意的是,衬砌右侧拱肩和边墙上部向外弯曲量值较大,故该处衬砌外侧均有开裂,这种情况下右侧拱腰向内侧弯曲变形将更加容易,所以最终浸水一侧拱腰位置失稳,导致衬砌丧失承载力。

综上所述,右侧拱脚围岩浸水 3m 时,衬砌弯矩基本呈对称分布,浸水侧边墙及两侧拱脚向外侧弯曲较大,其原因与该处轴力较大原因一致,为浸水侧拱脚与

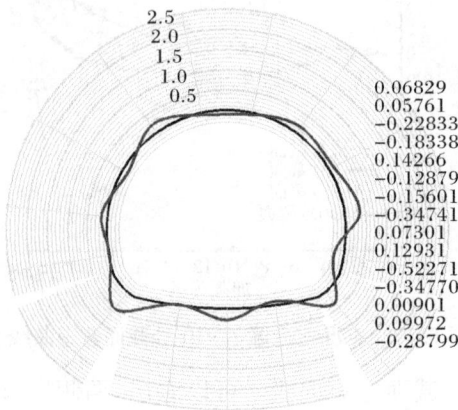

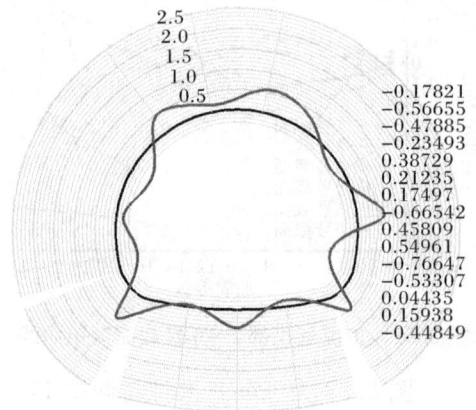

图 5.54　工况三 3m 浸水弯矩包络图	图 5.55　工况三丧失承载力前弯矩包络图
(单位:kN·m)	(单位:kN·m)

拱腰较大压力的上下挤压。随着浸水宽度的增加和围岩的持续恶化,浸水侧拱腰与拱脚处向内弯曲严重,边墙向外弯曲严重。同时衬砌边墙以上整体向未浸水侧的位移使得未浸水侧拱腰到拱脚位置均向内弯曲,拱顶及拱肩位置在浸水侧较大压力和未浸水侧围岩抗力下向外侧弯曲。

4)工况四:单侧(右侧)拱腰浸水

图 5.56 为工况四拱部 1～6 号截面弯矩曲线。可以看出,浸水 3m 前,拱部 1 号和 2 号截面弯矩为正值,拱顶向内侧弯曲,第一条裂缝开裂后 1 号截面弯矩变为负值,该处向外侧弯曲。2 号截面弯矩变化与 1 号截面相似,但弯矩减小量较小,该处衬砌始终向内侧弯曲。4 号截面弯矩始终为正,但相对量值偏小。3 号、5 号、6 号截面弯矩始终为负,衬砌向外侧弯曲。第一条裂缝出现后,正弯矩减小,负弯矩普遍增大。3 号截面弯矩变化最大,右侧拱脚外侧裂缝开裂后,弯矩值加速增大,直至新的裂缝产生。拱部最大弯矩值远大于前面三种工况的最大弯矩。

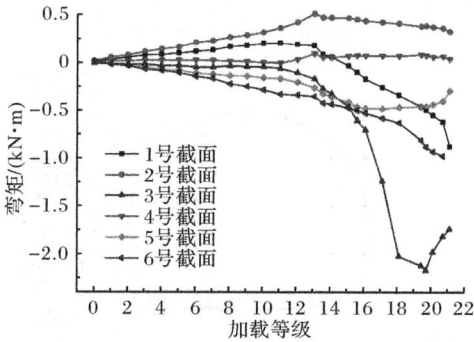

图 5.56　工况四拱部 1~6 号截面弯矩曲线　　图 5.57　工况四边墙 7~10 号截面弯矩曲线

图 5.57 为工况四边墙 7~10 号截面弯矩曲线。可以看出,边墙上部 7 号和 8 号截面弯矩始终为负值,衬砌向外侧弯曲;边墙下部 9 号和 10 号截面弯矩始终为正值,衬砌向内侧弯曲。第一条裂缝开裂后,边墙上部截面弯矩值停止增大转而稳定;而边墙下部截面弯矩值压裂缝出现前始终增大。

图 5.58 为工况四拱脚与仰拱 11~15 号截面弯矩曲线。可以看出,仰拱 3 个截面弯矩始终为正且逐渐增大,截面向内弯曲,两侧拱脚弯矩相当且逐渐增大,始终为负,衬砌向外侧弯曲,裂缝开裂对拱脚和仰拱的弯矩影响较小,只是出现波动,无突增和突减现象发生。

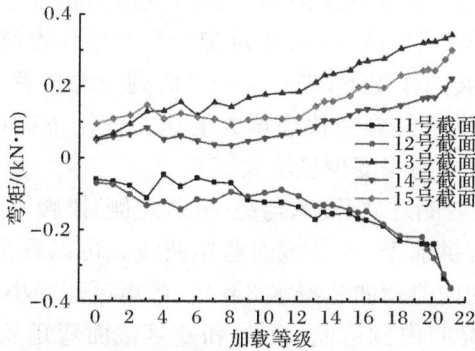

图 5.58　工况四拱脚与仰拱 11~15 号截面弯矩曲线

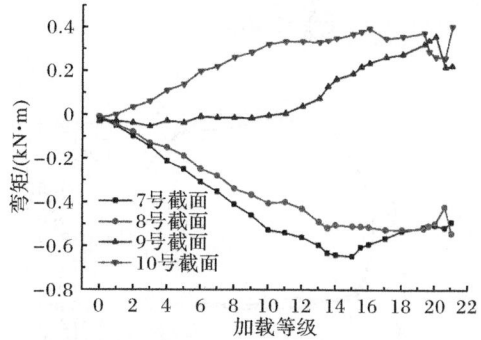

为了更加形象地表征衬砌内力分布情况,挑选浸水 3m 和丧失承载力前两种情况绘制衬砌弯矩包络图,如图 5.59 和图 5.60 所示。图中数值为弯矩,从上至下依次是 1~15 号截面对应的量值。

可以看出,右侧拱腰浸水 3m 情况下,衬砌拱顶向内弯曲,两侧拱腰及边墙上部向外弯曲,弯矩较大。随着荷载的增大,衬砌丧失承载力前,衬砌弯矩分布形式

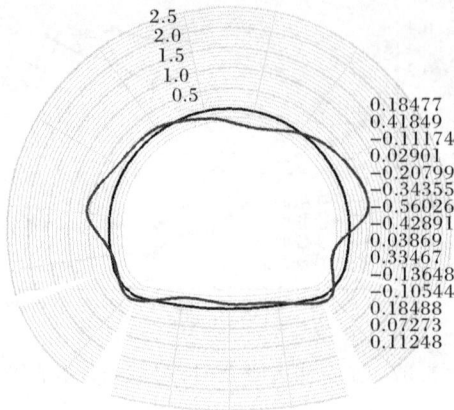

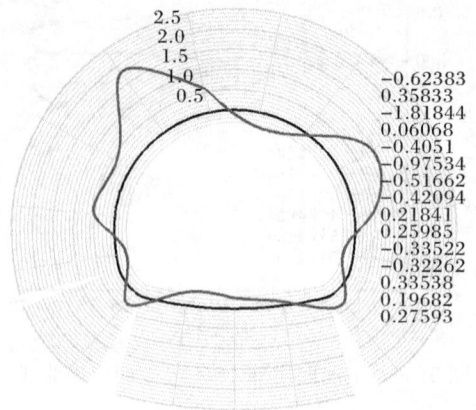

图 5.59　工况四 3m 浸水弯矩包络图	图 5.60　工况四丧失承载力前弯矩包络图
（单位：kN·m）	（单位：kN·m）

发生较大变化，浸水一侧拱肩位置由向外弯曲变为向内弯曲，左侧拱肩、拱腰和右侧拱腰位置向外弯曲且弯矩增大明显，远大于其他位置。最终衬砌在浸水一侧拱肩位置发生破坏。

综上所述，右侧拱腰围岩浸水恶化下，当浸水宽度为 3m 时，衬砌弯矩分布大体对称，浸水侧拱肩、拱腰和拱脚位置弯曲程度大于未浸水侧。随着浸水宽度的增加和围岩的持续恶化，浸水侧拱肩与拱脚所受压力增加较大，使得浸水侧拱腰位置向外侧弯曲程度快速发展，同时在衬砌上部的整体左移、围岩的抵抗作用和未浸水侧拱脚压力的共同作用下，未浸水侧拱肩到边墙位置全部向外弯曲且弯曲程度较严重。浸水侧拱肩位置在快速增大的压力作用下向内侧弯曲。拱脚与仰拱弯曲方向始终未变，弯曲程度少量增大。

5）工况五：一侧（右侧）拱脚浸水与另一侧（左侧）拱腰浸水

图 5.61 为工况五拱部 1～6 号截面弯矩曲线。可以看出，2 号和 4 号截面前期加载时弯矩为正，向内侧弯曲。浸水 3m 后，弯矩逐渐变小，最终由正转负，向外侧弯曲。3 号截面始终向内侧弯曲。1 号和 6 号截面弯矩始终为负，且浸水后加速增大，5 号截面也始终为负，但量值小于 1 号和 6 号截面。裂缝开裂没有改变截面弯矩的增大或减小趋势，只是出现了小范围波动，未影响量值变化趋势。

图 5.62 为工况五边墙 7～10 号截面弯矩曲线。可以看出，7 号和 8 号截面弯矩始终为负，边墙上部截面向衬砌外侧弯曲；9 号和 10 号截面弯矩基本为正，边墙下部截面向衬砌内侧弯曲。7 号和 8 号截面弯矩远大于 9 号和 10 号截面，浸水过程中，边墙 4 个截面弯矩均有波动，但增速变化不大。

图 5.63 为工况五拱脚与仰拱 11～15 号截面弯矩曲线。可以看出，衬砌两侧不同位置浸水工况下，拱脚和仰拱弯矩变化较为复杂，整体而言，浸水开始后，两

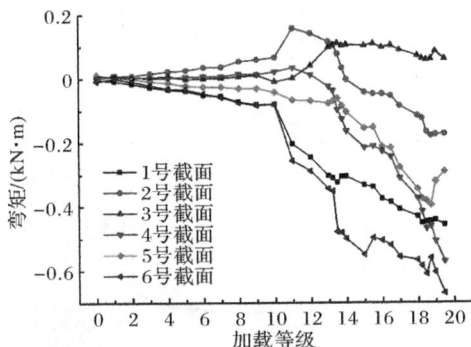

图 5.61　工况五拱部 1～6 号截面弯矩曲线

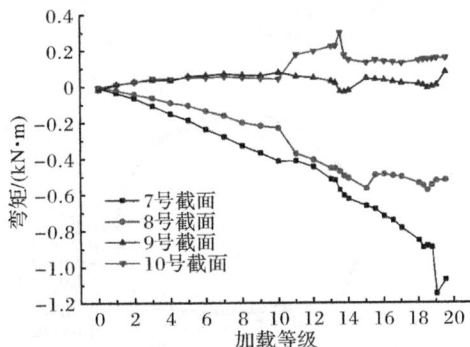

图 5.62　工况五边墙 7～10 号截面弯矩曲线

侧拱脚 11 号和 12 号截面弯矩始终为负,拱脚向衬砌外侧弯曲;仰拱 13 号和 15 号截面弯矩始终为正,仰拱向衬砌内侧弯曲。值得注意的是,1 号、2 号、3 号裂缝接连开裂(横坐标 13～14)对拱脚与仰拱弯矩也有较大影响,负弯矩减小、正弯矩增大。

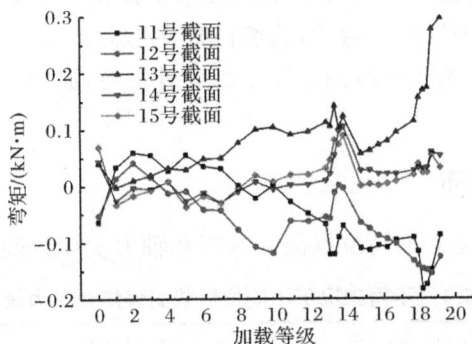

图 5.63　工况五拱脚与仰拱 11～15 号截面弯矩曲线

为了更加形象地表征衬砌内力分布情况,挑选浸水 3m 和丧失承载力前两种情况绘制衬砌弯矩包络图,如图 5.64 和图 5.65 所示。图中数值为弯矩,从上至下依次是 1～15 号截面对应的量值。

可以看出,一侧(右侧)拱脚浸水与另一侧(左侧)拱腰 3m 浸水情况下,衬砌拱部出现反弯,左侧拱顶向外弯曲,右侧拱顶向内弯曲。右侧拱脚浸水一侧衬砌拱腰和边墙上部向外弯曲量值较大,而左侧拱腰浸水一侧衬砌拱腰向内弯曲。衬砌丧失稳定性前,衬砌弯矩分布规律变化不大,但量值有较大增加,同时右侧拱顶位置反弯点消失,拱顶统一向外侧弯曲,拱脚和仰拱位置弯矩仍然不大。

综上所述,右侧拱脚围岩与左侧拱腰围岩同时浸水下,衬砌两侧浸水 3m 时,拱腰浸水侧拱肩与拱脚所受压力较大,两者上下挤压左侧边墙,使得拱腰浸水侧

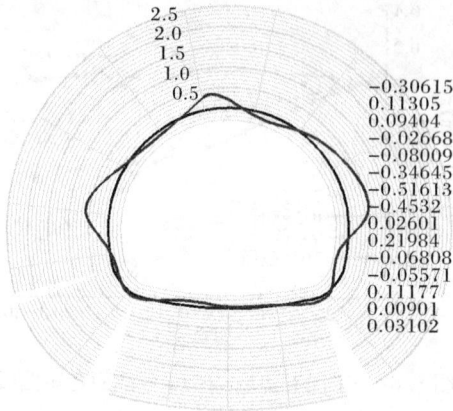

图 5.64　工况五 3m 浸水弯矩包络图
（单位:kN·m）

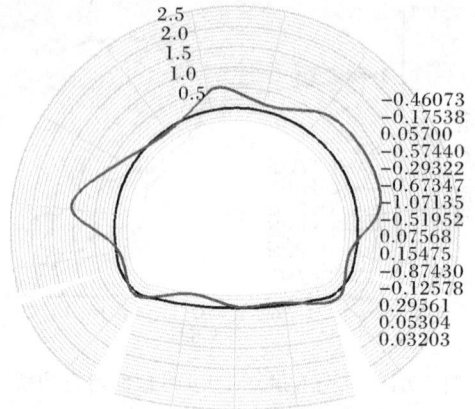

图 5.65　工况五丧失承载力前弯矩包络图
（单位:kN·m）

边墙向外弯曲严重,同时拱腰位置向内侧弯曲。在拱脚浸水侧拱腰与拱脚压力作用下,边墙与拱腰向衬砌外侧弯曲。随着浸水宽度的增大和围岩的持续恶化,拱腰浸水侧拱肩位置向内侧发生弯曲,边墙向外侧弯曲严重。衬砌上部整体向拱脚浸水侧位移,拱脚浸水侧从拱肩到边墙全部向外侧弯曲。拱脚与仰拱位置弯矩始终不大。

5.3.3　内力变化及分布

表 5.1 为不同工况下不同位置截面弯矩和轴力变化区间的统计。

表 5.1　不同工况下不同位置截面弯矩和轴力统计

衬砌位置	内力	量值范围				
		工况一	工况二	工况三	工况四	工况五
1~6 号截面	弯矩/(kN·m)	−0.2~0.4	−0.20~0.41	−0.76~0.38	−2.2~0.5	−0.67~0.16
	轴力/kN	−55.2~−12.8	−54.1~−14.6	−121.5~2.2	−102.1~−1.2	−45.3~−0.97
7~10 号截面	弯矩/(kN·m)	−1.0~0.1	−0.54~−0.02	−1.38~0.55	−0.65~0.4	−1.15~0.3
	轴力/kN	−148.9~−0.9	−50.7~−1.2	−250.8~−2.3	−43.0~1.0	−132.5~−0.76
11~15 号截面	弯矩/(kN·m)	−0.96~0.3	−0.74~0.35	−0.8~0.18	−0.35~0.35	−0.18~0.3
	轴力/kN	−140.0~−1.2	−58.9~1.3	−78.2~23.5	−25.4~22.1	−18.5~7.8

从不同浸水工况下衬砌内力量值范围对比可知,衬砌拱部在工况四(一侧拱腰浸水)内力最大,其次为工况三(一侧拱脚浸水);衬砌边墙在工况三(一侧拱脚浸水)内力最大,其次为工况一(两侧拱脚浸水)和工况五(一侧拱脚浸水与另一侧拱腰浸水);拱脚和仰拱在工况一(两侧拱脚浸水)内力最大,其次为工况三(一侧

拱脚浸水）。

从荷载对称和偏压角度分析可知，一侧浸水工况即偏压荷载下，衬砌拱部和边墙受力较为不利；两侧相同位置浸水工况即对称荷载下，衬砌拱脚和仰拱受力较为不利；两侧不同位置浸水工况下，衬砌受力介于两者之间。

通过以上分析可知，不同浸水工况下衬砌内力分布特征各有不同，但同时也存在一些共性现象，例如，裂缝开裂对开裂处衬砌表面应变影响十分显著，但对衬砌内力的影响比较小，同时衬砌开裂对应力应变影响范围比内力影响范围更广。对比衬砌开裂前后轴力和弯矩曲线变化情况发现，整体而言，弯矩比轴力对衬砌的开裂更为敏感，量值波动更为明显。

5.4　小　　结

本章基于围岩浸水恶化下黄土隧道衬砌内外侧应变和 15 个关键截面的内力情况，分析研究了不同浸水工况下衬砌内外侧应变、衬砌轴力与弯矩的变化规律及分布特征。

本章主要结论如下：

(1) 不同浸水工况下衬砌应变分布规律及特征。

衬砌边墙内外侧分别为衬砌最大压应变与最大拉应变的发生位置。衬砌内侧拱顶始终以受拉为主，拱脚处始终存在拉压转换现象，即拱脚上端与下端在较小范围内分别受压或受拉，且上下端应变值变化相对较大。衬砌仰拱内侧始终受拉，外侧始终受压。

拱脚围岩浸水下，单侧浸水与两侧同时浸水在浸水侧衬砌应变分布规律基本一致，拱脚浸水对浸水侧拱腰和拱脚的应变变化有较大影响。

拱腰围岩浸水下，单侧浸水与两侧浸水拱部最大拉应变始终发生在拱顶位置，但单侧浸水下，拱部拉应变量值大于两侧浸水，同时前者拱肩拉应变的增大幅度也大于后者。拱腰浸水对浸水侧拱肩、边墙和未浸水侧拱脚应变变化有较大影响，拱腰浸水的影响位置多于拱脚浸水。

隧道两侧不同位置同时浸水下，拱脚浸水侧拱肩内侧受压，而拱腰浸水侧拱肩内侧受拉。拱腰浸水侧拱肩存在拉压转换现象，这是拱腰与拱脚同时浸水对拱肩内侧的相反作用的协调结果。

单侧浸水与双侧浸水相比，单侧浸水下衬砌受压区变小，前者衬砌拉应变量值普遍大于后者，同时除拱腰浸水对未浸水侧拱脚应变有影响外，较大应变发生位置均处于浸水侧。

(2) 不同浸水工况下衬砌轴力变化规律及分布特征。

衬砌两侧拱脚或拱腰围岩浸水恶化前期，除左侧拱脚外，衬砌轴力呈对称分布,拱部轴力普遍较大。左侧仰拱与拱脚最先开裂,开裂后左侧拱脚轴力快速增大。随着围岩的持续恶化,衬砌拱腰与拱脚所受压力大幅增加,并对衬砌呈上下挤压态势,衬砌轴力"转嫁"到边墙位置,衬砌两侧边墙上部轴力急剧增大。由于两侧拱腰围岩浸水下衬砌各位置所受压力明显小于两侧拱脚围岩浸水,两侧拱腰围岩浸水下边墙轴力增大量不大,两侧拱脚围岩浸水下边墙上部轴力分布明显凸起。衬砌其他位置轴力均有增大,除左侧拱脚轴力大于右侧拱脚2倍以上外,衬砌对称位置轴力增大幅度基本一致。

右侧拱脚围岩浸水恶化前期,未浸水侧拱肩、拱腰及边墙位置轴力分布均匀。浸水侧拱腰位置受力增大,拱腰向内受到挤压,上部拱顶与下部边墙轴力增大,而受到较大荷载作用的拱腰位置轴力相对较小。随着围岩的持续恶化,浸水侧拱脚与拱腰的压力大幅增大,上下挤压浸水侧衬砌使边墙轴力大幅增加。未浸水侧衬砌轴力变化较小。

右侧拱腰围岩浸水恶化前期,拱部衬砌轴力普遍大于拱脚与仰拱。拱顶最大轴力位置偏向于浸水侧。衬砌拱脚下部和相连的仰拱呈受拉状态。随着围岩的持续恶化,浸水侧拱腰位置轴力激增,未浸水侧衬砌拱肩轴力也有较大增加。拱脚与仰拱轴力分布形式基本不变,轴力量值少量增大。

右侧拱脚围岩与左侧拱腰围岩同时浸水恶化前期,拱腰浸水侧拱肩与拱脚所受压力较大,两者上下挤压同侧边墙,拱腰浸水侧边墙轴力较大。随着围岩的持续恶化,拱脚浸水侧浸水3m后拱腰所受压力开始快速增大,该侧边墙出现轴力增大现象,同时拱腰浸水侧边墙轴力显著增大且大于拱脚浸水侧边墙轴力。拱顶拱肩轴力平稳增大且分布均匀,拱脚与仰拱轴力变化不大。

(3) 不同浸水工况下衬砌弯矩变化规律及分布特征。

衬砌两侧拱脚或拱腰围岩浸水恶化前期,除左侧拱脚外,衬砌弯矩分布基本对称,衬砌拱顶、拱肩与仰拱向内侧弯曲,两侧拱腰与边墙向外侧弯曲,其中,边墙弯矩较大。随着围岩的持续恶化,衬砌边墙向外侧弯曲程度大幅增加。两侧拱脚浸水下拱腰向内侧发生较大弯曲,两侧拱腰挤压拱顶使拱顶在下沉过程中呈现向外侧弯曲态势。左侧拱脚弯矩远大于右侧拱脚。

右侧拱脚围岩浸水恶化前期,衬砌弯矩基本呈对称分布,浸水侧边墙及两侧拱脚向外侧弯曲较大,其原因与该处轴力较大的原因一致,为浸水侧拱脚与拱腰较大压力的上下挤压。随着围岩的持续恶化,浸水侧拱腰与拱脚处向内弯曲严重,边墙向外弯曲严重。同时衬砌边墙以上的整体向未浸水侧发生位移,致使未浸水侧拱腰到拱脚位置均向内弯曲,拱顶及拱肩在浸水侧较大压力和未浸水侧围岩抗力下向外侧弯曲。

右侧拱腰围岩浸水恶化前期,衬砌弯矩分布大体对称,浸水侧拱肩和拱脚向外侧弯曲,拱腰向内侧弯曲。随着围岩的持续恶化,浸水侧拱腰向外侧弯曲严重,同侧拱肩向内侧弯曲。同时衬砌上部整体左移,未浸水侧拱肩到边墙向外弯曲严重,拱脚与仰拱弯曲方向始终未变,弯曲程度略有增大。

　　右侧拱脚围岩与左侧拱腰围岩同时浸水恶化前期,拱腰浸水侧边墙向外弯曲严重,拱腰向内侧弯曲,拱脚浸水侧边墙与拱腰向衬砌外侧弯曲。随着围岩的持续恶化,拱腰浸水侧拱肩向内侧发生弯曲,边墙向外侧弯曲严重。衬砌上部整体向拱脚浸水侧位移,拱脚浸水侧从拱肩到边墙全部向外侧弯曲变形。拱脚与仰拱弯矩始终不大。

第 6 章　黄土围岩浸水恶化下衬砌结构性能劣化机理

6.1　概　　述

黄土围岩浸水恶化下衬砌结构性能的劣化机理是在役黄土公路隧道结构安全问题的研究重点,对其进行全面深入的研究,有利于在实际工程中对衬砌结构的开裂进行预判、分析,并采取合理有效的处置措施,从而保证结构的安全性和耐久性。近年来,农业灌溉、降水入渗、地下水位变化等围岩条件恶化导致的隧道病害屡见不鲜,大量已建黄土隧道在其运营期间出现衬砌开裂现象,部分衬砌裂缝存在渗水、白色晶体析出现象。衬砌开裂不仅影响隧道的美观和耐久性,而且破坏衬砌结构完整性,处置不及时还会造成结构的渗漏水,导致隧道中照明、通风和消防设施的锈蚀及损坏,缩短使用寿命,增加运营成本,严重情况下会造成衬砌的整体崩塌,导致巨大的经济损失和不良社会影响。因此,有必要研究黄土隧道在运营阶段衬砌结构性能劣化发展机理,为确保隧道结构在运营期的安全性和耐久性提供理论依据。

本章主要围绕五组模型破坏试验中衬砌结构的开裂过程进行分析,得到围岩浸水恶化条件下衬砌结构全生命周期的裂缝发生发展规律、开裂分布特征、能量变化规律以及衬砌劣化后的重点加固位置及目标。首先,结合衬砌结构变形对结构开裂过程进行分析,得到不同浸水工况下衬砌开裂规律;其次,对五种工况中出现的裂缝进行分类统计,研究分析不同浸水工况下衬砌裂缝的分布特征;再次,从应变角度出发,对衬砌结构开裂瞬间的整体能量和局部能量变化情况进行分析研究,并对带裂缝衬砌承担荷载比问题进行分析;最后,给出围岩浸水衬砌劣化后结构的重点加固位置及目标。

6.2　衬砌变形和裂缝发展规律

本节将结合衬砌受力,对各浸水工况下的衬砌变形和裂缝开裂顺序加以分析,旨在总结衬砌变形与开裂规律,明确不同浸水下衬砌结构性能劣化机理。

6.2.1　两侧拱脚围岩浸水

图 6.1 为两侧拱脚浸水下衬砌变形曲线及开裂时间。可以看出,第一、第二

阶段加载中衬砌两侧拱腰、两侧拱脚变形基本一致,两侧拱腰在第三阶段加载中开始产生差异,对称浸水工况下,衬砌受力对称分布,这种差异主要是衬砌开裂导致。

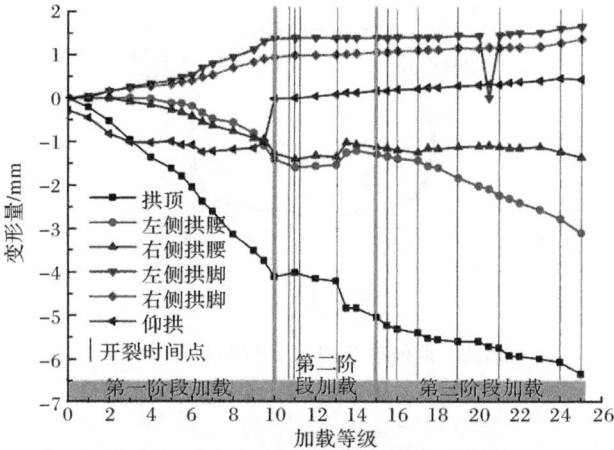

图 6.1　两侧拱脚浸水下衬砌变形曲线及开裂时间

拱顶与两侧拱腰始终向内侧变形,且拱顶变形速度和量值大于其他位置。两侧拱脚始终向外侧变形,但量值并不大。仰拱第一阶段加载中向内侧变形,但随着荷载的变化,变形由内转外,量值始终不大。

观察衬砌开裂的相对时间发现,未浸水等比加载(第一阶段加载)中未出现裂缝,浸水 1m 时,左侧拱脚开裂,浸水 3m 时右侧拱脚开裂,其他裂缝均在第三阶段加载中出现。第二、第三阶段加载中裂缝的开裂都呈现出“先急后缓”的特征,起先开裂较为密集,每个阶段加载的中后期裂缝出现的频率明显放缓。压裂缝均在衬砌失稳时出现。

拱顶在大变形下也未发生导致衬砌整体失稳的破坏,而拱脚处变形量值远小于拱顶,但仍然会发生导致衬砌失稳的破坏。这说明,衬砌失稳破坏位置与衬砌变形大小没有明显的一致性,拱顶的大变形不会导致衬砌失稳,丧失承载力,但拱脚的小变形却可以。

选取浸水 3m 与衬砌失稳前的衬砌变形值绘制衬砌变形包络图,如图 6.2 所示,浸水 3m 时的衬砌变形由实线表示,衬砌失稳前的变形由虚线表示,图中左侧与右侧的数值分别为两种情况下的衬砌拱顶、两侧拱腰、两侧拱脚和仰拱的变形量。

前已述及,两侧拱脚浸水下,二次衬砌两侧拱脚与拱腰所受压力较大,且随着浸水宽度的发展,这两处压力增速较快,而拱顶、边墙与仰拱所受压力略微增大。由图 6.1 可知,在上述荷载的作用下,二次衬砌变形基本对称,拱顶、拱肩及拱腰位置均向衬砌内侧移动,拱顶最大竖向位移达到 6.4mm。拱脚与仰拱向衬砌外侧移动,拱脚最大位移为 1.65mm。衬砌整体向下移动,两侧拱脚浸水对衬砌拱部位

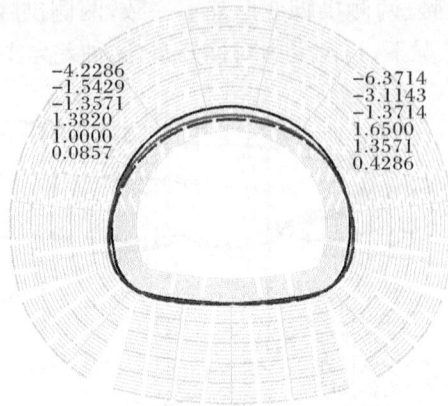

$$
\begin{array}{ll}
-4.2286 & -6.3714 \\
-1.5429 & -3.1143 \\
-1.3571 & -1.3714 \\
1.3820 & 1.6500 \\
1.0000 & 1.3571 \\
0.0857 & 0.4286
\end{array}
$$

图 6.2　两侧拱脚浸水下衬砌变形包络图

移影响较大。

　　两侧拱脚浸水工况下衬砌最终破坏于第 11 次等规律加载阶段,最终衬砌的失稳模式为左侧拱脚网状开裂瞬间失稳,如图 6.3 所示。图 6.4 为两侧拱脚浸水下衬砌裂缝分布,可以看出,衬砌加载阶段共产生 11 条裂缝,裂缝分布基本对称,其中衬砌内侧拉裂缝主要分布在拱腰和拱脚处,压裂缝主要分布在边墙位置。衬砌外侧全为拉裂缝,主要分布在拱顶、边墙和拱脚位置;内侧裂缝大于外侧。

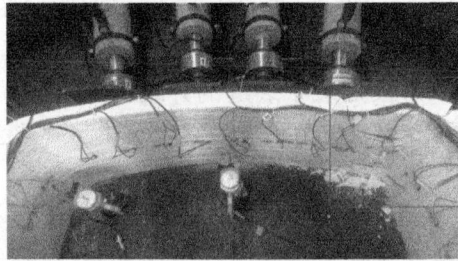

图 6.3　两侧拱脚浸水下衬砌拱脚网状开裂

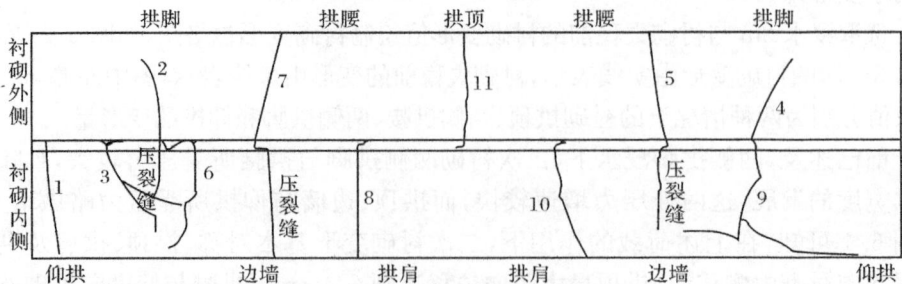

图 6.4　两侧拱脚浸水下衬砌裂缝分布

　　由裂缝开裂顺序可以看出,在某位置开裂后不再重复计数的情况下,衬砌开裂的顺序为:左侧拱脚—右侧拱脚—右侧边墙—左侧边墙—左侧拱肩—右侧拱肩—拱顶,衬砌对称位置开裂时间连续,符合本工况为对称加载工况的特征。

　　除左侧拱脚位置开裂较为严重外,仰拱以上最有可能破坏的位置为衬砌边墙,衬砌两侧边墙内外均已开裂(外拉内压)。由以往模型试验经验可知,压裂缝的产生是衬砌失稳丧失承载力的重要标志,同时考虑到实际工程运营隧道中仰拱上部均填筑路基路面,路基路面的存在对隧道拱脚和仰拱起到稳定作用,故可以认为两侧拱脚浸水黄土隧道中,衬砌破坏最不利位置为边墙。

　　衬砌外侧裂缝无法通过肉眼观察,对于隧道拱部,衬砌失稳破坏前,只能观察到拱肩位置存在裂缝,如果进行修补加固,很可能只对拱肩位置裂缝进行处理,从而将拱部开裂最为严重的边墙位置忽略,埋下隐患。

　　从裂缝的发展上看,两侧拱脚围岩浸水后,拱脚所受压力激增,造成两侧拱脚先行开裂。随着拱脚浸水宽度的发展和围岩的持续恶化,衬砌拱腰和拱脚所受压力迅速增大,边墙位置在衬砌上下挤压态势下向外侧弯曲程度加大,边墙外侧拉裂,拱腰最大荷载上移使得衬砌拱腰向内侧弯曲严重,拱腰内侧出现拉裂缝,拱部衬砌在拱腰荷载的增大下左右两侧向内挤压,致使拱顶位置向外侧弯曲,拱顶外侧混凝土拉裂。在上述过程中,最先开裂的左侧拱脚裂缝持续发展,新旧裂缝交织成网状,裂缝贯通衬砌后左侧拱脚完全破坏,衬砌失去承载能力。

　　结合第 5 章衬砌内力情况,两侧拱脚浸水下衬砌结构性能劣化机理如下:

　　衬砌两侧拱脚围岩浸水恶化下,拱脚处围岩浸水致使衬砌拱脚所受压力激增,衬砌一侧拱脚与同侧仰拱率先开裂,开裂后左侧拱脚轴力与弯矩快速增大。随着拱脚浸水宽度的发展和围岩的继续恶化,衬砌拱腰和拱脚所受压力持续增大,两者上下挤压衬砌,衬砌边墙在这种挤压态势下向外侧弯曲程度加大并且轴力增大,边墙外侧混凝土拉裂。拱腰最大荷载的上移使得衬砌拱腰向内侧弯曲严重,拱腰内侧衬砌出现拉裂缝。拱部衬砌在拱腰荷载的增大下左右两侧向内挤压,致使拱顶位置向外侧弯曲,拱顶外侧混凝土拉裂。最先开裂的左侧拱脚裂缝持续发展,新旧裂缝交织成网状,拱脚轴力猛增且弯曲严重,裂缝贯通衬砌后左侧拱脚完全破坏,衬砌失去承载能力。

6.2.2　两侧拱腰围岩浸水

　　图 6.5 为两侧拱腰浸水下衬砌变形曲线及开裂时间。可以看出,第一、第二阶段加载中两侧拱脚变形曲线相差不大,变形趋势基本一致。两侧拱腰在第一阶段加载就开始慢慢相互远离,但第二阶段加载中又向对方靠拢,第三阶段加载中又开始产生差异。

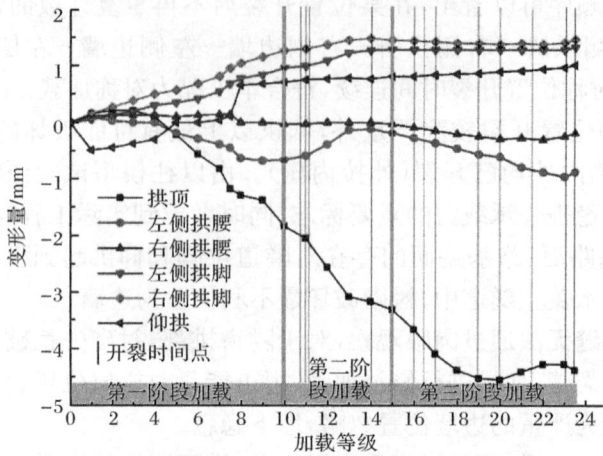

图 6.5　两侧拱腰浸水下衬砌变形曲线及开裂时间

　　拱顶与两侧拱腰向衬砌内侧变形,两侧拱脚向衬砌外侧变形。工况一与本工况同为对称工况,两者对比发现,两侧拱脚浸水(工况一)下拱顶和拱腰的变形量大于两侧拱腰浸水(工况二),两者两侧拱脚变形量相当。这说明两侧拱脚浸水下衬砌失稳前允许变形量大于两侧拱腰浸水,即两侧拱腰浸水比两侧拱脚浸水对衬砌更为不利。

　　观察衬砌开裂的相对时间发现,未浸水等比加载(第一阶段加载)中未出现裂缝,浸水 1m 时,出现 3 条裂缝,浸水 4m 时,出现 1 条裂缝,其他裂缝均在第三阶段加载中出现。第二、第三阶段加载中裂缝的开裂都呈现出“先急后缓”的特征,其中第二阶段加载更为明显,起先开裂较为密集,加载阶段的中后期裂缝出现的频率明显放缓。压裂缝均在衬砌失稳前出现,压裂缝无明显发展过程。

　　前已述及,隧道两侧拱腰围岩浸水恶化后,衬砌两侧拱脚、拱肩以及拱顶所受压力均有增大,其中浸水 3m 后,拱肩与拱顶压力增加幅度较大。由衬砌变形包络图 6.6 可知,衬砌两侧拱腰围岩浸水恶化后,衬砌拱顶、拱肩和拱腰下沉,拱顶下沉最为严重,最大下沉量达 4.37mm。边墙及仰拱向衬砌外侧移动,衬砌整体发生下沉。

　　两侧拱腰浸水下衬砌最终破坏于第 9 次等规律加载阶段,最终衬砌失稳模式为左侧拱脚网状开裂瞬间失稳,如图 6.7 所示。图 6.8 为两侧拱腰浸水下衬砌裂缝分布,由图可知,衬砌加载阶段共产生 12 条裂缝,内外侧均为 6 条。衬砌外侧开裂位置基本对称,但衬砌内侧对称性一般,主要差别在于两侧拱脚处,推测造成这一现象的原因为左侧仰拱首先开裂,左侧拱脚离开裂位置较近,受其影响,使得后期两侧拱脚开裂情况不同。

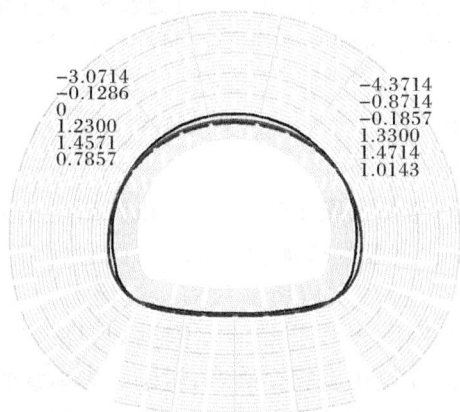

図 6.6　两侧拱腰浸水下衬砌变形包络图(单位:mm)

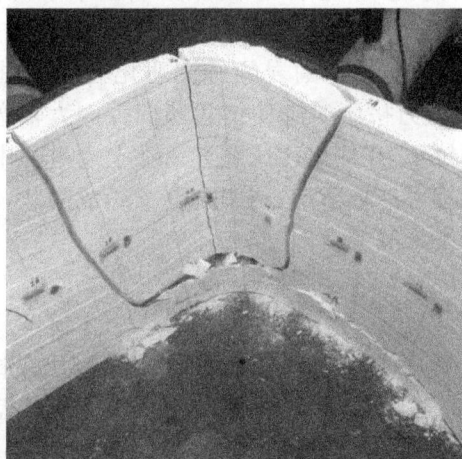

图 6.7　两侧拱腰浸水下左侧拱脚网状开裂

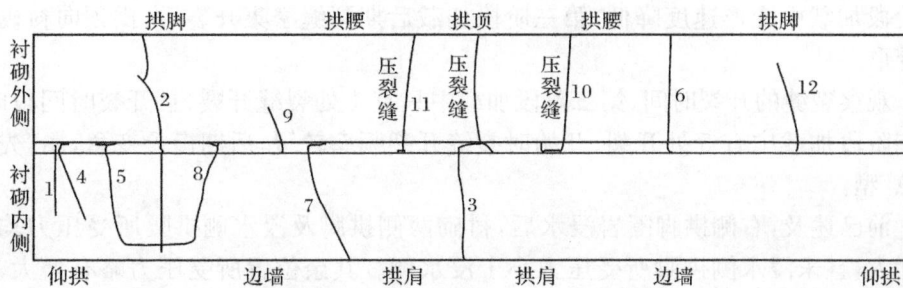

图 6.8　两侧拱腰浸水下衬砌裂缝分布

除左侧拱脚开裂严重外,衬砌拱顶位置裂缝较多,且开裂时间较早,同样考虑到仰拱上部路基路面的敷设对仰拱和拱脚的保护作用,推测两侧拱腰浸水实际工程中,衬砌破坏最不利位置为拱顶及拱肩,这与两侧拱脚浸水情况不同。衬砌失稳前有两处压裂缝(裂缝 10 和 11)出现,但其距离衬砌失稳时间较近,失稳前压裂缝没有明显的发展过程。

从裂缝的发展上看,两侧拱腰围岩浸水后,拱脚所受压力激增,造成左侧拱脚先行开裂。随着拱脚浸水宽度的增加和围岩的持续恶化,边墙向外侧大幅弯曲使得边墙外侧衬砌开裂。拱顶与拱肩所受压力持续增大,衬砌拱顶内侧拉裂,外侧出现压裂缝。在上述过程中,最先开裂的左侧拱脚裂缝持续发展,新旧裂缝交织成网状,裂缝贯通衬砌后左侧拱脚完全破坏,衬砌失去承载能力。

结合第 5 章衬砌内力情况,两侧拱腰围岩浸水下衬砌结构性能劣化机理如下:

衬砌两侧拱腰围岩浸水恶化下,拱脚处围岩浸水致使衬砌拱脚所受压力激增,衬砌左侧拱脚与相邻仰拱率先相继开裂,开裂后左侧拱脚轴力与弯矩快速增大。随着拱脚浸水宽度的发展和围岩的持续恶化,拱顶与拱肩所受压力持续增大,衬砌拱部和拱脚的压力挤压衬砌使得边墙向外侧大幅弯曲,边墙外侧衬砌开裂,同时衬砌拱顶内侧拉裂,外侧出现压裂缝。在上述过程中,最先开裂的左侧拱脚裂缝持续发展,该处轴力持续激增,新旧裂缝交织成网状,裂缝贯通衬砌后左侧拱脚完全破坏,衬砌失去承载能力。

6.2.3　一侧(右侧)拱脚围岩浸水

图 6.9 为一侧(右侧)拱脚浸水下衬砌变形曲线及开裂时间。可以看出,第一阶段加载中衬砌对称位置两侧拱脚、两侧拱腰变形曲线相差不大,变形趋势基本一致。两侧拱脚向衬砌外侧变形,两侧拱腰向衬砌内侧变形,仰拱变形量很小,拱顶向衬砌内侧变形同时变形速度较快。第三阶段加载过程中,随着裂缝 2 的出现,左侧拱腰由向内变形转为向外变形,右侧拱腰加速向内变形。拱顶衬砌在第二阶段加载中变形速度降低,第三阶段加载后期裂缝密集开裂后,拱顶向衬砌外侧变形。

观察裂缝的开裂时间,第二阶段加载中只有 1 处裂缝开裂,且开裂时间较晚,第三阶段加载中有 5 处开裂,开始时裂缝开裂频率较缓,后期慢慢变急,属"先缓后急"型。

前已述及,右侧拱脚围岩浸水后,衬砌两侧拱脚及浸水侧拱腰所受压力均大幅增大,且未浸水侧拱脚所受压力小于浸水侧。其余位置所受压力略有增大,但增大幅度较小。由衬砌变形包络图 6.10 可知,右侧拱脚围岩浸水 3m 时,拱顶、拱肩和拱腰位置均有下沉,其中拱顶下沉量最大,为 5.17mm,边墙向外侧移动,且移

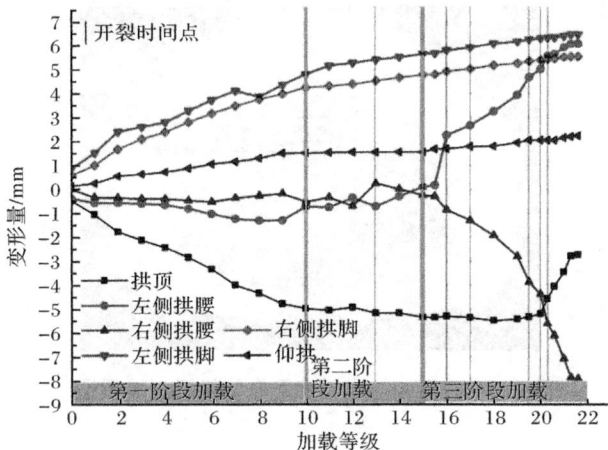

图 6.9　右侧拱脚浸水下衬砌变形曲线及开裂时间

动量较大,达到 5mm 左右;仰拱发生下沉,下沉量达 1.56mm。随着右侧拱脚浸水宽度的增加和围岩的持续恶化,右侧拱腰所受压力大幅增大,使得衬砌两侧边墙以上全部向左侧移动,由于左侧围岩的抵抗,拱顶变形放缓,下沉量呈缓慢减小趋势,拱脚及仰拱位移量变化微小。

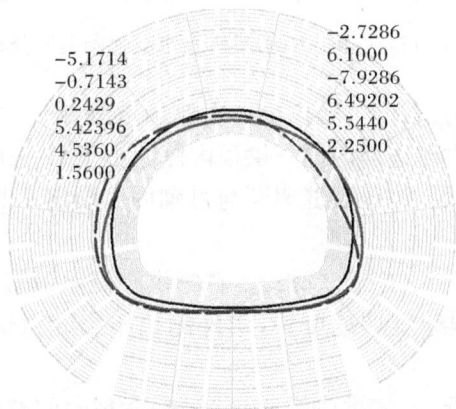

图 6.10　右侧拱脚浸水下衬砌变形包络图(单位:mm)

一侧(右侧)拱脚浸水工况衬砌最终破坏于第 7 次等规律加载阶段,最终衬砌失稳模式为右侧拱腰裂缝贯通失稳,如图 6.11 所示。图 6.12 为一侧(右侧)拱脚浸水下衬砌裂缝分布,可以看出,右侧拱脚浸水下,衬砌内外侧共产生 7 条裂缝,主要集中在衬砌未浸水侧拱肩至浸水侧边墙附近,其中衬砌内侧 4 条裂缝,有 2 条压裂缝,外侧 3 条裂缝,有 1 条压裂缝。

图 6.11　右侧拱脚浸水下右侧拱腰裂缝贯通

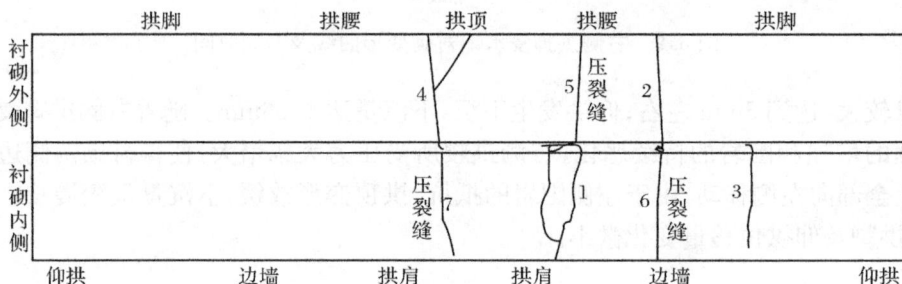

图 6.12　一侧(右侧)拱脚浸水下衬砌裂缝分布

衬砌的开裂顺序为:右侧拱腰内侧—右侧边墙外侧—右侧拱脚内侧—拱顶外侧—右侧拱腰外侧—右侧边墙内侧—拱顶内侧。由于第一条压裂缝(裂缝5)出现较早,后期发展时间充足,该压裂缝逐渐与衬砌内侧裂缝1贯通,最后导致衬砌失去承载力,丧失稳定性。

与对称工况(工况一、工况二)相比,右侧拱脚浸水(偏压加载)下衬砌裂缝数量少,但失稳较早。裂缝发展速度快,内外侧拉压裂缝很快贯通衬砌,导致衬砌失稳。

从裂缝的发展上看,右侧拱脚浸水下,衬砌开裂时间略晚,浸水发展过程中,浸水侧拱腰位置压力持续增大,使得衬砌拱腰内侧首先拉裂,浸水侧拱脚与拱腰荷载上下挤压使得浸水侧边墙外侧拉裂。衬砌边墙以上整体向未浸水侧移动,未浸水侧围岩抵抗衬砌位移,加之浸水侧拱腰在较大压力下左右方向挤压拱顶,拱顶向外侧弯曲,拱顶外侧拉裂。随着围岩的持续恶化,浸水侧拱腰弯曲大幅增大,衬砌外侧出现压裂缝,同时浸水侧拱腰内侧拉裂缝快速发展,该处衬砌变形增大,使得边墙与拱顶内侧相继出现压裂缝。最终浸水侧拱腰内外侧拉压裂缝贯通,衬砌内部产生滑动面,使得浸水侧拱腰衬砌完全破坏,衬砌失去承载力。

结合第 5 章衬砌内力情况，一侧拱脚围岩浸水下衬砌结构性能劣化机理如下：

衬砌右侧拱脚围岩浸水恶化下，浸水侧拱腰所受压力持续增大，使得衬砌拱腰内侧首先拉裂，浸水侧拱脚与浸水侧拱腰荷载上下挤压浸水侧衬砌，该侧边墙外侧拉裂。浸水导致浸水侧衬砌压力较大，衬砌边墙以上整体向未浸水侧移动，未浸水侧围岩抵抗衬砌位移，加之浸水侧拱腰较大压力挤压拱顶，拱顶向外侧变形，衬砌外侧拉裂。随着围岩的持续恶化，浸水侧拱腰弯曲程度大幅增大，该处外侧出现压裂缝，同时内侧拉裂缝快速发展，使得边墙与拱顶内侧相继出现压裂缝。最终浸水侧拱腰内外侧拉压裂缝贯通，衬砌拱腰位置在"压缩"和"弯曲"作用下内部产生滑动面，随即该处衬砌完全破坏，衬砌失去承载力。

6.2.4　一侧（右侧）拱腰围岩浸水

图 6.13 为一侧（右侧）拱腰浸水下衬砌变形曲线及开裂时间。可以看出，第一阶段加载中，衬砌拱脚和拱腰变形曲线对称位置基本一致，两侧拱腰向内变形，两侧拱脚向外变形；拱顶仍然向内变形且变形速度和量值均较大；仰拱向外变形，变形量值大于两侧拱脚。第二、第三阶段加载中，两侧拱脚和仰拱变形曲线没有产生明显差别，两侧拱腰处开始产生变形差异，且变形差随着加载逐渐变大。裂缝开裂后，右侧拱腰由向衬砌内侧变形转为向外侧变形，这与右侧拱腰附近裂缝 2 先于左侧开裂有关，左侧拱腰在最后密集开裂阶段也开始向外变形。

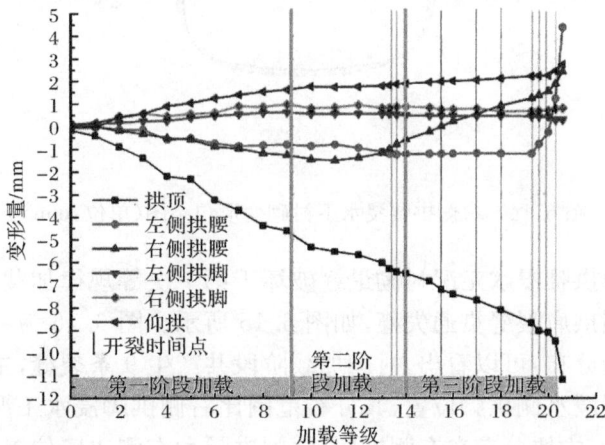

图 6.13　右侧拱腰浸水下衬砌变形曲线及开裂时间

观察裂缝的开裂时间，第二阶段加载后期密集出现 2 条裂缝，第三阶段加载前期和中期出现 3 条裂缝，加载后期密集出现 4 条裂缝。与对称工况（工况一、工况二）相比，该裂缝开裂属"先缓后急"型。虽然左侧拱腰处变形量最终超过右侧拱腰,但右侧拱腰向外变形开始时间早于左侧,且长时间处于发展阶段,使得衬砌右侧拱腰至边墙产生网状裂缝,右侧拱腰是衬砌破坏失稳的引发位置。

前已述及,右侧拱腰处围岩浸水恶化下,浸水侧拱肩、拱部下端及两侧拱脚所受压力均有较大增大,其中浸水侧拱肩压力增大幅度最大。由衬砌变形包络图 6.14 可知,右侧拱腰浸水 3m 时,衬砌左右两侧变形相差很小,变形分布基本对称,衬砌拱顶、拱肩和拱腰位置下沉,下沉量最大达到 5.67mm。边墙及拱脚向外变形,且变形量不大,仰拱同样发生下沉,下沉量仅为 1.76mm。随着浸水宽度的增加和围岩的持续恶化,浸水侧拱肩与拱部下端压力大幅增大,衬砌边墙以上位置向左侧未浸水侧发生位移。与右侧拱脚浸水相比,浸水侧拱腰与拱部下端所受压力较大,作用的衬砌位置属衬砌中部,而右侧拱腰浸水下,较大压力作用在衬砌拱肩属衬砌上部,所以衬砌边墙以上位置向未浸水侧的位移量明显小于右侧拱脚浸水情况。拱腰位置从向内侧变形发展为向外侧变形,衬砌浸水侧拱脚变形量大于未浸水侧,其他位置的变形趋势始终未变。

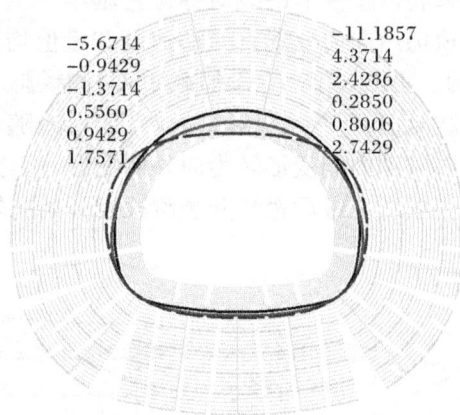

图 6.14　右侧拱腰浸水下衬砌变形包络图(单位:mm)

一侧(右侧)拱腰浸水工况衬砌最终破坏于第 7 次等规律加载阶段,最终衬砌失稳模式为右侧拱肩裂缝贯通失稳,如图 6.15 所示。图 6.16 为一侧(右侧)拱腰浸水下衬砌裂缝分布,可以看出,衬砌加载阶段共产生 9 条裂缝,主要分布在衬砌未浸水侧拱肩至浸水侧拱脚位置,其分布范围比右侧拱脚浸水工况广泛。衬砌内侧共有 5 条裂缝,主要分布在右侧拱肩、两侧拱腰和右侧边墙位置,衬砌外侧共有 4 条裂缝,分布在左侧拱肩、右侧拱腰和边墙位置。其中衬砌右侧拱腰和边墙位置裂缝多为斜裂缝,最后失稳后该处出现复杂网状裂缝分布。加载过程中压裂缝有 2 条(裂缝 3 和 5),出现时间相对较早,但最终衬砌失稳位置在右侧拱肩,裂缝在后期加载中始终处于发展状态,失稳前裂缝 1 已经几乎从一侧贯通,外侧压裂缝出现立即贯通衬砌,衬砌也随即丧失承载力。

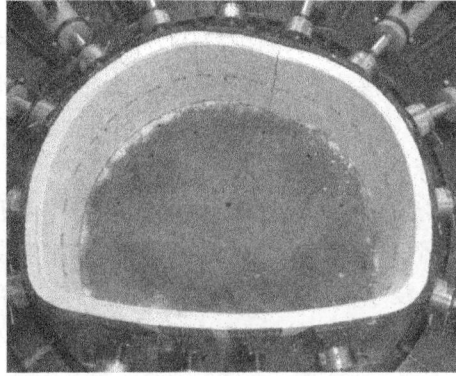

图 6.15　右侧拱腰浸水下右侧拱肩裂缝贯通

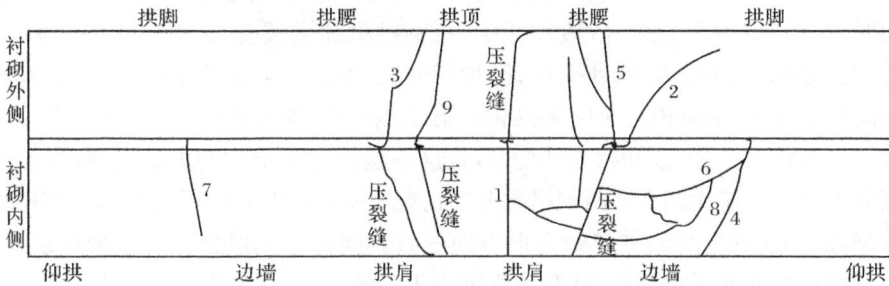

图 6.16　一侧(右侧)拱腰浸水下衬砌裂缝分布

衬砌的开裂顺序为:右侧拱肩内侧—右侧边墙外侧—左侧拱肩外侧—右侧拱脚内侧—右侧拱腰外侧—左侧拱脚内侧,与对称工况(工况一、工况二)相比,右侧拱腰浸水(偏压加载)下衬砌裂缝数量少,且失稳较早。裂缝发展速度快,第一条裂缝始终处于发展状态,外侧压裂缝出现立即贯通衬砌,导致衬砌失稳。

从裂缝的发展上看,右侧拱腰围岩浸水恶化下,衬砌开裂时间较晚。拱腰围岩浸水使得浸水侧拱肩位置压力快速增大,拱腰衬砌向内侧弯曲,拱腰内侧率先拉裂。在浸水侧拱肩和拱脚的压力作用下,同侧边墙位置向外侧弯曲,边墙外侧开裂。随着浸水宽度的增大和围岩的持续恶化,衬砌上部整体向未浸水侧位移,在围岩抗力和浸水侧拱肩的较大压力的作用下,左侧拱肩位置向外侧严重弯曲,左侧拱肩外侧开裂。上述过程中,首先开裂的浸水侧拱肩内侧裂缝不断发展,裂缝深度与宽度持续增大,裂缝外侧逐渐形成明显压裂缝,随着右侧拱肩向内弯曲的加大,左侧拱肩和右侧拱肩内侧先后产生多条压裂缝,最终,浸水侧拱肩裂缝贯通衬砌,拱肩衬砌完全破坏,衬砌完全失去承载力。

结合第 5 章衬砌内力情况，一侧拱腰围岩浸水下衬砌结构性能劣化机理如下：

右侧拱腰围岩浸水恶化下，浸水侧拱肩压力快速增大，拱腰衬砌向内侧弯曲，拱腰内侧率先拉裂。浸水侧拱肩和拱脚的较大压力挤压浸水侧衬砌，同侧边墙向外侧弯曲，边墙外侧开裂。随着浸水宽度的增加和围岩的持续恶化，浸水侧拱部压力下衬砌上部整体向未浸水侧位移。围岩抗力和浸水侧拱肩较大压力左右挤压拱顶，使得未浸水侧拱肩位置向外侧严重弯曲，拱肩外侧开裂。上述过程中，首先开裂的浸水侧拱肩内侧裂缝不断发展，裂缝深度与宽度持续增大，随着浸水侧拱肩向内弯曲的加大，未浸水侧拱肩和浸水侧拱腰内侧先后产生多条压裂缝，最终，浸水侧拱肩裂缝贯通衬砌，拱肩衬砌完全破坏，衬砌完全失去承载力。

6.2.5 一侧(右侧)拱脚围岩与另一侧(左侧)拱腰围岩浸水

图 6.17 为一侧(右侧)拱脚浸水与另一侧(左侧)拱腰浸水下衬砌变形曲线及开裂时间。可以看出，第一阶段加载中，衬砌拱脚和拱腰变形曲线基本一致，两侧拱腰向内变形，两侧拱脚向外变形；拱顶仍然向内变形且变形速度和量值均较大；仰拱向外变形，变形量值大于两侧拱脚。第二、第三阶段加载中，衬砌两侧拱腰位置变形发生变化，右侧拱腰开始向外变形，且这一趋势延续至衬砌失稳，左侧拱腰变形量值大于右侧。对比图 6.8 两侧拱腰开裂情况可知，右侧拱腰外侧拉裂，左侧拱腰内侧拉裂，这一现象与两侧拱腰处变形方向一致。同时左侧拱腰首先出现压裂缝，说明左侧拱腰处变形严重，拉裂缝开裂程度大于右侧，这与两者变形量值相一致。

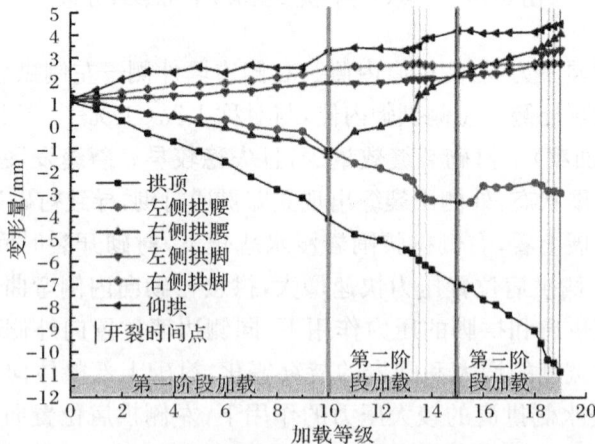

图 6.17 右侧拱脚左侧拱腰浸水下衬砌变形曲线及开裂时间

观察裂缝的开裂时间，第二阶段加载有 4 处开裂，加载 4m 浸水过程中开裂 3 处，5m 浸水时开裂 1 处。第三阶段加载失稳前突然密集开裂 4 处。与对称工况

（工况一、工况二）相比，该裂缝开裂属"先缓后急"型。

　　前已述及，右侧拱脚围岩与左侧拱腰围岩同时浸水下，衬砌两侧拱脚所受压力均大幅增大，拱脚浸水侧拱腰压力同样增大，浸水 3m 后，拱部下端压力减小。拱腰浸水侧拱肩压力显著增大。由衬砌变形包络图 6.18 可知，衬砌两侧浸水 3m 时，衬砌基本对称变形，两侧拱腰、拱肩与拱顶均发生下沉，拱顶最大下沉量达到 6.07mm。由于拱腰浸水侧拱肩与拱部下端所受压力大于拱脚浸水侧，拱腰浸水侧拱腰位置下沉量大于拱脚浸水侧。拱脚与仰拱均向外侧位移，其中拱脚浸水侧拱脚位移大于拱腰浸水侧。随着浸水宽度的增加和围岩的持续恶化，衬砌拱顶下沉量持续增大，拱腰浸水侧拱肩所受压力逐渐与拱脚浸水侧所受压力拉开差距，拱腰浸水侧拱腰位置继续向衬砌内侧位移，而拱脚浸水侧衬砌由向内侧位移转为向外侧位移，衬砌上部整体向拱脚浸水侧发生位移。拱脚与仰拱位移发展趋势未变，位移量略有增加。

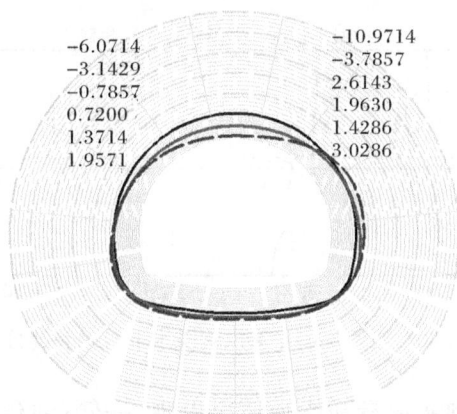

図 6.18　右侧拱脚左侧拱腰同时浸水下衬砌变形包络图（单位：mm）

　　一侧（右侧）拱脚浸水与另一侧（左侧）拱腰浸水工况衬砌最终破坏于第 5 次等规律加载阶段，最终衬砌失稳模式为左侧拱脚网状裂缝瞬间失稳，如图 6.19 所示。图 6.20 为一侧（右侧）拱脚浸水与另一侧（左侧）拱腰浸水下衬砌裂缝分布，可以看出，衬砌加载过程中共产生 9 条裂缝，其中衬砌内侧 4 条，外侧 5 条。衬砌内侧裂缝主要集中在左侧拱脚、左侧拱肩和右侧拱脚位置，外侧裂缝主要分布于左侧拱脚、左侧边墙、右侧拱腰和右侧边墙位置。压裂缝均为失稳时产生，左侧拱脚破坏突然。

　　考虑到仰拱上部路基路面的铺设对仰拱和拱脚的稳定作用，推测一侧（右侧）拱脚浸水与另一侧（左侧）拱腰浸水的实际工程中，衬砌破坏最不利位置为左侧拱肩位置。该位置与单侧拱腰浸水下相同，故单侧拱腰浸水对衬砌的危害比单侧拱

图 6.19　右侧拱脚左侧拱腰浸水下左侧拱脚网状裂缝

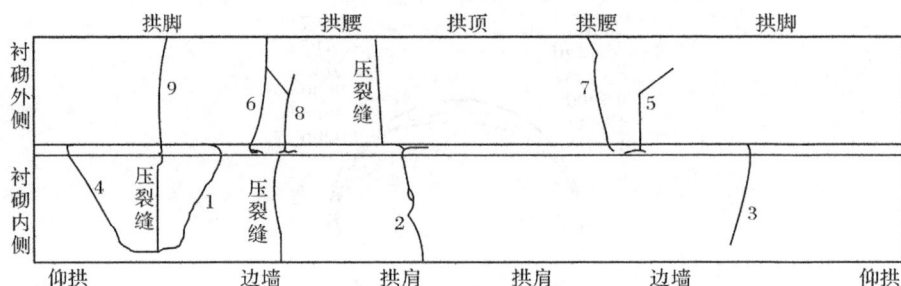

图 6.20　右侧拱脚左侧拱腰浸水下衬砌裂缝分布

脚浸水严重。结合衬砌变形量和内力情况发现，一侧（右侧）拱脚浸水与另一侧（左侧）拱腰浸水对衬砌的危害介于两侧浸水和单侧浸水之间。综合前面分析可知，五种工况下，对衬砌危害程度排序为：单侧拱腰围岩浸水＞单侧拱脚围岩浸水＞一侧拱脚围岩与另一侧拱腰围岩浸水＞两侧拱腰围岩浸水＞两侧拱脚围岩浸水。

　　从裂缝的发展上看，右侧拱脚围岩与左侧拱腰围岩同时浸水下，衬砌两侧拱脚所受压力均大幅增大，拱腰浸水侧拱脚内侧首先开裂，拱腰浸水侧拱肩压力的快速增大使得拱肩内侧拉裂，拱脚浸水侧拱脚内侧接着开裂。衬砌两侧边墙受到拱部和拱脚的压力挤压，衬砌向外侧发生弯曲，拱腰浸水侧边墙弯曲严重且先于拱脚浸水侧开裂。上述过程中，拱腰浸水侧拱脚位置裂缝持续发展且新裂缝产生，新旧裂缝交织，拱脚破损最为严重，压裂缝出现后不久即完全破坏，衬砌失去承载力。

　　结合第 5 章衬砌内力情况，右侧拱脚围岩与左侧拱腰围岩同时浸水下衬砌结构性能劣化机理如下：

右侧拱脚围岩与左侧拱腰围岩同时浸水下,衬砌两侧拱脚所受压力均大幅增大,拱腰浸水侧拱脚内侧首先开裂,拱腰浸水侧拱肩压力的快速增大使得拱肩内侧拉裂,拱脚浸水侧拱脚内侧接着开裂。由于拱腰浸水侧拱部压力较大,衬砌上部整体向拱脚浸水侧发生位移。衬砌两侧边墙受到拱部和拱脚的压力挤压,衬砌向外侧发生弯曲,拱腰浸水侧弯曲严重,且先于拱脚浸水侧开裂。上述过程中,拱腰浸水侧拱脚位置裂缝持续发展且新裂缝产生,新旧裂缝交织成网状,压裂缝出现后不久即完全破坏,衬砌失去承载力。

6.3　围岩浸水条件下衬砌裂缝分布特征

本次模型试验五种工况共统计到有效裂缝 56 条,其中双侧拱脚浸水工况 12 条,双侧拱腰浸水工况 14 条,单侧拱腰浸水工况 12 条,一侧拱腰一侧拱脚浸水工况 10 条,单侧拱脚浸水工况 8 条,具体分布情况如图 6.21 所示。可以看出,双侧拱腰浸水时开裂数量最多,单侧拱脚浸水时最少,其余工况数量接近。

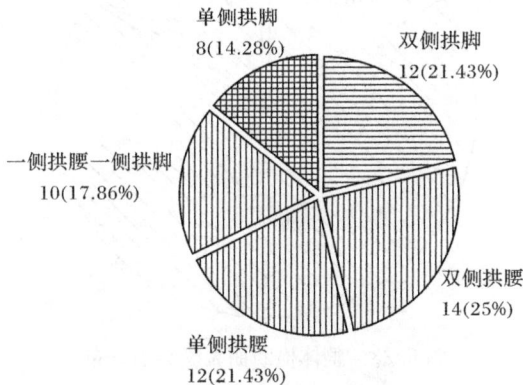

单侧拱脚
8(14.28%)

双侧拱脚
12(21.43%)

一侧拱腰一侧拱脚
10(17.86%)

双侧拱腰
14(25%)

单侧拱腰
12(21.43%)

图 6.21　各工况裂缝数量分布

6.3.1　横断面裂缝类型分布规律

横断面裂缝的出现原因及发展规律 6.2 节已经提到,横断面裂缝类型主要有 I 型、L 型和 Y 型三类,五组模型试验中横断面裂缝类型统计结果如图 6.22 和图 6.23 所示。可以看出,共有 56 条横断面裂缝,其中 I 型 9 条,占 16.07%;L 型 38 条,占 67.86%;Y 型 9 条,占 16.07%,可见横断面裂缝中以 L 型最为常见,I 型和 Y 型数量相当,均较少,这也符合 6.2 节中总结出的发展规律。

从各工况的统计结果可以明显看出,L 型裂缝在数量上占据主导地位,而 I 型和 Y 型裂缝的相对数量比例随着工况的不同会有所浮动,并且在对称工况中 I 型

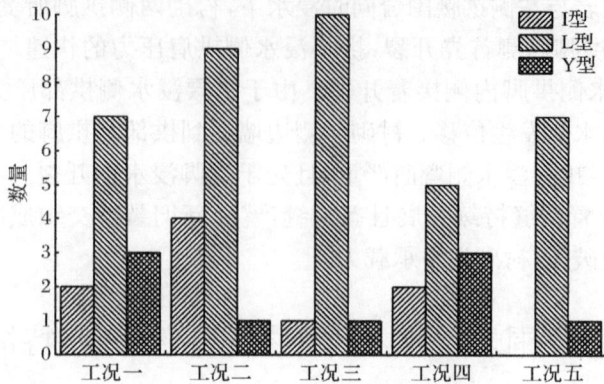

图 6.22　各工况横断面裂缝类型分布

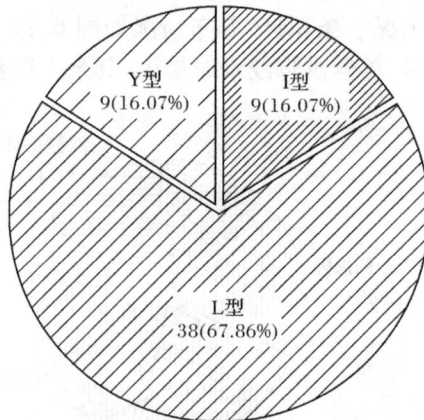

图 6.23　整体横断面裂缝类型分布

裂缝所占的比例更大,这主要是对称工况的内力分布相对较为对称,导致 I 型裂缝较难出现向两侧扩展的现象。

试验过程中发现,I 型裂缝常出现在新裂缝产生初期,且后续基本不再扩展,而某些 I 型裂缝随着加载的进行,结构变形调整,开始向一侧扩展,此时就出现 L 型裂缝,这些裂缝数量较多,大部分 I 型裂缝会出现向一侧扩展的现象,随着加载进行到后期,一小部分 L 型裂缝会向另外一侧扩展,此时就形成了 Y 型裂缝,一般 Y 型裂缝的出现预示着衬砌结构受力状态较为复杂,已经进入了较为危险的状态。

分析产生上述现象的原因主要是:在开裂初期,开裂部位主要是弯矩起主导作用,开裂后一般不会向两侧扩展,开裂之后衬砌开裂部位轴力和弯矩的变化不大,并且弯矩依然占主导地位,此时就会形成 I 型裂缝;继续加载,随着新裂缝的出现,部分 I 型裂缝开裂部位轴力开始增大,并且代替弯矩开始占主导地位,此时就会出现裂缝向一侧扩展的现象,形成 L 型裂缝,当受力状态不发生剧烈变化时,L型裂缝不会向另一侧扩展;随着加载的进行,旧裂缝不断扩展,新裂缝接连出现,衬砌结构的受力状态有了较大的变化,一些 L 型裂缝开裂部位两侧轴力与弯矩发生较大的变化,导致其在另一侧也出现了扩展现象,此时就会形成 Y 型裂缝,可见,Y 型裂缝的出现表明衬砌结构已经进入开裂的第三阶段。

6.3.2　裂缝形态分布规律

裂缝形态主要有纵向、环向(横向)和斜向三种,本次试验由于模型本身纵向尺寸的限制,出现的环向裂缝与实际情况不太符合且数量较少,没有参考价值,因此统计到的有效裂缝中没有环向裂缝,五种工况裂缝形态的统计结果如图 6.24和图 6.25 所示。可以看出,共有 56 条裂缝,其中纵向裂缝 14 条,占 25%,斜向裂缝 42 条,占 75%,显然斜向裂缝数目明显占优,而斜向裂缝中,正负 10°以内的裂缝共计 10 条,占 17.86%,正负 11°~30°内的斜向裂缝共计 23 条,占 41.07%,1°~30°内的小角度斜向裂缝数目高达 33 条,占总裂缝数的 58.93%,可见在隧道结构中斜向裂缝,尤其是与纵向夹角较小的斜向裂缝最为常见,这也与实际情况相符合。

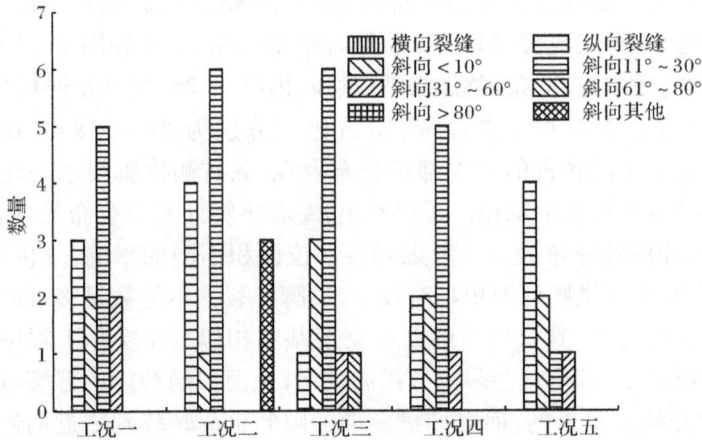

图 6.24　各工况裂缝形态分布

从五种工况统计结果可以看出,各工况中最容易出现的裂缝依然是斜向裂缝,整体趋势上,五种工况下斜向裂缝均相对较多,在非对称工况中这种特征会相对更明显,而对称工况下纵向裂缝所占比例会有所提升。这种结果也与实际情况较为吻合,实际工程中,隧道作为地下结构,其受力情况与周围的环境密切相关,而一般来说,隧道所处地区围岩环境、地质构造均比较复杂,致使衬砌所受的外荷

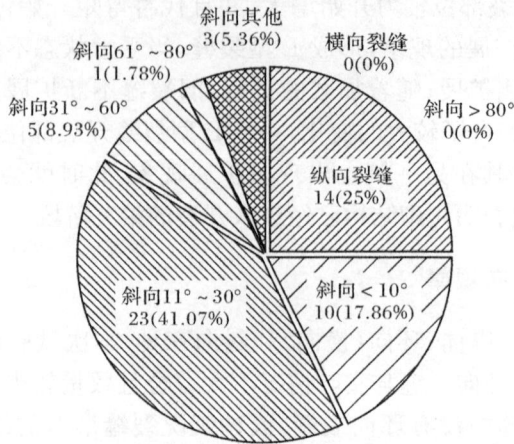

图 6.25　整体裂缝形态分布

载复杂多变,且绝大多数为非对称荷载,因此,在衬砌发生破坏出现裂缝时,由于荷载的不对称性,多会出现斜向裂缝。

6.3.3　开裂部位分布规律

依据本次模型试验衬砌结构的特点,将开裂部位分为拱顶、拱肩、拱腰、拱脚及仰拱五部分,五种工况裂缝开裂部位统计结果如图 6.26 和图 6.27 所示。可以看出,统计到有效裂缝 56 条,整体来看,拱顶、拱肩、拱腰、拱脚及仰拱分别出现 12 条、10 条、10 条、17 条和 7 条裂缝,所占比例分别为 21%、18%、18%、30% 和 13%。分析五组工况各自的开裂部位分布发现,除右侧拱脚浸水恶化外,其余工况拱脚依然是开裂最多的部位。可以看出,左右拱脚处裂缝分布最多,拱顶、拱肩和拱腰相当,仰拱处分布最少。考虑到各部位面积不同的影响,分析各部位开裂密度可以看出,由于拱脚处面积相对较小,拱脚处裂缝不但数量多,而且裂缝密度也比其他部位大得多,其余部位的开裂密度基本相似。在实际工程中,仰拱部位上方都会被覆盖,上部荷载会限制仰拱的变形,从而抑制仰拱的开裂,所以实际工程中仰拱的开裂是很少的,而对仰拱变形的限制也会转移到临近两侧拱脚,使其受力变形增大,开裂的可能性增大,开裂情况也会更加严重。因此,在实际工程中,要特别留意左右两侧拱脚的破坏情况。

6.3.4　纵向贯穿长度分布规律

贯穿长度指的是裂缝在轴向的分布长度,并非裂缝的实际长度,这是根据模型试验的特征提出的一个概念。由于大多数模型试验客观条件的限制,在径向和环向上能够对衬砌结构很好地拟合,但是在纵向上由于场地、经济条件和操作要

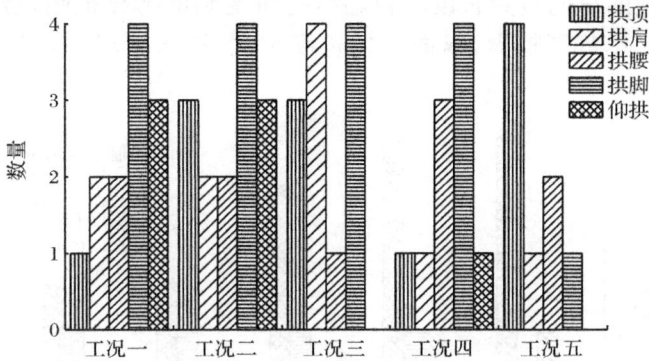

图 6.26　各工况裂缝开裂部位分布

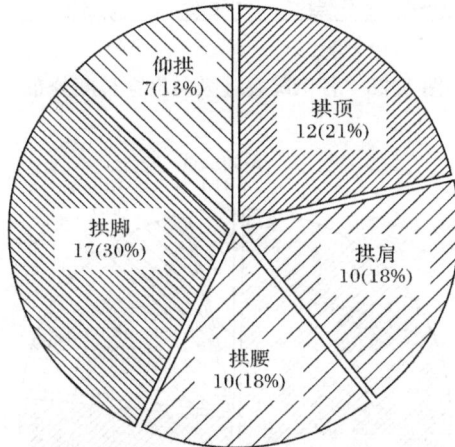

图 6.27　整体裂缝开裂部位分布

求的限制,不能进行很好地拟合,然而隧道衬砌结构纵向的关系依然联系密切,为了使模型试验的长度与实际长度情况尽可能切合,所以提出纵向贯穿长度的概念。

五种工况裂缝纵向贯穿长度的统计结果如图 6.28 和图 6.29 所示。可以看出,统计到有效裂缝 56 条,纵向贯穿长度在 40cm,即纵向贯通的裂缝 28 条,占50%,31~39cm 的裂缝 15 条,占 27%;21~30cm 的裂缝 11 条,占 20%;其余裂缝 2 条,只占 3%。分析各工况的统计信息,可以看出,无论何种工况,在整体分布特征上,贯穿长度在 40cm 的裂缝依然是最多的,紧接着是 31~39cm 的裂缝,其次是21~30cm 的裂缝,对称工况中,纵向贯穿长度为 40cm 的裂缝所占比例最多。很明显,大多数裂缝的纵向贯穿长度较长,接近覆盖受力面积,30cm 以上的裂缝占到了 77%,而 20cm 以上的裂缝所占比例更是高达 97%,并且对称浸水工况有助于裂缝在纵向的扩展,可以说,贯通长度与受力分布有很大关系,基本上覆盖整个受力区,裂缝的纵向贯穿长度与衬砌结构所受到的劣化范围及浸水工况有着密切的联系,劣化范围越大,纵向贯通长度越大,浸水工况越对称,纵向贯通长度越大。

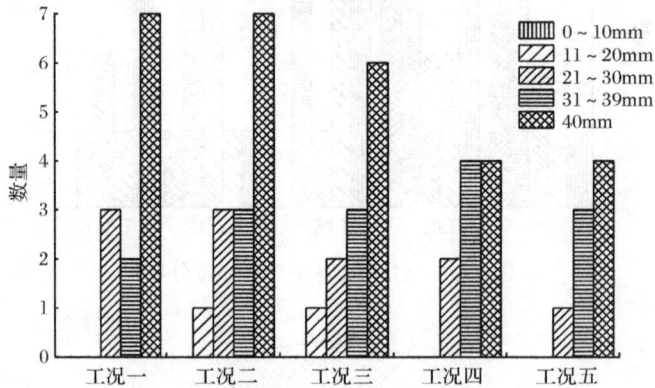

图 6.28　各工况裂缝纵向贯穿长度分布

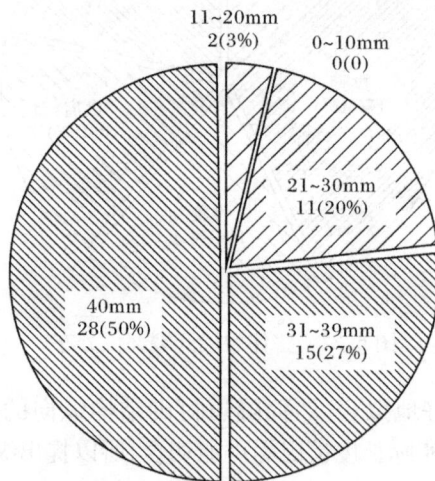

图 6.29　整体纵向贯穿长度分布

6.3.5　开裂深度分布规律

横断面开裂深度指的是横断面裂缝在径向(衬砌厚度方向)的分布长度,并非横断面裂缝的实际长度,它反映了衬砌结构开裂的严重程度,开裂深度越深,则衬砌结构的破坏越严重,弯矩轴力承载截面面积越小,承载能力越弱,结构强度越小。因此,横断面开裂深度的结果可以反映衬砌结构的破坏情况及承载能力的变化情况,对衬砌结构安全性评价有一定的参考意义。

　　五种工况裂缝开裂深度的统计结果如图 6.30 和图 6.31 所示。可以看出,有效裂缝共 56 条,从统计结果来看,整体分布上,横断面开裂深度为 90%～100%、75%～90%、0～75%的裂缝分别为 38 条、9 条和 9 条,分别占 68%、16% 和 16%,各单独工况中的分布也符合这一特点。很明显,五种工况中,横断面开裂深度为 90%～100%(内外侧贯通)的裂缝最多,并且远多于横断面开裂深度为 90% 和 75%的裂缝,可见大多数裂缝发展到后期破坏之后都会发生内外侧贯通的情况,这主要是因为裂缝开裂发展过程中,断面有效接触面积会逐渐减少,直至发展到衬砌结构失去承载力,有效接触面积会变为 0,内外侧贯通,不再承受弯矩。

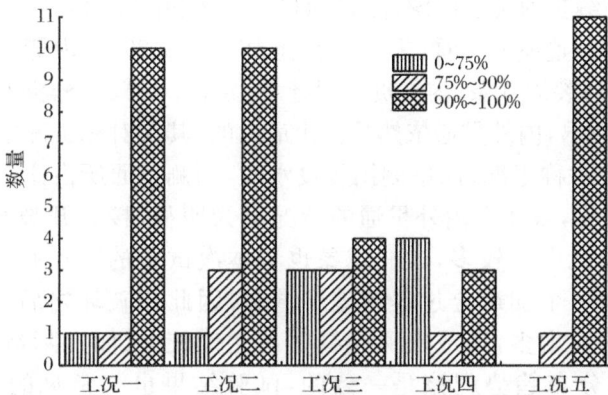

图 6.30　各工况裂缝开裂深度分布

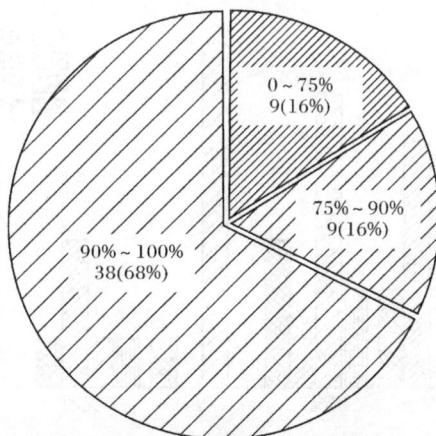

图 6.31　整体裂缝开裂深度分布

6.3.6　贯通类型分布规律

在衬砌结构从加载到失稳的整个发展过程中,裂缝的开裂与发展有一个很明显的特征,就是各裂缝在发展过程中会出现相互连通、相互贯通的情况。通常来说,衬砌结构各部位受力状态简单时,一般不会出现同侧贯通的情况,而内外贯通的情况比较多见,内外贯通即有效接触面积变为 0 的情况,不再承受弯矩,在实际工程中,这种形式的贯通裂缝也比较常见,但是当衬砌结构受力状态变得复杂时会出现网状裂缝,而这种情况下就会出现同侧贯通(多为内侧贯通)的情况,这种贯通形式的出现就意味着该部位的受力状态较为复杂,实际工程中经常会出现衬砌剥落、掉块等,就是发生内侧贯通裂缝,在重力和环境的作用下造成的。

五种工况裂缝贯通类型的统计结果如图 6.32 和图 6.33 所示。可以看出,共有 56 条有效裂缝,整体上来看,未贯通裂缝 16 条,占 29％;内侧贯通裂缝 13 条,占 23％;外侧贯通裂缝 0 条;内外贯通裂缝 27 条,占 48％。分析五种工况各自的贯通情况,可以看出,内外贯通依然是占比最大的,其次对称工况中未贯通裂缝的比例明显高于非对称工况,而单侧拱腰浸水时,内侧贯通所占比例是五种工况中最大的。由此可见,整体上内外贯通的情况最为明显,接近开裂数目的一半,内侧相互贯通的情况也比较多,这一现象也与本次试验的特点有一定关系,由于本次模型试验是一个加载全过程的破坏试验,因此在破坏之后,内外侧贯通裂缝的数目也会明显增多,造成贯通裂缝所占比例较大,而实际情况中比例会略有减小,但整体分布趋势应该是一致的,试验结果也与常见的实际情况较为吻合。

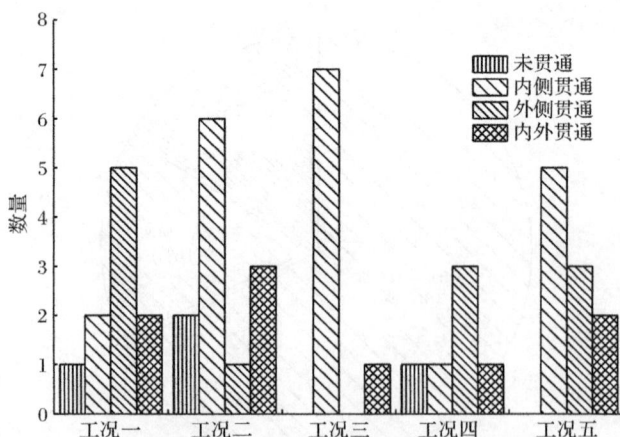

图 6.32　各工况裂缝贯通类型分布

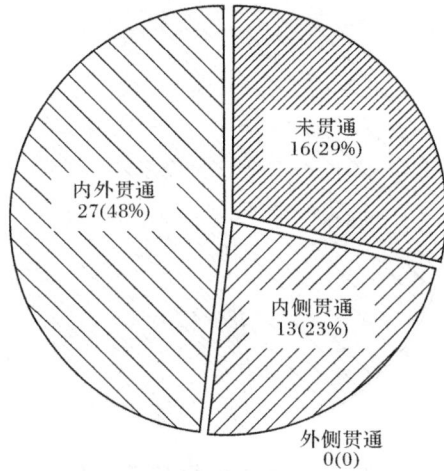

图 6.33　整体裂缝贯通类型分布

6.3.7　内外侧分布规律

五种工况裂缝内外侧的统计结果如图 6.34 和图 6.35 所示。可以看出,共有有效裂缝 56 条,其中内侧 29 条,占 52%,外侧 27 条,占 48%,内外侧裂缝数量基本持平。分析五种工况各自的内外侧分布情况,也可以很明显地看出,内外侧的分布数量基本相当。可见,在衬砌整个开裂的过程中,内外侧裂缝的数量都很多,而在平常的隧道检测中,由于检测手段和经济条件的限制,对于衬砌背后的裂缝很难统计到,而实际情况中,衬砌背后裂缝数量之多是一个难以忽略的部分,对这部分裂缝的忽略会对衬砌安全性评估产生较大的影响,造成极大的误差。

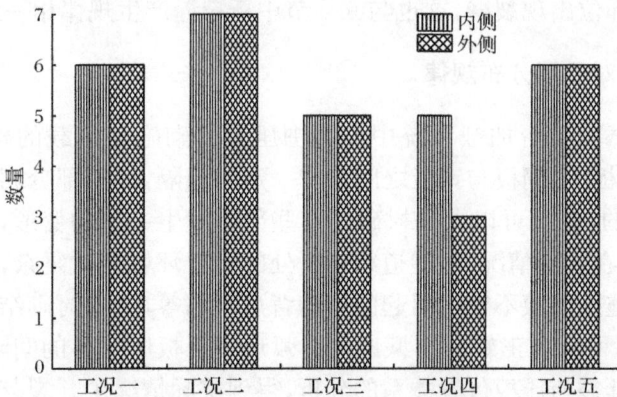

图 6.34　各工况裂缝内外侧分布

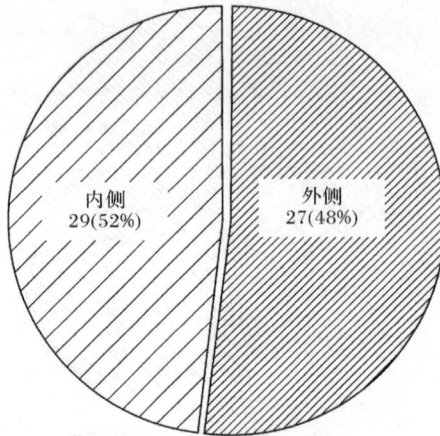

图 6.35　整体裂缝内外侧分布

　　衬砌结构开裂出现这种内外侧数量相一致的现象,主要是由于隧道衬砌结构作为一个整体受力变形的结构,多为超静定结构,在受力变形的过程中,受到外荷载时衬砌结构就会发生变形,并且承受弯矩,在通常状况下,超静定结构中,当一处受到弯矩时,其邻近部位将会出现与之相反的弯矩,当多个位置受荷载作用,并出现弯矩时,各部位弯矩的分布将会出现如下规律:弯矩分布多为正负弯矩交替分布,这种情况在外荷载为集中荷载且分布相对分散时尤为明显,也会出现同号弯矩连续分布的情况,尤其是在均布荷载作用下。而在实际工程中,衬砌结构的弯矩分布多为正负弯矩交替分布,因此,在衬砌开裂破坏中,内外侧裂缝出现的概率基本上是相当的,即内侧裂缝分布数量和外侧裂缝分布数量基本上是均等的。一般情况下,当内侧出现一条裂缝时,在其之后外侧邻近部位也会出现裂缝,或者是较远端同侧部位出现裂缝,这也与 6.2 节中新裂缝产生规律相一致。

6.3.8　压板相对位置分布规律

　　本次模型试验平台加载系统中模拟围压对衬砌施加荷载的构件是 14cm×40cm 的弧形钢板,在钢板与钢板之间留有一定的间隔,而这部分间隔对衬砌结构是不施加荷载的,并且可以允许衬砌在这些部位发生一定的变形,与实际工程相对照可以发现,在实际情况中,隧道结构所处的围岩环境相对复杂,并且经常会出现自然因素和施工回填不密实引起的衬砌背后空洞等,造成衬砌结构与围岩间接触不密实,而这种情况正好与模型试验中弧形钢压板所空出的间隔部分相似,因此可以通过对开裂与压板位置关系的分析,得到实际情况中开裂与衬砌背后空洞和回填不密实情况的相互关系。

　　五种工况裂缝夹板相对位置的统计结果如图 6.36 和图 6.37 所示。根据内侧裂缝与压板相对关系的统计,内侧裂缝位于压板内的有 17 条,占内侧裂缝的比例高达 59%;外裂缝位于压板外的有 15 条,占外侧裂缝的比例高达 55%。分析五种工况各自的分布情况,位于挡板范围内的内侧裂缝和位于挡板范围外的外侧裂缝依然是最多的。可以看出,内侧裂缝更容易出现在压板覆盖区域,而外侧裂缝更容易出现在压板外,如果将压板外看成围岩的空洞区,则可以发现,衬砌外侧裂缝更易出现在衬砌空洞位置处,而衬砌内侧裂缝更容易出现在空洞以外区域。这种情况主要是因为空洞区和回填不密实区允许该部位处衬砌结构出现相对较大的变形和位移,不能提供弹性抗力有效地限制衬砌结构的变形,导致其容易达到变形极限,发生开裂,而与围岩结构接触良好的区域能够更有效地限制衬砌结构的变形,将变形和位移转移到更容易发生的接触不良区,从而减小了接触良好区域衬砌开裂的可能性,与此同时,接触不良区域开裂的可能性也随之升高。

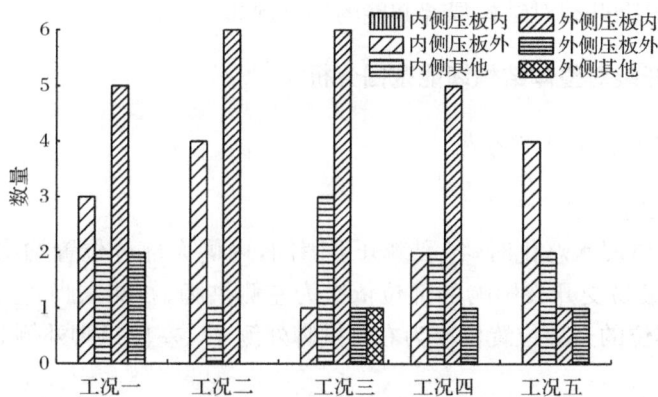

图 6.36　各工况裂缝压板相对位置分布

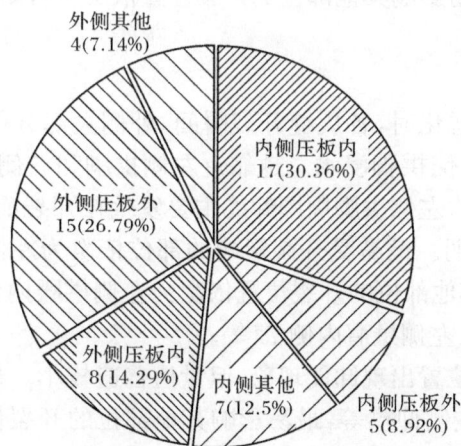

图 6.37　整体压板相对位置分布

6.4　衬砌结构能量变化分析

众所周知,衬砌结构在开裂时多为脆性开裂,在开裂瞬间能量会出现剧烈的变化,整体弹性能会迅速减少,但是显然并不是所有部位的能量在开裂瞬间都在减小,必定会有一些部位在其他位置开裂时能量呈增加的趋势,并且能量变化的大小也有区别。为了探究这一问题,特此对衬砌结构在各裂缝开裂瞬间能量的变化情况进行研究,从而得到各裂缝开裂瞬间能量变化的规律,以及不同工况下能量变化的异同。由于轴力和变形在开裂过程中变化并不明显,因此本节通过对不同工况下衬砌应变及弯矩在各个开裂瞬间的变化情况进行分析,从而得到衬砌开裂对整体结构卸能的影响规律;通过对不同衬砌位置下裂缝开裂前后应变变化加以分析,得到衬砌开裂对结构局部卸能的影响规律。

6.4.1　衬砌开裂对整体结构卸能范围分析

1. 应变角度能量变化分析

1) 双侧拱脚浸水

在双侧拱脚浸水恶化时,各裂缝开裂瞬间,内侧大部分位置均出现了卸能现象,其中内侧最易受开裂影响的部位依次为左侧拱脚、右侧拱脚、左侧拱腰等,最易影响其他部位的开裂位置依次为右侧拱脚外侧 4#、左侧拱脚外侧 2#、右侧拱腰外侧 5# 等。

衬砌外侧大部分位置出现卸能现象,外侧最易受开裂影响的部位依次为左侧拱脚、左侧仰拱等,最易影响其他部位的开裂位置依次为右侧拱脚外侧 4#、左侧拱顶外侧 11# 等。

2) 双侧拱腰浸水

在双侧拱腰浸水恶化时,各裂缝开裂瞬间,外侧大部分位置均出现了卸能现象,卸能程度远大于双侧拱脚浸水。越靠近左侧拱脚和右侧拱肩这两个位置,卸能越大,且向周围递减,左侧拱脚周围卸能主要发生在开裂前期,右侧拱肩周围卸能主要发生在开裂后期。最易受开裂影响的部位依次为左侧拱脚、右侧拱肩、拱顶右侧等,最易影响其他部位的开裂位置依次为左侧拱腰内侧 8#、左侧拱脚外侧2#、左侧拱顶外侧 5#、左侧拱肩内侧 7# 等。

衬砌外侧大部分位置出现卸能现象,但量值普遍较小。最易受开裂影响的部位依次为左侧拱腰、左侧仰拱等,最易影响其他部位的开裂位置依次为左侧拱腰内侧 8#、左侧拱肩内侧 7# 等。

3) 右侧拱脚浸水

在右侧拱脚浸水恶化时,各裂缝开裂瞬间,衬砌结构两侧位置均出现了应变减小和增大现象,且增大现象明显,减小范围和量值均比减小范围和量值大。最易受开裂影响的部位依次为右侧拱腰、右侧拱脚、左侧拱脚等,最易影响其他部位的开裂位置依次为右侧拱顶内侧 7#、右侧拱腰外侧 2#、右侧拱肩外侧 6# 等。

各裂缝开裂瞬间,衬砌外侧卸能情况与内侧相似,多部位出现卸能现象,但量值较小。最易受开裂影响的部位依次为左侧拱腰、右侧拱肩等,最易影响其他部位的开裂位置依次为右侧拱腰外侧 2#、右侧拱脚内侧 4# 等。

4) 右侧拱腰浸水

在右侧拱腰浸水恶化时,各裂缝开裂瞬间,相比前两种工况,衬砌内侧应变出现了更多的能量增大现象,可见此工况下开裂对应变的影响较大。最易受开裂影响的部位依次为拱顶中心、右侧拱肩、右侧拱腰等,最易影响其他部位的开裂位置依次为左侧拱顶外侧 3#、右侧拱顶内侧 1#、右侧拱脚内侧 8# 等,其中,3# 的影响主要是对拱顶左侧的应变增加。

衬砌外侧应变减小量值比内侧小得多,即只有少部分位置出现了卸能现象,且量值较小,可见外侧应变受裂缝开裂的影响较小。最易受开裂影响的部位依次为左侧拱顶、右侧拱肩等,最易影响其他部位的开裂位置依次为右侧拱顶内侧 1# 等,开裂对外侧应变的影响,大多是对本开裂位置的影响。

5) 左侧拱腰右侧拱脚浸水

在左侧拱腰右侧拱脚浸水恶化时,各裂缝开裂瞬间,相比前几种工况,衬砌内侧应变发生较大变化的部位主要集中在除拱顶以外的衬砌两侧区域,包括仰拱,且量值较大,应变减小和增大现象都较明显。最易受开裂影响的部位依次为右侧拱肩、左侧拱脚、右侧拱腰、左侧拱腰、左侧仰拱等,最易影响其他部位的开裂位置依次为左侧拱顶内侧 2#、左侧仰拱内侧 4#、右侧拱腰外侧 5#、左侧拱脚外侧 9#、右侧拱脚内侧 3# 等,左侧拱顶内侧 2# 开裂时对自身开裂部位的影响是卸能,对其余部位的影响均为加能。

各开裂瞬间,衬砌外侧应变整体变化量值均明显小于内侧,且只有部分位置出现卸能,最易受开裂影响的部位依次为右侧拱肩、右侧拱腰、左侧拱脚等,最易影响其他部位的开裂位置依次为左侧拱顶内侧 2#、右侧拱腰外侧 5# 等。

2. 弯矩角度能量变化分析

1) 双侧拱脚浸水

在双侧拱脚浸水恶化时,各裂缝开裂瞬间,弯矩减小不明显,量值变化主要出现在两侧拱脚及仰拱部位,左侧拱脚处弯矩变化明显的,主要原因是左侧拱脚为最终失稳发生的部位,出现网状裂缝,受力状况复杂,其余位置多是影响本身开裂位置的弯矩。弯矩最易受开裂影响的部位依次为左侧拱脚、左侧仰拱等,最易影响其他部位的开裂位置依次为右侧拱脚外侧 4#、左侧拱顶外侧 11# 等。

2）双侧拱腰浸水

在双侧拱腰浸水恶化时,相比双侧拱脚浸水,各裂缝开裂瞬间,弯矩减小量增大,弯矩变化主要出现在左侧拱脚和右侧拱肩。弯矩最易受开裂影响的部位依次为左侧拱腰、左侧拱脚、右侧拱肩等,最易影响其他部位的开裂位置依次为左侧拱腰内侧 8#、右侧拱脚外侧 2# 等。

3）右侧拱脚浸水

在右侧拱脚浸水恶化时,各裂缝开裂瞬间,弯矩减小现象并不明显,弯矩变化主要出现在左侧拱脚和右侧拱腰。弯矩最易受开裂影响的部位依次为右侧拱腰、左侧拱脚等,最易影响其他部位的开裂位置依次为右侧拱肩外侧 6#、右侧拱腰外侧 2# 等。

4）右侧拱腰浸水

在右侧拱腰浸水恶化时,相前两种工况,各裂缝开裂瞬间,弯矩减小量降低明显,只有后期开裂阶段,右侧拱顶内侧 11# 裂缝开裂引起各部位较大的弯矩减小,左侧拱顶外侧 3# 裂缝开裂引起邻近部位的弯矩增大。弯矩最易受开裂影响的部位依次为拱顶左侧、右侧拱肩等,最易影响其他部位的开裂位置依次为右侧拱顶内侧 11#、右侧拱脚内侧 4#、左侧拱顶外侧 3# 等。

5）左侧拱腰右侧拱脚浸水

在左侧拱腰右侧拱脚浸水恶化时,同单侧和双侧拱腰浸水工况相比,各裂缝开裂瞬间,弯矩减小量降低明显,弯矩范围也有所减小,主要集中在除拱顶外的衬砌两侧及仰拱部位,这些区域整体加卸载水平相当。弯矩最易受开裂影响的部位依次为右侧拱肩、左侧拱脚等,最易影响其他部位的开裂位置依次为左侧拱顶内侧 2#、左侧仰拱内侧 4# 等。

3. 整体分析

通过对各工况下各位置应变及弯矩变化情况综合分析,得出五种工况下易受影响区域有如下特点:①应变方面,内侧易受影响区域为左侧拱脚和右侧拱肩,外侧易受影响区域为左侧仰拱、左侧拱脚和右侧拱肩;②弯矩方面,易受影响区域为左侧拱脚和右侧拱肩;③整体来看,拱顶区域在应变及弯矩方面的易受影响排序中均处于中间水平,因此综合考虑时拱顶也应作为一个易受影响区。综合以上,将仰拱部位剔除,并考虑对称性原则,可以得出以下结论:在衬砌结构受力劣化过程中,最易受到开裂影响且能量发生变化的部位是左右拱脚、左右拱肩和拱顶。

五种工况下易影响区域有如下特点:①应变方面,从内侧各点应力在开裂时的卸能变化可以看出,左右拱脚外侧、左侧拱顶内外侧及左侧拱腰内侧、右侧拱腰外侧等部位处开裂对内侧各点应力的能量变化影响较大,从外侧各点应力在开裂时的卸能变化可以看出,左右拱顶内侧、左侧拱腰内侧及右侧拱脚外侧等部位处开裂对外侧各点应力的能量变化影响较大;②弯矩方面,从各点弯矩在开裂时的卸能变化可以看出,左侧拱脚外侧、左侧拱顶内外侧等部位处开裂对各点弯矩的能量变化影响较大。综合上述分析,将仰拱部位剔除,并考虑对称性原则,可以得出以下结论:在衬砌结构受力开裂过程中,开裂最易导致衬砌结构能量发生变化的部位是左侧拱顶、左右拱腰及左右拱脚。

6.4.2　衬砌开裂对局部结构卸能范围分析

试验过程中发现,衬砌不同位置开裂应变存在差异,同时开裂后裂缝对附近衬砌应变的影响也随着开裂位置的不同而改变,故本节对不同衬砌位置下裂缝开裂前后应变变化加以分析,试图对衬砌开裂后结构局部卸能范围加以了解。

由于模型试验中绝大多数裂缝为拉裂缝,加载过程中压裂缝较少,且压裂缝常出现在衬砌加速失稳阶段,此时衬砌变形大,衬砌全部位置应变均在快速减小,故压裂缝对衬砌结构局部受力影响未做分析。

1. 拱部内外侧开裂

1) 拱顶内侧开裂

拱顶内侧开裂前后裂缝附近应变变化曲线如图 6.38 所示,图中裂缝取自两侧拱腰浸水工况下拱顶 3# 裂缝,开裂位置为内侧 1 号应变片。可以看出,拱顶内侧 1 号应变片位置在 400με 附近开裂,开裂后,裂缝两侧 2 号、3 号、4 号应变片拉应变均减小,而 5 号、6 号应变片压应变持续增大,故拱顶裂缝开裂对拱顶内侧卸能范围为拱顶和靠近两侧拱肩位置。相应地,拱顶外侧受到内侧裂缝开裂影响其压应变略有减小,其中拱顶位置变化较大,拱肩处应变量减小较小。两侧拱脚围岩浸水工况中,拱顶外侧失稳前开裂,由于失稳前衬砌整体应变持续变化,该裂缝开裂后影响衬砌应变的范围不能确定,故拱顶外侧开裂影响范围不做分析。

2) 拱肩内外侧开裂

图 6.39 为拱肩内侧开裂前后裂缝附近应变变化曲线,图中拱肩内侧开裂裂缝取自右侧拱脚浸水左侧拱腰浸水工况下拱肩内侧 2# 裂缝,开裂位置为内侧 4 号应变片。可以看出,拱肩内侧开裂的拉应变为 197με,开裂后减小至 179με,减小量不大。而随着裂缝开裂,6 号应变片压应变未受影响持续增大,拱顶 1 号、2 号应变片应变量值相应减小,右侧拱肩 3 号应变片应变量值未受影响略有增大,故拱肩内侧裂缝开裂影响了拱肩和开裂一侧拱顶应变,内侧其他位置未受影响。相应地,拱肩外侧拉压应变减小位置为外侧 1 号和 3 号应变片,其他位置应变未受影响。

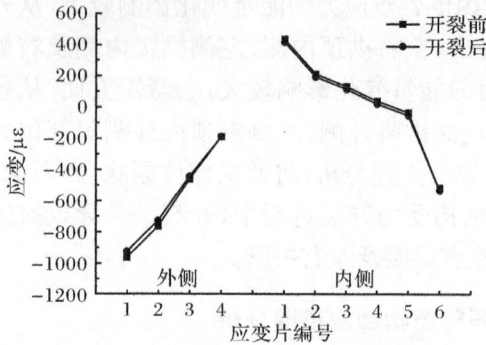

图 6.38　拱顶内侧开裂前后裂缝附近应变变化曲线

　　图 6.40 为拱肩外侧开裂前后裂缝附近应变变化曲线,图中拱肩外侧开裂裂缝取自右侧拱脚浸水工况下拱肩内侧 4# 裂缝,开裂位置为外侧 4 号应变片。可以看出,拱肩外侧开裂前拉应变为 436με,开裂后减小至 334με,随着裂缝开裂,拱肩外侧裂缝相邻位置压应变并未减小,1 号应变片虽有减小,但考虑到 1 号应变片与 4 号应变片间隔 2 号应变片,故其减小可能不是 4 号应变片位置开裂所致。观察拱肩内侧压应变变化发现,拱肩外侧裂缝开裂后,内侧 5 号和 7 号应变片应变量值均有减小,9 号应变片应变量值基本未变,其他位置未受影响。

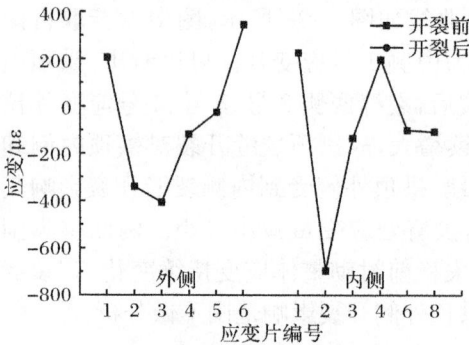

图 6.39　拱肩内侧开裂前后裂缝附近应变化曲线

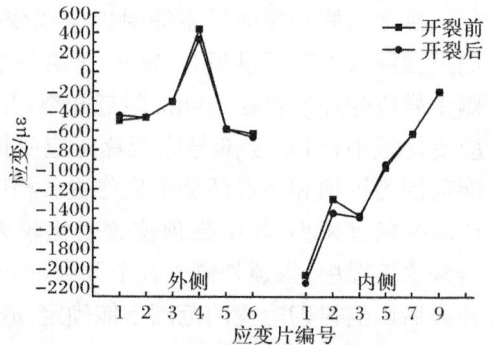

图 6.40　拱肩外侧开裂前后裂缝附近应变化曲线

　　3) 拱腰内外侧开裂

　　图 6.41 为拱腰内侧开裂前后裂缝附近应变变化曲线,图中拱腰内侧开裂裂缝取自右侧拱脚浸水左侧拱腰浸水工况下拱肩内侧 1# 裂缝,开裂位置为内侧 8 号应变片。可以看出,拱腰内侧开裂的拉应变为 446με,开裂后减小至 213με,减小幅度大,开裂处相邻两应变片压应变未受影响持续增大。相应地,拱腰外侧应变量减小位置为外侧 1 号、2 号、3 号、4 号应变片,考虑到内侧裂缝开裂后应变量减

小较大,但外侧应变变化量均在 7με 内,故可认为拱腰内侧开裂对拱腰外侧应变没有影响。

图 6.42 为拱腰外侧开裂前后裂缝附近应变变化曲线,图中拱腰外侧开裂裂缝取自右侧拱腰浸水工况,开裂位置为外侧 6 号应变片。可以看出,拱腰外侧开裂时拉应变为 766με,开裂后减小至 493με,减小幅度大,拱腰外侧开裂使得同侧拱肩到边墙应变量均有减小。相应地,拱腰内侧应变量减小位置为内侧 7 号、9 号、11 号、13 号、15 号应变片,其他位置未受影响。

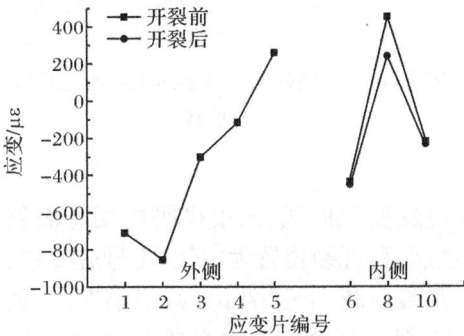

图 6.41　拱腰内侧开裂前后裂缝附近应变
变化曲线

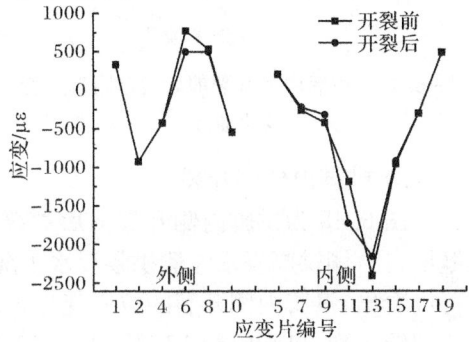

图 6.42　拱腰外侧开裂前后裂缝附近应变
变化曲线

2. 边墙及拱脚开裂

1) 边墙内外侧开裂

图 6.43 为边墙内侧开裂前后裂缝附近应变变化曲线,图中边墙内侧开裂裂缝取自两侧拱腰浸水工况下 7# 裂缝,开裂位置为内侧 12 号应变片。可以看出,边墙内侧开裂的拉应变为 350με,开裂后减小至 119με,减小幅度大,随着裂缝开裂,边墙内侧开裂一侧拱腰至边墙应变量均有减小,其他位置未受影响。相应地,边墙外侧应变量减小位置为内侧 5 号、7 号、9 号应变片,其他位置未受影响。

图 6.44 为边墙外侧开裂前后裂缝附近应变变化曲线,图中边墙外侧开裂裂缝取自右侧拱脚浸水左侧拱腰浸水工况下 5# 裂缝,开裂位置为外侧 8 号应变片。可以看出,边墙外侧开裂的拉应变为 522με,开裂后减小至 400με,减小幅度大,边墙外侧开裂一侧 6 号和 8 号应变片应变量值均有减小,其他位置未受影响,应变量持续增大。相应地,边墙内侧应变量减小位置为内侧 11 号、13 号、15 号、17 号应变片,其他位置未受影响。

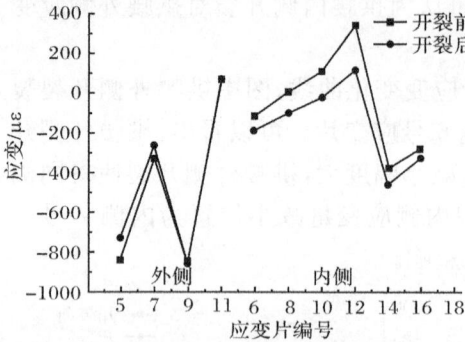

图 6.43　边墙内侧开裂前后裂缝附近应变
变化曲线

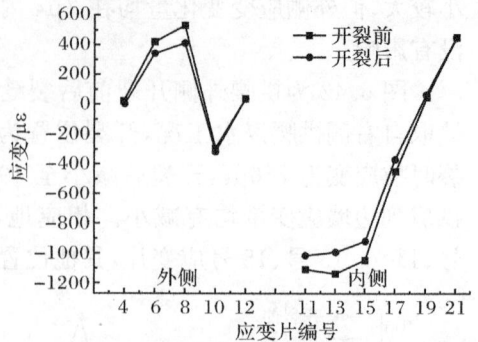

图 6.44　边墙外侧开裂前后裂缝附近应变
变化曲线

2) 拱脚内外侧开裂

图 6.45 为拱脚内侧开裂前后裂缝附近应变变化曲线,图中拱脚内侧开裂裂缝取自右侧拱脚浸水左侧拱腰浸水工况下 3# 裂缝,开裂位置为内侧 21 号应变片。可以看出,拱脚内侧开裂的拉应变为 849με,开裂后减小至 579με,减小幅度大,随着裂缝开裂,拱脚内侧 17 号、19 号、21 号和 23 号应变片应变均有减小,其他位置未受影响。相应地,拱脚外侧应变量减小位置为内侧 10 号、12 号应变片,其他位置未受影响。

图 6.46 为拱脚外侧开裂前后裂缝附近应变变化曲线,图中拱脚外侧开裂裂缝取自两侧拱脚浸水工况下 2# 裂缝,开裂位置为外侧 11 号应变片。可以看出,边墙外侧开裂的拉应变为 260με,开裂后减小至 132με,减小幅度较大,随着裂缝开裂,拱脚外侧 9 号和 11 号应变片应变量值均有减小,其他位置未受影响,应变持续增大。相应地,拱脚内侧应变减小位置为内侧 14 号、16 号、18 号、20 号应变片,其他位置未受影响。

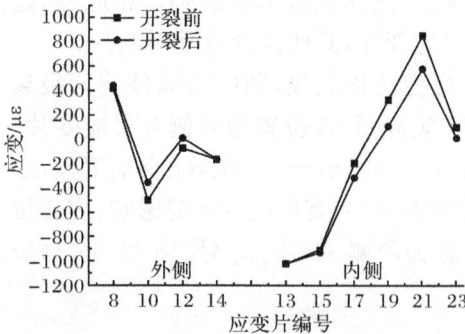

图 6.45　拱脚内侧开裂前后裂缝附近应变
变化曲线

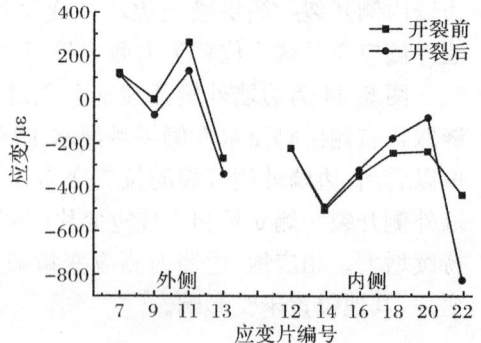

图 6.46　拱脚外侧开裂前后裂缝附近应变
变化曲线

3. 仰拱开裂

两侧拱脚浸水工况下,仰拱 28 号应变片位置在应变达到 234.74 时发生开裂,开裂后均匀布置在仰拱内侧 7 个点的应变量均发生突减,24 号和 25 号应变片更是由拉转压,裂缝开裂导致的部分应力释放和位移突变均引起了上述现象。图 6.47 为仰拱内侧应变变化对比,由图可知,拱脚位置应变没有发生变化。其中,24~30 号应变片位置应变量分别减小了 43.83με、25.09με、63.47με、44.01με、106.26με、53.58με 和 64.45με,可见裂缝开裂位置应变量减小最大,相应的应力减小了 290kPa(弹性模量为 2.73GPa),离裂缝距离越远,应力减小越少。

图 6.48 为仰拱外侧应变变化对比,由图可知,衬砌内侧开裂对衬砌外侧同样产生了相似的影响,衬砌外侧应变量也发生了突减,裂缝位置位于外侧 13 号和 15 号应变片之间,这两处应变改变最大,三位置应变分别减小了 53.79με、31.27με、53.89με。

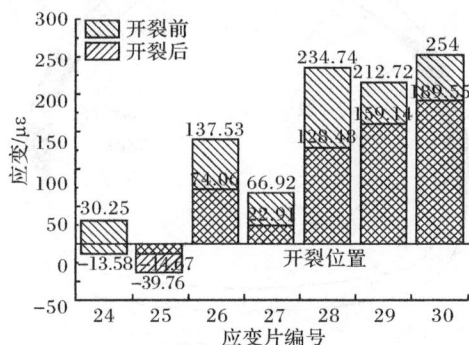

图 6.47　仰拱内侧应变变化

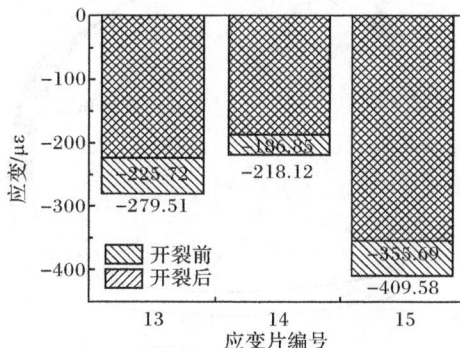

图 6.48　仰拱外侧应变变化

综合前述结论,衬砌不同位置内外侧裂缝开裂的卸能范围如图 6.49 所示,图中卸能范围由裂缝开裂后附近应变减小的应变片位置确定,由于应变片布设存在间距,图中影响范围为最小卸能范围,实际卸能范围将比图中略大。图中标记了该处裂缝开裂时的应变值。

可以看出,拱顶内侧裂缝开裂影响衬砌拱顶内外侧衬砌受力;仰拱内侧裂缝开裂的卸能范围为整个仰拱衬砌内外侧受力;拱肩内侧裂缝开裂的卸能范围向拱顶位置发展,其卸能范围为拱肩内外侧和拱顶内侧;拱肩外侧裂缝开裂在衬砌外侧只影响裂缝附近,对衬砌内侧的影响有明显的扩大效果;拱脚内侧裂缝开裂卸能范围同样存在向上发展的现象,仰拱不受影响,其卸能范围为拱脚和边墙下部内外侧;拱脚外侧裂缝与拱脚内侧裂缝开裂卸能范围基本相同;拱腰内侧裂缝开

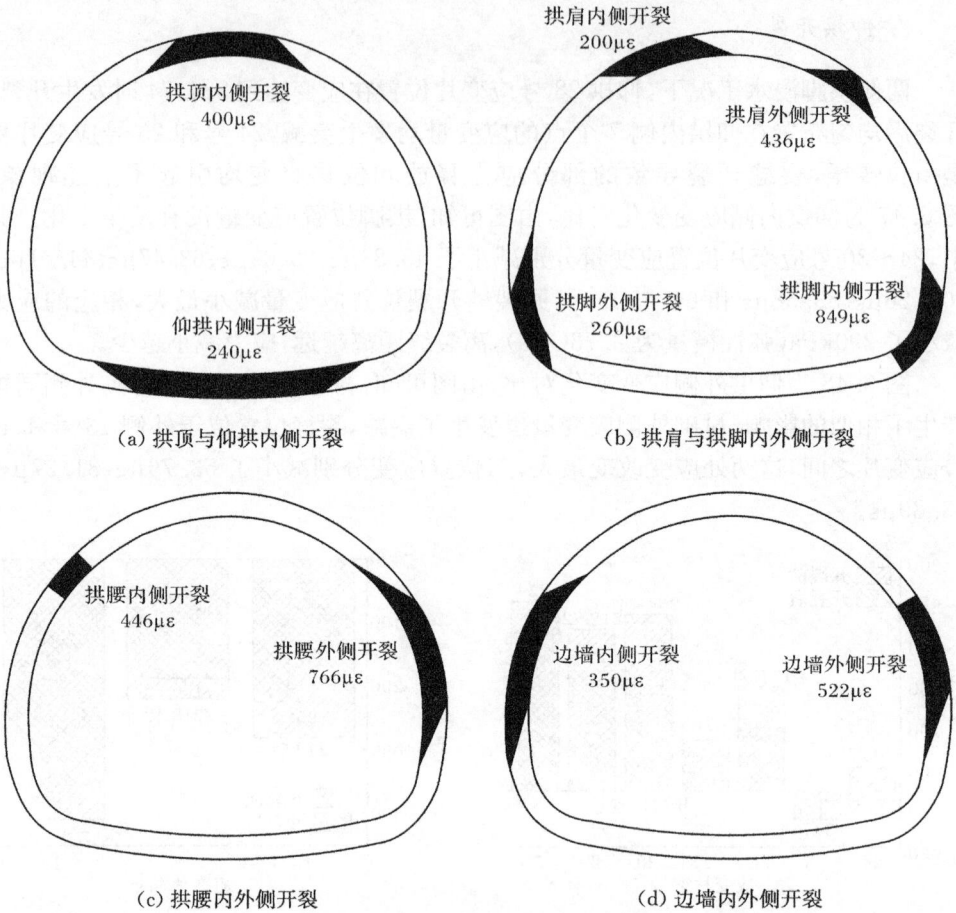

（a）拱顶与仰拱内侧开裂

拱顶内侧开裂
400με

仰拱内侧开裂
240με

（b）拱肩与拱脚内外侧开裂

拱肩内侧开裂
200με

拱肩外侧开裂
436με

拱脚外侧开裂
260με

拱脚内侧开裂
849με

（c）拱腰内外侧开裂

拱腰内侧开裂
446με

拱腰外侧开裂
766με

（d）边墙内外侧开裂

边墙内侧开裂
350με

边墙外侧开裂
522με

图 6.49　衬砌不同位置内外侧裂缝开裂的卸能范围

裂影响范围较小,只包括裂缝开裂处内外侧衬砌;拱腰外侧裂缝开裂卸能范围比内侧开裂大许多,其卸能范围向衬砌上下两个方向均有发展,包括拱腰和边墙上部;边墙内外侧裂缝开裂卸能范围基本相同,且卸能范围同样存在向上发展的现象,包括边墙开裂位置和拱腰下部。

　　对比裂缝开裂时的应变值发现,衬砌不同位置开裂时的应变不同,衬砌开裂与否不能单由材料属性决定。除拱脚外,衬砌其他位置外侧裂缝开裂所需应变大于同一位置的内侧裂缝开裂,而拱脚位置内侧裂缝开裂应变大于外侧很可能是拱脚衬砌弧度较小造成的。

6.5　带裂缝衬砌可承担荷载比

现有在役黄土隧道中衬砌带裂缝工作较为常见,衬砌开裂后仍可承受一定的荷载,但可承受荷载的量值会随着衬砌裂缝开裂情况的不同而存在差异,能够承受荷载的大小也反映了衬砌现有的劣化程度。

衬砌开裂时所受荷载与衬砌失稳时的极限荷载的差值为衬砌开裂后可继续承担的荷载量,称为剩余承载力,剩余承载力与极限荷载的比值即为带裂缝衬砌可承担的荷载比值,简称带裂缝衬砌可承担荷载比。其中,衬砌开裂时所受荷载为裂缝开裂时 15 个加载点的荷载总和。衬砌失稳前最后一条裂缝产生时 15 个加载点的荷载总和为衬砌的极限承载力。

表 6.1 为五种浸水工况下带裂缝衬砌可承担荷载比。可以看出,五种围岩浸水工况下衬砌开裂后可承担荷载比均小于 0.4,且随着裂缝数目的增加,可承担荷载比逐渐减小。其中,两侧拱腰浸水工况(工况二)下首次开裂后衬砌可承担荷载比最大,为 0.39;其次为两侧拱脚浸水工况(工况一),为 0.33;一侧拱脚与另一侧拱腰浸水工况(工况五)衬砌可承担荷载比大于单侧浸水工况,为 0.31,单侧浸水工况中,单侧拱腰浸水工况(工况四)下首次裂缝开裂后衬砌可承担荷载比小于单侧拱脚浸水工况(工况三),前者为 0.24,后者为 0.27。

表 6.1　五种浸水工况下带裂缝衬砌可承担荷载比

裂缝数目	1	2	3	4	5	6	7	8	9	10	11	12
工况一	0.33	0.32	0.31	0.28	0.24	0.22	0.19	0.15	0.09	0.02	0	—
工况二	0.39	0.39	0.38	0.32	0.29	0.26	0.25	0.18	0.14	0.08	0.03	0
工况三	0.27	0.18	0.17	0.06	0.03	0	—	—	—	—	—	—
工况四	0.24	0.23	0.17	0.13	0.09	0.04	0.03	0.01	0	—	—	—
工况五	0.31	0.30	0.29	0.25	0.22	0.05	0.04	0.02	—	—	—	—

图 6.50 为带裂缝衬砌可承担荷载比随裂缝数目发展的衰减曲线。可以看出,衬砌两侧对称位置浸水工况下(工况一与工况二),衬砌可承担荷载比随裂缝数目发展的衰减曲线走势相似;衬砌单侧浸水工况下(工况三与工况四),衬砌可承担荷载比随裂缝数目发展的衰减曲线走势相似;一侧拱腰浸水与另一侧拱脚浸水工况下(工况五),退化曲线前期与两侧拱脚浸水工况相似,后期与单侧拱腰浸水工况相似。

图 6.51 为五种浸水工况下带裂缝衬砌可承担荷载比随加载等级增加的衰减曲线。可以看出,虽然不同工况下衬砌各个加载等级所代表的荷载值不同,但带裂缝衬砌可承担荷载比均随着加载等级增加呈线性减小趋势。

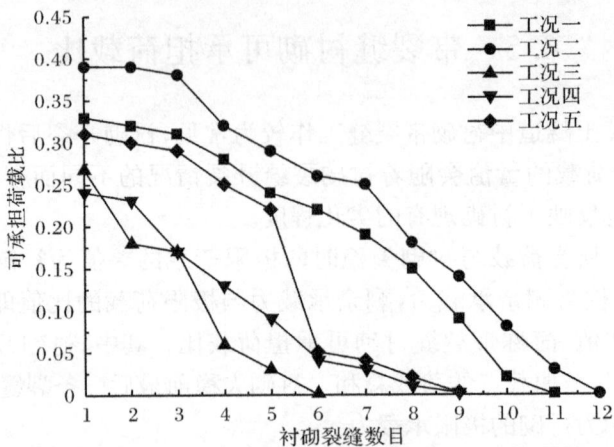

图 6.50 带裂缝衬砌可承担荷载比随裂缝数目发展的衰减曲线

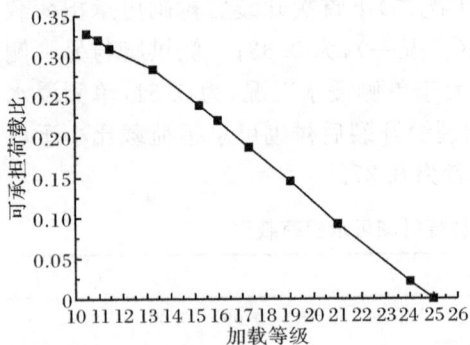

(a) 工况一

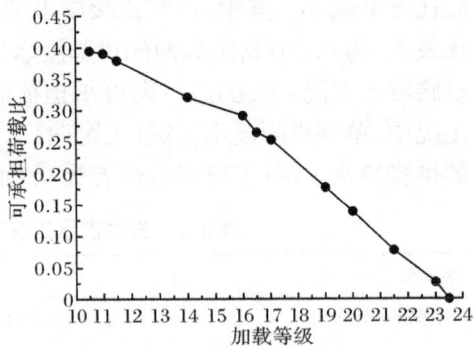

(b) 工况二

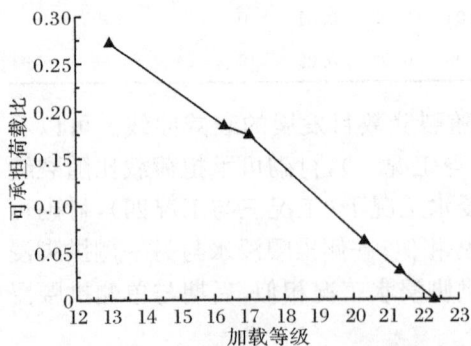

(c) 工况三

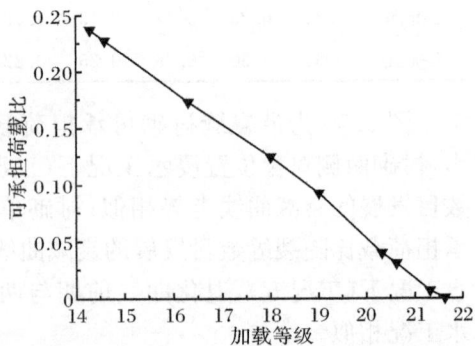

(d) 工况四

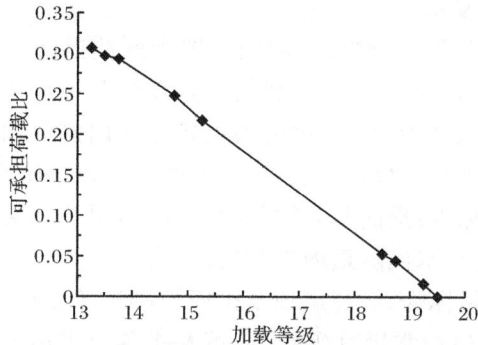

(e) 工况五

图 6.51　带裂缝衬砌可承担荷载比随加载等级增加的衰减曲线

6.6　围岩浸水衬砌劣化后衬砌重点加固位置及加固目标

6.6.1　裂缝分布特征判断围岩浸水类型

要确定围岩浸水下衬砌劣化加固位置和目标,首先应明确隧道围岩浸水类型。由于衬砌裂缝的一般性检查只能观察到衬砌内侧裂缝,且无法探知拱脚及仰拱开裂情况,因此有必要根据衬砌内侧拱部及边墙裂缝分布的特征判断围岩浸水恶化类型。

若两侧拱腰位置开裂,则围岩浸水恶化类型可能为两侧拱脚围岩浸水;若两侧拱肩及拱顶开裂,则围岩浸水恶化类型可能为两侧拱腰围岩浸水;若单侧拱腰位置开裂,则围岩浸水恶化类型可能为开裂侧拱脚围岩浸水;若单侧拱肩与边墙位置开裂,则围岩浸水恶化类型可能为开裂侧拱腰围岩浸水;若单侧拱肩位置开裂,则围岩浸水恶化类型可能为开裂侧拱腰位置和另一侧拱脚位置浸水。

6.6.2　围岩浸水恶化下衬砌劣化后衬砌重点加固位置及加固目标

1) 两侧拱脚围岩浸水

两侧拱脚围岩浸水下,衬砌重点加固位置为两侧拱脚和边墙。两侧拱脚开裂较早且在加载过程中持续发展,拱脚最终出现网状裂缝,直接导致衬砌丧失承载力;两侧边墙为轴力与弯矩最大发生位置,边墙外侧拉裂且开裂严重。

两侧拱脚加固目标为:提高两侧拱脚衬砌强度,阻止新裂缝的发生,同时应填补裂缝,以免拱脚浸水向隧道内部发展。

两侧边墙加固目标为:提高两侧边墙衬砌抗弯刚度,防止边墙进一步弯曲,同时应考虑修补边墙外侧拉裂缝,防止裂缝在长期开裂状态下二次病害的发生。

2）两侧拱腰围岩浸水

两侧拱腰围岩浸水下，衬砌重点加固位置为两侧拱脚、两侧拱肩及拱顶。与两侧拱脚围岩浸水相同，两侧拱脚开裂较早且在加载过程中持续发展，拱脚的网状破坏直接导致衬砌丧失承载力；衬砌拱顶始终向内侧弯曲，拱顶及两侧拱肩内侧受拉严重且产生数条拉裂缝，拱顶及拱肩外侧产生数条压裂缝。

两侧拱脚加固目标为：提高两侧拱脚衬砌强度，阻止新裂缝的发生，同时应考虑填补裂缝，以免拱脚浸水向隧道内部发展。

拱顶及拱肩加固目标为：提高拱顶及拱肩衬砌抗弯刚度，调节衬砌内力分布，同时考虑到压裂缝周边通常极其破碎，应填补拱顶及拱肩外侧压裂缝，防止压裂缝在长期挤压状态下微裂缝的持续发展。

3）单侧拱脚浸水

单侧拱脚浸水下，衬砌重点加固位置为浸水侧拱顶至边墙。浸水侧拱腰位置内侧率先开裂且始终处于发展状态，拱顶及边墙位置衬砌受压严重且向衬砌外侧弯曲较大。拱腰外侧、拱顶和边墙内侧均有压裂缝产生，浸水侧拱腰的完全破坏直接导致衬砌丧失承载力。

浸水侧拱顶至边墙位置的加固目标为：提高该处衬砌抗弯刚度与强度，以提升拱顶及边墙衬砌的抗压能力，抵抗较大轴力作用，防止拱腰位置进一步向内侧临空面变形。同时应填补压裂缝，防止压裂缝在长期挤压状态下微裂缝的持续发展。

4）单侧拱腰浸水

单侧拱腰浸水下，衬砌重点加固位置为未浸水侧拱肩至浸水侧拱脚。单侧拱腰浸水下，浸水侧拱肩率先开裂，未浸水侧拱肩和浸水侧边墙外侧均产生数条拉裂缝，围压的持续恶化使得浸水侧拱肩至拱脚新旧裂缝交织，网状裂缝的出现对衬砌承载性能带来极其不利的影响。

未浸水侧拱肩至浸水侧拱脚的加固目标与单侧拱脚浸水下浸水侧拱顶至边墙位置的加固目标相似，提高该处衬砌抗弯刚度与强度，以提升未浸水侧拱肩和浸水侧拱腰及边墙的抗压能力，防止浸水侧拱肩位置进一步向内侧临空面变形。填补压裂缝，防止压裂缝在长期挤压状态下微裂缝的持续发展，同时应整体处理网状裂缝，如铺设碳纤维板，整体稳定网状裂缝发展。

5）右侧拱脚围岩与左侧拱腰围岩同时浸水

右侧拱脚围岩与左侧拱腰围岩同时浸水下，衬砌重点加固位置为两侧拱脚及拱腰浸水侧拱肩。拱脚开裂最早且在加载过程中持续发展，拱脚出现网状裂缝，且直接导致衬砌丧失承载力；拱腰浸水侧拱肩内侧裂缝开裂较早，且该处所受压力也随着围岩的恶化大幅增大，压裂缝首次出现在拱肩外侧。

两侧拱脚加固目标为：提高两侧拱脚衬砌强度，阻止新裂缝的发生，同时应考虑填补裂缝,以免拱脚浸水向隧道内部发展。

拱腰浸水侧拱肩加固目标为:提高该处衬砌抗弯刚度,防止边墙进一步向隧道内侧临空面弯曲,同时应修补外侧压裂缝,防止压裂缝在长期挤压状态下微裂缝的持续发展。

6.7　小　　结

本章立足于黄土围岩浸水恶化下衬砌结构性能的劣化机理研究,首先,对衬砌裂缝的发展分布及衬砌变形进行详细分析,总结了衬砌变形及裂缝发展的规律,明确了围岩浸水恶化下衬砌结构性能劣化机理。其次,根据衬砌裂缝的开裂类型,对其进行分类,得到了围岩浸水条件下衬砌裂缝的分布特征。再次,考虑到裂缝开裂对衬砌整体和局部具有卸能作用,研究了衬砌不同位置开裂后对结构的卸能范围,以及衬砌结构开裂时的卸能规律。接着,针对在役黄土隧道中衬砌带裂缝工作这种常见现象,研究了带裂缝衬砌的可承担荷载比。最后,结合衬砌开裂及衬砌内力情况,提出了围岩浸水恶化下衬砌重点加固位置和加固目标。

本章主要结论如下:

(1)衬砌变形和裂缝发展规律。黄土隧道衬砌两侧拱脚及拱腰围岩浸水下,衬砌破坏失稳模式均为拱脚网状开裂瞬间失稳;单侧拱脚围岩浸水下,衬砌破坏失稳模式为浸水侧拱腰裂缝贯通失稳;单侧拱腰围岩浸水下,衬砌破坏失稳模式为浸水侧拱肩裂缝贯通失稳;右侧拱脚围岩与左侧拱腰围岩同时浸水下,衬砌破坏失稳模式为拱腰浸水侧拱脚网状开裂瞬间失稳。

两侧拱腰或拱脚围岩浸水下,衬砌开裂前期较为密集,后期较为稀疏,裂缝出现频率属“先急后缓”型,同时衬砌裂缝较多,且分布较为均匀;单侧浸水和两侧不同位置浸水下,衬砌开裂前期较为稀疏,后期较为密集,裂缝出现频率属“先缓后急”型,同时衬砌裂缝较少,且主要集中在导致衬砌失稳的裂缝位置附近。

五种浸水工况中,衬砌拱顶始终向内侧变形,其变形量和变形速度基本均大于其他位置,其中两侧不同位置浸水下拱顶变形量最大,其次为单侧浸水工况,两侧对称位置浸水工况下拱顶变形量最小。两侧对称位置浸水下,两侧拱腰始终向衬砌内侧变形,且两侧拱腰浸水下的拱腰变形量大于两侧拱脚浸水。单侧浸水和两侧不同位置浸水下两侧拱腰向不同方向变形。两侧拱脚和仰拱均向衬砌外侧变形,且变形量较小。

五种浸水工况对衬砌危害程度由高到低顺序为:单侧拱腰围岩浸水＞单侧拱脚围岩浸水＞右侧拱脚和左侧拱腰围岩同时浸水＞两侧拱脚围岩浸水＞两侧拱腰围岩浸水。

(2)围岩浸水恶化下衬砌结构性能劣化机理。衬砌两侧拱脚围岩浸水恶化下,拱脚处围岩浸水致使衬砌拱脚所受压力激增,衬砌一侧拱脚与同侧仰拱率先开裂,开裂后该侧拱脚轴力与弯矩快速增大。随着围岩的持续恶化,衬砌拱腰和拱脚所受压力持续增大,两者上下挤压衬砌,衬砌边墙向外侧弯曲程度加大并且轴力增大,边墙外侧混凝土拉裂。拱部所受最大荷载位置上移至拱腰,使得衬砌拱腰向内侧弯曲严重,拱腰内侧衬砌出现拉裂缝。拱腰荷载左右挤压衬砌,拱顶向外侧弯曲,拱顶外侧混凝土拉裂。最先开裂的左侧拱脚裂缝持续发展,新旧裂缝交织成网状,拱脚轴力猛增且弯曲严重,裂缝贯通衬砌后左侧拱脚完全破坏,衬砌失去承载能力。

衬砌两侧拱腰围岩浸水恶化下,衬砌一侧拱脚与相邻仰拱率先相继开裂,开裂后该侧拱脚轴力与弯矩快速增大。随着围岩的持续恶化,拱顶与拱肩所受压力持续增大,衬砌拱部和拱脚的压力挤压衬砌,边墙向外侧大幅弯曲,边墙外侧衬砌开裂,同时衬砌拱顶内侧拉裂,外侧出现压裂缝。在上述过程中,最先开裂的左侧拱脚裂缝持续发展,该处轴力和弯矩持续激增,新旧裂缝交织成网状,裂缝贯通衬砌后左侧拱脚完全破坏,衬砌失去承载能力。

衬砌单侧拱脚围岩浸水恶化下,浸水侧拱腰所受压力持续增大,使得衬砌拱腰内侧首先拉裂,浸水侧拱脚与浸水侧拱腰的较大压力上下挤压衬砌,该侧边墙外侧拉裂。浸水导致浸水侧衬砌所受压力较大,衬砌边墙以上整体向未浸水侧位移,未浸水侧围岩抵抗衬砌,加之浸水侧拱腰较大压力挤压拱顶,拱顶向外侧变形且外侧拉裂。随着围岩的持续恶化,浸水侧拱腰弯曲程度大幅增加,该处外侧出现压裂缝,同时内侧拉裂缝快速发展,使得浸水侧边墙与拱顶内侧相继出现压裂缝。最终浸水侧拱腰内外侧拉压裂缝贯通,衬砌拱腰在"压缩"和"弯曲"作用下内部产生滑动面,该处衬砌完全破坏,衬砌失去承载力。

衬砌单侧拱腰围岩浸水恶化下,浸水侧拱肩压力快速增大,拱肩向内侧弯曲且内侧率先拉裂。浸水侧拱肩和拱脚的较大压力挤压浸水侧衬砌,同侧边墙向外侧弯曲且外侧开裂。随着围岩的持续恶化,衬砌上部整体向未浸水侧位移,围岩抗力和浸水侧拱肩较大压力左右挤压拱顶,使得未浸水侧拱肩向外侧严重弯曲,拱肩外侧开裂。上述过程中,首先开裂的浸水侧拱肩内侧裂缝不断发展,裂缝深度与宽度持续增大,随着浸水侧拱肩向内弯曲的加大,未浸水侧拱肩和浸水侧拱腰内侧先后产生多条压裂缝,最终,浸水侧拱肩裂缝贯通衬砌,拱肩衬砌完全破坏,衬砌完全失去承载力。

右侧拱脚围岩与左侧拱腰围岩同时浸水下,衬砌两侧拱脚所受压力均大幅增长,拱腰浸水侧拱脚内侧首先开裂,同侧拱肩压力的快速增大使得拱肩内侧拉裂,拱脚浸水侧拱脚内侧随后相继开裂。由于拱腰浸水侧拱部压力较大,衬砌上部整体向拱脚浸水侧发生位移。衬砌两侧边墙受到拱部和拱脚的压力挤压,衬砌向外侧发生弯曲,拱腰浸水侧弯曲严重且先于拱脚浸水侧开裂。上述过程中,拱腰浸水侧拱脚裂缝持续发展且新裂缝不断产生,新旧裂缝交织成网状,压裂缝出现后不久拱脚完全破坏,衬砌失去承载力。

(3)拱顶内侧开裂的卸能范围为拱顶内外侧衬砌;仰拱内侧开裂的卸能范围为整个仰拱衬砌内外侧;拱肩内侧开裂的卸能范围向上发展,为拱肩内外侧和拱顶内侧;拱肩外侧开裂在衬砌外侧只影响裂缝附近,对衬砌内侧的卸能影响有明显的扩大效果;拱脚内外侧开裂的卸能范围向上发展,为拱脚和边墙下部内外侧;拱腰内侧开裂的卸能范围为裂缝开裂处内外侧衬砌;拱腰外侧开裂的卸能范围为拱腰和边墙上部;边墙内外侧开裂的卸能范围同样存在向上发展现象,包括边墙开裂位置和拱腰下部。

(4)在衬砌结构受力劣化过程中,最易受到开裂影响,能量发生变化的部位主要包括左右拱脚、左右拱肩及拱顶三部分;开裂最易导致衬砌结构能量发生变化的部位是左侧拱顶、左右拱腰及左右拱脚三部分。

(5)五种围岩浸水工况下衬砌带裂缝工作可承担荷载比均小于 0.4,且随着裂缝的发展,可承担荷载比逐渐减小。衬砌开裂后可承担荷载比随着加载等级增加均呈线性衰减。

(6)两侧拱脚围岩浸水下,衬砌重点加固位置为两侧拱脚和边墙;两侧拱腰围岩浸水下,衬砌重点加固位置为两侧拱脚、两侧拱肩及拱顶;单侧拱脚浸水下,衬砌重点加固位置为浸水侧拱顶至边墙;单侧拱腰浸水下,衬砌重点加固位置为未浸水侧拱肩至浸水侧拱脚;右侧拱脚围岩与左侧拱腰围岩同时浸水下,衬砌重点加固位置为两侧拱脚及拱腰浸水侧拱肩。

第7章 围岩浸水恶化下黄土公路隧道 结构健康综合评价体系

7.1 概　述

伴随着我国西部地区的迅速发展,西北部地区的基础交通建设也在如火如荼地进行,由于西北部地区黄土覆盖区域较多,因此越来越多的黄土公路隧道被大量修建并投入使用,而这一地区常出现自然降水以及农田灌溉的情况,再加上地裂缝的存在,导致隧道围岩出现浸水情况,由于黄土自身的特殊性,尤其是遇水之后,强度发生巨大变化的特点,导致其不同于其他地区的隧道,具有其自身的特殊性。而目前的隧道结构健康评价体系中针对黄土公路隧道这一特殊现象的研究相对较少,并且已有的相关评价体系对于这种情况的衬砌劣化针对性不足。因此,为了解决在围岩浸水恶化下黄土公路隧道结构健康评价问题,根据相关研究成果,特别提出一种适用于围岩浸水恶化下黄土公路隧道结构健康综合评价体系。

该评价体系的建立坚持合理性、针对性、科学性的原则,在指标选取中坚持"有价值、有代表性、易测量"的原则,大胆摒弃一些干扰性的指标,抓住主要矛盾,解决主要问题。采纳已有的隧道衬砌结构健康评价体系有价值的研究成果,摒弃其中的不合理部分,借助模糊综合评价方法和短板效应准则,将衬砌劣化这一内因与围岩恶化这一外因相结合,最终建立起围岩浸水恶化下黄土公路隧道结构健康综合评价体系。

7.2 评价体系构建总体思路

任何事物的发展变化都是由内因和外因共同作用的结果,其中,内因决定了事物发展的本质,外因对内因起到影响作用。黄土隧道衬砌的安全性问题也不例外,通过研究分析发现,围岩浸水恶化下黄土公路隧道结构健康问题就是由内因和外因共同作用的结果,内因是隧道衬砌目前的劣化情况,它主要由衬砌结构的开裂情况决定,而外因就是浸水之后围岩的恶化情况,它主要由浸水部位和浸水深度两者来决定。综上可以看出,围岩浸水恶化下黄土公路隧道结构健康问题的本质就是:衬砌结构当前自身的劣化情况以及围岩浸水恶化状况两者相互耦合、共同作用,使衬砌结构呈现出最终的健康等级。因此,本章评价体系的建立以"抓主要矛盾,从本质上分析问题"为中心思想,分别分析两者的健康状况,并考虑两者的耦合关系,从而得到特定工况下衬砌结构最终的健康等级。

　　该评价体系建立的思路为:首先,分析得出决定衬砌结构健康状况的内因,即衬砌结构当前的劣化状态;其次,分析得出决定衬砌结构健康状况的外因,即衬砌结构外部围岩的恶化情况;再次,分析得出外因和内因的耦合关系;最后,综合内因、外因及耦合关系三要素,综合确定最终衬砌结构的健康状况。

7.3　评价等级的确定

　　评价等级的划分方法是构建好一个评价体系的重要环节,划分方法的合理性和适用性直接决定了评价体系最终评价效果的好坏,因此必须重视并做好评价体系的划分工作。要对评价等级进行合理划分,等级划分的数量是最主要的,等级划分的数量越多,分级的精度就越高,但是分级过多不利于为实际工程提供明确的参考指导意见,而等级划分的数量越少,评价过程及结果就越简单明了,但是等级过少造成评价结果间差异性不明显,不能真实反映出不同健康状况之间的区别[177]。因此,等级划分数量的合理与否,直接决定最终评价结果的合理性和可靠性。

　　目前,国内外专家学者对于隧道衬砌结构各专项指标安全状况评定标准制定的研究和探讨较多,各国的评定标准在本质上是类似的,但在具体的制定上根据各国各地区相关行业标准和发展情况略有不同,主要的区别在于分级数量不同。国内外现行的隧道衬砌结构各专项指标安全状况评定标准的划分主要有三级划分法、四级划分法、五级划分法和十级划分法等[90~94]。经过查阅国内外现有隧道健康等级划分方法,整理分析了几类主要的评价等级划分方法,如表 7.1 所示。

表 7.1　国内外主流隧道健康等级划分方法

等级划分方法	国家	来源	分级情况
三级 划分法	德国	《铁路隧道设计、施工与养护规范》	1、2、3 级
	日本	公路隧道检查	A、B、C 级
四级 划分法	日本	铁路隧道总体检查	A、B、C、S 级
	日本	公路隧道调查阶段	3A、2A、A、B 级
	日本	水工隧道及安全度判定	1、2、3、4、5 级
五级 划分法	中国	《铁路桥隧建筑物劣化评定标准——隧道》 (TB/T 2820.2—1997)	AA、A1、B、C、D 级
	中国	《铁路运营隧道衬砌安全等级评定暂行规定》 (铁运函[2004]174 号)	完好、轻微、较严重、严重、极严重
	中国	《公路隧道养护技术规范》 (JTG H12—2015)	1 类、2 类、3 类、4 类、5 类
十级划分法	美国	《公路和铁路交通隧道检查手册》	0、1、2、3、4、5、6、7、8、9 级

　　通过表 7.1 中分级情况可以看出,三级划分法等级数量过少,评定结果不能有效区分各等级间的差异;十级划分法等级数量过多,分级过于详细,在实际工程应用指导中意义不大;四级划分法和五级划分法等级数量相对较为合理,等级数量适中,既能表现出不同状况的差异性,同时又能保证分级精度,为实际工程提供合理的参考和指导,我国隧道工程相关规范中大多也是采用五级划分法。因此,通过分析各种分级方法的特点,参照现行相关行业规范,并考虑围岩浸水下黄土隧道衬砌开裂的特点,最终确定本次健康评价体系采用五级划分法进行健康等级划分。

7.4　安全隶属度函数构建

7.4.1　现行分级评定标准缺陷

　　表 7.2 为目前分级评价标准的常见类型,具有分级简明、易于理解的优点,临界值 a、b、c 等多是在综合大量的工程经验、理论计算和国内外相关分级标准的基础上得出的,具有良好的实用性,是目前工程实践中使用最为广泛的分级方法,尤其是在现场快速预估分级方面优势明显。使用方法是将评定指标的现场实测值与上述表格对比,归属于某一级别范围时,就确定为该等级。

表 7.2　某评定指标 H 评定等级

评定等级	I	II	III	IV	V
评定指标值 H	$H=0$	$0<H\leqslant a$	$a<H\leqslant b$	$b<H\leqslant c$	$H>c$

　　但是这种分级方法也存在两个较为不合理的地方:

　　(1) 不同级别之间存在突变性,当评定指标值 H 取值位于临界值 a、b、c 等的两侧时,评定等级将会呈现明显的跳跃性,当 H 取值为 b 时,属于III级,而当 H 取值稍大于 b 时,将会被定为IV级,H 取值的小范围变动就会造成分级的跳跃式变化,这显然是不合理的,这种情况在越靠近临界值时越明显。

　　(2) 同一分级内部没有表现出差异性,当评定指标值 H 取值处于 $a<H\leqslant b$ 时,无论取值为多少,都被定为III级,实际上越接近 a、b 中间值,属于II级的可能性应该越大,越靠近 a、b,则属于III级的可能性应该越小,但这种分级方法的结果未能体现这种差异性,显然是不合理的。

　　因此,有必要针对这两处不合理的地方对这种分级方法进行改进,从而使评定结果更合理。为此,特引入模糊数学中隶属度的概念对其进行优化改进。

7.4.2　安全等级隶属度

　　在模糊数学中,隶属度是建立模糊集合论的基石,隶属函数是描述模糊性的关键[178]。为了解决原分级方法所存在的不合理之处,使指标分级方法更符合实际,特引入安全等级隶属度和安全等级隶属函数概念,对原分级方法进行优化,优化原则如下:

(1) 消除突变性,构造合理的分级隶属函数,使其在分级临界点处能平稳过渡,符合实际情况。

(2) 体现差异性,引入等级隶属度概念,使评定指标值在不同取值时,对各等级有不同隶属可能性,越靠近各等级范围中值,隶属于该等级的可能性越大,越靠近两侧越小,且评定指标值位于某等级范围内时,属于该等级的可能性不能低于 50%。

(3) 保证本级区间中心的 90% 区间属于该等级的隶属度大于 90%,即 ker(90%)>90%。

7.4.3　建立安全等级隶属函数

一般情况下,隶属函数无法直接得到,必须经过一些调查和试验才能获得。在实际中,隶属函数的确定通常或多或少地包含了人们的某种心理因素,换言之,具有一定的主观性。但是,如果经过较科学的方法加工,还是可以反映或较好地反映出客观事实。当然,所谓"科学的方法"在概念上本身也具有模糊性。

目前,国内外已得到应用和提出的方法有很多种,主要有以下几种常用方法:①例证法;②模糊统计法;③二元对比排序方法;④模糊分布法[179]。

本书采用模糊分布法。从给定的一系列模糊函数解析式中选择合适的函数,并在此基础上加以改造,使其满足上述优化原则,作为安全等级隶属函数。常用的隶属函数类型包括以下几种:①矩形分布;②尖 Γ 分布;③正态分布;④柯西分布;⑤梯形分布;⑥岭型分布[179]。

以上这些分布中,可以看出岭型分布最接近所要构造的隶属函数特征,因此,在岭型分布的基础上,对其加以优化。

最终建立基础隶属函数如下,设区间为[0,1]。

增长型隶属函数原型:

$$B_x = e^{15x-1} \tag{7.1}$$

下降型隶属函数原型:

$$B_x = e^{15(-x)} \tag{7.2}$$

由上述基础隶属函数,通过改造得到安全等级隶属函数原型如下。

中间过渡型级别(Ⅱ、Ⅲ、Ⅳ级)时,级别范围为[a,b]:

属于上一级的安全隶属函数,区间为[a,(a+b)/2]:

$$B_x = \frac{1}{2} e^{15 \frac{-2(x-a)}{b-a}} \tag{7.3}$$

属于下一级的安全隶属函数,区间为$[(a+b)/2,b]$:

$$B_x=\frac{1}{2}e^{15\left(\frac{2x-a-b}{b-a}-1\right)}$$ (7.4)

属于本级的安全隶属函数,区间为$[a,(a+b)/2]$:

$$B_x=1-\frac{1}{2}e^{15\left[\frac{-2(x-a)}{b-a}\right]}$$ (7.5)

属于本级的安全隶属函数,区间为$[(a+b)/2,b]$:

$$B_x=1-\frac{1}{2}e^{15\left[\frac{2x-a-b}{b-a}-1\right]}$$ (7.6)

左侧单值封闭型级别(Ⅰ级)时,单值为a,区间为$[a,b]$:

属于本级的安全隶属函数:

$$B_x=e^{-15\times\frac{x-a}{b-a}}$$ (7.7)

属于下一级的安全隶属函数:

$$B_x=1-e^{15\times\frac{-2(x-a)}{b-a}}$$ (7.8)

右侧单值封闭型级别(Ⅴ级)时,单值为b,区间为$[a,b]$:

属于本级的安全隶属函数:

$$B_x=e^{15\times\frac{x-b}{b-a}}$$ (7.9)

属于上一级的安全隶属函数:

$$B_x=1-e^{15\times\frac{x-b}{b-a}}$$ (7.10)

左右侧单值开放型级别(Ⅰ、Ⅴ级)时,单值为a,将中间侧范围隶属函数关于a点对称,得到的函数作为此时的隶属函数。

7.5　评价体系各构建要素分级

7.5.1　裂缝(内因)分级

前面已经提到,运营隧道所存在的常见病害(如渗漏水、拱顶剥落掉块、钢筋裸露氧化等)在本质上均是衬砌结构发生开裂之后引起的。因此,衬砌的开裂情况实际上对衬砌结构的健康状况起决定性作用,衬砌结构上裂缝的分布及扩展状态就体现了衬砌结构所处的安全状态。综上所述,将衬砌结构自身当前裂缝的安全等级作为决定衬砌结构安全状态的内因,以衬砌裂缝的安全等级作为衬砌结构的初始安全等级,所以要确定衬砌结构的健康等级,首先就要建立相应的裂缝等级评价方法,对衬砌结构中裂缝的等级进行科学、合理的评价。

1. 指标选取

为了合理描述隧道衬砌裂缝的技术状况,需要选取能够对其真实反映的评定指标,评定指标的选取是否恰当,将直接影响最终评定结果的合理性和可靠性。目前已有相关研究成果中,常见的问题主要是评定指标的选取存在较大的主观性及评定指标存在数量过多或过少的情况,有时还会出现选取的指标难以在现场测量、没有实际意义等问题,从而严重影响了评定结果的实用性和可靠性,因此,评定指标的选取应该遵循以下原则[177]。

(1) 科学性原则。评定指标的选取应具有一定的科学内涵和客观性,符合实际,不能主观臆断,选取的评定指标能够反映衬砌裂缝技术状况的准确性、客观性和科学性。

(2) 相对完备性原则。评定指标的选取应该在尊重衬砌裂缝自身复杂性的基础上,尽可能相对全面和完整地描述衬砌裂缝的技术状况,因此,评定指标的选取要具有相对完备性。

(3) 相对独立性原则。选取的评定指标能够相对完整、独立地反映出隧道衬砌结构技术状况的某一方面特征,避免评定指标相互之间有严重交叉现象。

(4) 可测性原则。所选取的评定指标应该是能够通过现有的测试手段和测试方法容易测出,或能够通过研究获得的技术手段和方法进行推断。

(5) 时效性原则。评定指标的现场数据采集应该简便易行,不应该占用大量的时间,需具有良好的时效性。

综合以上原则,并参考以往工程测量实例和相关行业规范[90~94],最终确定以裂缝长度、裂缝宽度、裂缝深厚比、裂缝角度、裂缝部位、裂缝密度作为本次评价体系中衬砌内因的评定指标,其中将裂缝部位和裂缝密度对裂缝安全等级的影响考虑到内外因耦合关系中。因此,本节中衬砌初始安全等级(裂缝)的评定指标包括裂缝长度、裂缝宽度、裂缝深厚比和裂缝角度四项。

2. 指标评价方法

本评价体系中,所选取的衬砌裂缝指标的判定标准制定主要是在参考目前使用较多、相对权威的行业规范和相关文献研究成果的基础上[63,72,100],考虑围岩浸水恶化下黄土隧道劣化的特殊性,并结合模型试验的结果,最终建立一个适用于本评价体系的衬砌裂缝指标判定标准。

我国《铁路桥隧建筑物劣化评定标准——隧道》(TB/T 2820.2—1997)[79,91]采用定量与定性相结合的方法,综合考虑衬砌裂缝长度和宽度因素,如表 7.3 所示。

表 7.3　我国铁路隧道衬砌裂缝的判定标准

判定		裂缝状态
A	AA(极严重)	$l>10\text{m},b>5\text{mm}$;且变形继续发展,拱部开裂呈块状,有可能掉落
	A_1(较重)	$l=5\sim10\text{m},b>5\text{mm}$;开裂使衬砌呈块状,在外力作用下有可能崩塌和剥落

续表

判定	裂缝状态
B(较重)	$l<5m$ 且 $3mm \leqslant b \leqslant 5mm$；裂缝有发展，但速度不快
C(中等)	$l<5m$ 且 $b<3mm$
D(轻微)	一般龟裂或无发展状态

注：l 为裂缝长度，b 为裂缝宽度。

我国《公路隧道养护技术规范》(JTG H12—2015)[78,90] 中，也是综合考虑了裂缝的长度、宽度、密度因素，并结合裂缝方向以及有无发展情况制定了判定标准，判定标准较为详细，有较大的参考价值，如表 7.4 和表 7.5 所示。

表 7.4　当裂缝存在发展时的判定标准

判定	裂缝宽度 b/mm		裂缝长度 l/m	
	$b>3$	$b \leqslant 3$	$l>3$	$l \leqslant 5$
A(极严重)	√		√	
B(较严重)	√			√
C(中等)		√	√	
D(轻微)		√		√

表 7.5　当无法确定裂缝是否存在发展时的判定标准

判定		裂缝宽度 b/mm			裂缝长度 l/m		
		$b>5$	$3<b \leqslant 5$	$b \leqslant 3$	$l>10$	$5<l \leqslant 10$	$l \leqslant 5$
A	AA(极严重)	√			√		
	A_1(较重)	√				√	
B(较重)		√					√
			√		√		
C(中等)			√			√	
			√				√
D(轻微)				√	√	√	√

通过参考上述标准，并考虑研究情况自身的特殊性和模型试验结果，最终制定了本评价体系中隧道裂缝指标的裂缝长度及裂缝宽度的判定标准，如表 7.6 所示。

目前，关于裂缝深度判定标准的研究相对较少，相关规范中关于裂缝深度判定标准较少，并且判定标准不太统一。文献[93]在冯晓燕、李治国等的相关研究成果基础上，制定了衬砌裂缝深度的判定标准。本次评价体系在参考此判定标准的基础上，结合模型试验中关于裂缝开裂深度变化分布的规律与统计结果，考虑开裂深度与衬砌厚度的关系，最终制定了适用于本评价体系的隧道裂缝深度判定标准，如表 7.6 所示。

表 7.6　衬砌裂缝评定指标等级

等级	I	II	III	IV	V
健康程度	安全	较安全	临界	较危险	危险
长度/m	0	0～1	1～5	5～10	10～
宽度/mm	0	0～1	1～3	3～5	5～
深厚比	0	0～1/4	1/4～1/2	1/2～3/4	3/4～1
角度/(°)	90	60～90	30～60	0～30	0

3. 裂缝评价指标隶属函数

结合 7.4 节中构建的安全隶属函数结果，基于前述关于评定指标等级的划分，制定裂缝各评价指标的安全等级隶属函数，为应用方便，将其用向量形式表示。

(1) 裂缝长度安全等级隶属度向量。

$$\boldsymbol{B}_l = (B_l^{\mathrm{I}}, B_l^{\mathrm{II}}, B_l^{\mathrm{III}}, B_l^{\mathrm{IV}}, B_l^{\mathrm{V}}) \tag{7.11}$$

当 $l=0$ 时，

$$\boldsymbol{B}_l = (1, 0, 0, 0, 0) \tag{7.12}$$

当 $l \in (0, 0.5]$ 时，

$$\boldsymbol{B}_l = (e^{-30x}, 1 - e^{-30x}, 0, 0, 0) \tag{7.13}$$

当 $l \in (0.5, 1]$ 时，

$$\boldsymbol{B}_l = \left(0, 1 - \frac{1}{2}e^{30x-30}, \frac{1}{2}e^{30x-30}, 0, 0\right) \tag{7.14}$$

当 $l \in (1, 3]$ 时，

$$\boldsymbol{B}_l = \left(0, \frac{1}{2}e^{\frac{15}{2} - \frac{15}{2}x}, 1 - \frac{1}{2}e^{\frac{15}{2} - \frac{15}{2}x}, 0, 0\right) \tag{7.15}$$

当 $l \in (3, 5]$ 时，

$$\boldsymbol{B}_l = \left(0, 0, 1 - \frac{1}{2}e^{\frac{15}{2}x - \frac{75}{2}}, \frac{1}{2}e^{\frac{15}{2}x - \frac{75}{2}}, 0\right) \tag{7.16}$$

当 $l \in (5, 7.5]$ 时，

$$\boldsymbol{B}_l = \left(0, 0, \frac{1}{2}e^{30 - 6x}, 1 - \frac{1}{2}e^{30 - 6x}, 0\right) \tag{7.17}$$

当 $l \in (7.5, 10]$ 时，

$$B_l = \left(0, 0, 0, 1 - \frac{1}{2} e^{6x-60}, \frac{1}{2} e^{6x-60}\right) \tag{7.18}$$

当 $l \in (10, 12.5]$ 时，

$$B_l = \left(0, 0, 0, \frac{1}{2} e^{60-6x}, 1 - \frac{1}{2} e^{60-6x}\right) \tag{7.19}$$

当 $l \in (12.5, +\infty)$ 时，

$$B_l = (0, 0, 0, 0, 1) \tag{7.20}$$

(2) 裂缝宽度安全等级隶属度向量。

$$B_w = (B_w^{\mathrm{I}}, B_w^{\mathrm{II}}, B_w^{\mathrm{III}}, B_w^{\mathrm{IV}}, B_w^{\mathrm{V}}) \tag{7.21}$$

当 $w = 0$ 时，

$$B_w = (1, 0, 0, 0, 0) \tag{7.22}$$

当 $w \in (0, 0.5]$ 时，

$$B_w = (e^{-30x}, 1 - e^{-30x}, 0, 0, 0) \tag{7.23}$$

当 $w \in (0.5, 1]$ 时，

$$B_w = \left(0, 1 - \frac{1}{2} e^{30x-30}, \frac{1}{2} e^{30x-30}, 0, 0\right) \tag{7.24}$$

当 $w \in (1, 2]$ 时，

$$B_w = \left(0, \frac{1}{2} e^{15-15x}, 1 - \frac{1}{2} e^{15-15x}, 0, 0\right) \tag{7.25}$$

当 $w \in (2, 3]$ 时，

$$B_w = \left(0, 0, 1 - \frac{1}{2} e^{15x-45}, \frac{1}{2} e^{15x-45}, 0\right) \tag{7.26}$$

当 $w \in (3, 4]$ 时，

$$B_w = \left(0, 0, \frac{1}{2} e^{45-15x}, 1 - \frac{1}{2} e^{45-15x}, 0\right) \tag{7.27}$$

当 $w \in (4, 5]$ 时，

$$B_w = \left(0, 0, 0, 1 - \frac{1}{2} e^{15x-75}, \frac{1}{2} e^{15x-75}\right) \tag{7.28}$$

当 $w \in (5, 6]$ 时，

$$B_w = \left(0, 0, 0, \frac{1}{2} e^{75-15x}, 1 - \frac{1}{2} e^{75-15x}\right) \tag{7.29}$$

当 $w \in (6, +\infty)$ 时，

$$B_w = (0, 0, 0, 0, 1) \tag{7.30}$$

(3) 裂缝深厚比安全等级隶属度向量。

$$B_d = (B_d^{\mathrm{I}}, B_d^{\mathrm{II}}, B_d^{\mathrm{III}}, B_d^{\mathrm{IV}}, B_d^{\mathrm{V}}) \tag{7.31}$$

当 $d = 0$ 时，

$$B_d = (1, 0, 0, 0, 0) \tag{7.32}$$

当 $d \in \left(0, \dfrac{1}{8}\right]$ 时，

$$\boldsymbol{B}_d = (\mathrm{e}^{-120x}, 1 - \mathrm{e}^{-120x}, 0, 0, 0) \tag{7.33}$$

当 $d \in \left(\dfrac{1}{8}, \dfrac{1}{4}\right]$ 时，

$$\boldsymbol{B}_d = \left(0, 1 - \dfrac{1}{2}\mathrm{e}^{120x-30}, \dfrac{1}{2}\mathrm{e}^{120x-30}, 0, 0\right) \tag{7.34}$$

当 $d \in \left(\dfrac{1}{4}, \dfrac{3}{8}\right]$ 时，

$$\boldsymbol{B}_d = \left(0, \dfrac{1}{2}\mathrm{e}^{30-120x}, 1 - \dfrac{1}{2}\mathrm{e}^{30-120x}, 0, 0\right) \tag{7.35}$$

当 $d \in \left(\dfrac{3}{8}, \dfrac{1}{2}\right]$ 时，

$$\boldsymbol{B}_d = \left(0, 0, 1 - \dfrac{1}{2}\mathrm{e}^{120x-60}, \dfrac{1}{2}\mathrm{e}^{120x-60}, 0\right) \tag{7.36}$$

当 $d \in \left(\dfrac{1}{2}, \dfrac{5}{8}\right]$ 时，

$$\boldsymbol{B}_d = \left(0, 0, \dfrac{1}{2}\mathrm{e}^{60-120x}, 1 - \dfrac{1}{2}\mathrm{e}^{60-120x}, 0\right) \tag{7.37}$$

当 $d \in \left(\dfrac{5}{8}, \dfrac{3}{4}\right]$ 时，

$$\boldsymbol{B}_d = \left(0, 0, 0, 1 - \dfrac{1}{2}\mathrm{e}^{120x-90}, \dfrac{1}{2}\mathrm{e}^{120x-90}\right) \tag{7.38}$$

当 $d \in \left(\dfrac{3}{4}, \dfrac{7}{8}\right]$ 时，

$$\boldsymbol{B}_d = \left(0, 0, 0, \dfrac{1}{2}\mathrm{e}^{90-120x}, 1 - \dfrac{1}{2}\mathrm{e}^{90-120x}\right) \tag{7.39}$$

当 $d \in \left(\dfrac{7}{8}, 1\right]$ 时，

$$\boldsymbol{B}_d = (0, 0, 0, 0, 1) \tag{7.40}$$

(4) 裂缝角度安全等级隶属度向量。

$$\boldsymbol{B}_a = (B_a^{\mathrm{I}}, B_a^{\mathrm{II}}, B_a^{\mathrm{III}}, B_a^{\mathrm{IV}}, B_a^{\mathrm{V}}) \tag{7.41}$$

当 $a = 0$ 时，

$$\boldsymbol{B}_a = (0, 0, 0, 0, 1) \tag{7.42}$$

当 $a \in (0, 15]$ 时，

$$\boldsymbol{B}_a = (0, 0, 0, 1 - \mathrm{e}^{-x}, \mathrm{e}^{-x}) \tag{7.43}$$

当 $a \in (15, 30]$ 时，

$$\boldsymbol{B}_a = \left(0, 0, \dfrac{1}{2}\mathrm{e}^{x-30}, 1 - \dfrac{1}{2}\mathrm{e}^{x-30}, 0\right) \tag{7.44}$$

当 $a \in (30,45]$ 时，

$$\boldsymbol{B}_a = \left(0,0,1-\frac{1}{2}e^{30-x},\frac{1}{2}e^{30-x},0\right) \tag{7.45}$$

当 $a \in (45,60]$ 时，

$$\boldsymbol{B}_a = \left(0,\frac{1}{2}e^{x-60},1-\frac{1}{2}e^{x-60},0,0\right) \tag{7.46}$$

当 $a \in (60,75]$ 时，

$$\boldsymbol{B}_a = \left(0,1-\frac{1}{2}e^{60-x},\frac{1}{2}e^{60-x},0,0\right) \tag{7.47}$$

当 $a \in (75,90]$ 时，

$$\boldsymbol{B}_a = (e^{x-90},1-e^{x-90},0,0,0) \tag{7.48}$$

当 $a = 90$ 时，

$$\boldsymbol{B}_a = (1,0,0,0,0) \tag{7.49}$$

4. 裂缝等级综合评判

目前，工程中常用于健康技术状况综合评定的方法有加权综合评估、模糊综合评价法、物元分析法等。对比以上各种方法及其他一些评价方法，为了达到综合考虑所选裂缝评定指标的影响，使衬砌裂缝安全等级的评定更加合理的目的，最终确定裂缝安全等级的综合评判采用模糊综合评价法[81,93]。

模糊综合评价法在评价过程中需要确定各个指标的权重，本节采用模糊层次分析法中构建模糊一致矩阵的方法来确定裂缝指标的最终权重[180~182]。

1) 模糊一致矩阵及其相关概念

(1) 设矩阵 $\boldsymbol{R} = (r_{ij})_{n \times n}$，若满足 $0 \leqslant r_{ij} \leqslant 1$，则称矩阵 $\boldsymbol{R}$ 为模糊矩阵。

(2) 设模糊矩阵 $\boldsymbol{R} = (r_{ij})_{n \times n}$，若有 $r_{ij} + r_{ji} = 1$，则称矩阵 $\boldsymbol{R}$ 为模糊互补矩阵。

(3) 设模糊互补矩阵 $\boldsymbol{R} = (r_{ij})_{n \times n}$，若满足 $r_{ij} = r_{ik} - r_{jk} + 0.5$，则称矩阵 $\boldsymbol{R}$ 为模糊一致矩阵。

模糊一致矩阵 $\boldsymbol{R}$ 中的元素 r_{ij} 表示第 i 因素 a_i 和第 j 因素 a_j 的相对重要性程度。$0 \leqslant r_{ij} < 0.5$，表示 a_j 比 a_i 重要，且 r_{ij} 越小，a_j 比 a_i 越重要；$0.5 < r_{ij} < 1$，表示 a_i 比 a_j 重要，且 r_{ij} 越大，a_i 比 a_j 越重要；$r_{ij} = 0.5$，表示 a_i 与 a_j 同等重要。具体如表 7.7 所示。

表 7.7 模糊一致矩阵相对重要程度标度

标度	定义	说明
0.5	同样重要	甲乙两元素相比，两元素同样重要
0.6	稍微重要	甲乙两元素相比，甲比乙稍微重要
0.7	明显重要	甲乙两元素相比，甲比乙明显重要

标度	定义	说明
0.8	强烈重要	甲乙两元素相比,甲比乙强烈重要
0.9	极端重要	甲乙两元素相比,甲比乙极端重要
0.1,0.2,0.3,0.4	反比较	若因素 a_i 和因素 a_j 相比较得到判断 m_{ij}, 则因素 a_j 和因素 a_i 相比较得到判断 $m_{ji} = 1 - m_{ij}$

2) FAHP 求解权重步骤

(1) 采用 0.1~0.9 标度表,建立模糊判断矩阵 $\boldsymbol{M} = (m_{ij})_{n \times n}$,即

$$\boldsymbol{M} = \begin{bmatrix} m_{11} & \cdots & m_{1n} \\ \vdots & & \vdots \\ m_{n1} & \cdots & m_{nn} \end{bmatrix} \tag{7.50}$$

式中,m_{ij} 为指标 a_i 和 a_j 的相对重要程度,由于 $m_{ij} + m_{ji} = 1$,因此 $\boldsymbol{M}$ 为模糊互补矩阵。

(2) 通过调整使矩阵 $\boldsymbol{M}$ 满足 $m_{ij} = m_{ik} - m_{jk} + 0.5$,使矩阵 $\boldsymbol{M}$ 成为模糊一致矩阵[180]。

(3) 根据模糊一致矩阵权重计算式(7.51),求得各指标权重[183]。

$$R_i = \frac{1}{n} - \frac{1}{2a} + \frac{1}{na} \sum_{k=1}^{n} r_{ik} \tag{7.51}$$

式中,$a = \dfrac{n-1}{2}$;$i = 1, 2, \cdots, n$。

3) 构建模糊一致矩阵

通过模糊层次分析法中构建模糊矩阵的原则和步骤,规定 a_1、a_2、a_3、a_4 分别为长度、宽度、深度、角度四个指标,最终得到裂缝评价指标的模糊一致矩阵为

$$\boldsymbol{M} = \begin{bmatrix} 0.5 & 0.6 & 0.4 & 0.7 \\ 0.4 & 0.5 & 0.3 & 0.6 \\ 0.6 & 0.7 & 0.5 & 0.8 \\ 0.3 & 0.4 & 0.2 & 0.5 \end{bmatrix} \tag{7.52}$$

经验证,上述矩阵满足模糊一致矩阵要求,将其代入式(7.51),计算得到裂缝评价指标的权重向量 $\boldsymbol{R}$ 为

$$\boldsymbol{R} = (0.28, 0.22, 0.35, 0.15) \tag{7.53}$$

通过各个指标的实测值,对应各指标安全隶属函数,得到裂缝长度、裂缝宽度、裂缝深厚比、裂缝角度的安全等级隶属度向量 $\boldsymbol{B}_l$、$\boldsymbol{B}_w$、$\boldsymbol{B}_d$、$\boldsymbol{B}_a$,组成裂缝指标安全等级隶属度向量 $\boldsymbol{B} = (\boldsymbol{B}_l, \boldsymbol{B}_w, \boldsymbol{B}_d, \boldsymbol{B}_a)^{\mathrm{T}}$,则 $\boldsymbol{S} = \boldsymbol{R} \cdot \boldsymbol{B}$,定义 $\boldsymbol{S}$ 为裂缝安全等级隶属度向量,将隶属度最高的一级作为该裂缝的安全等级,即为裂缝初始安全等级。

7.5.2　围岩(外因)分级

前面已经提到,黄土隧道在运营过程中,自然降水、农业灌溉、地下水位上升等情况都会引起围岩浸水,而黄土的水敏性特性导致其在这种情况下性质发生改变,围岩状况恶化,从而导致隧道衬砌结构受力状况变得更加危险,是引起其劣化加剧的主要外部原因。因此,在评价体系的构建中需要对围岩浸水恶化这一外因着重分析,选取合适的评价指标,并对其恶化状况进行分级,从而构建相应的评价体系。

1. 指标选取

依据 7.5.1 节中指标选取原则,考虑黄土隧道围岩浸水的特点,并结合前述章节中对模型试验结果的分析,挖掘引起围岩浸水恶化的主要因素,最终确定以浸水部位和浸水深度作为本次评价体系中围岩恶化等级的评定指标。

2. 围岩等级综合评价

依据第 6 章中模型试验各工况下不同深度的受力分布和发展情况、变形分布和发展情况以及裂缝分布和扩展情况分析结果,最终根据浸水部位和浸水深度的不同,建立了围岩恶化等级,如表 7.8 所示。根据现场确定的浸水部位及浸水深度情况,对照表 7.8,确定浸水后围岩的恶化等级。

表 7.8　围岩恶化等级

深度/m ＼ 工况	双侧拱脚	一侧拱脚	双侧拱腰	一腰一脚	一侧拱腰
0	I	I	I	I	I
1	II	II	II	II	II
2	II	II	II	II	III
3	II	III	III	III	IV
4	III	III	III	IV	V
5	III	IV	IV	V	V
6	IV	IV	IV	V	V
>6	V	V	V	V	V

注:1) I-未恶化,II-轻度恶化,III-中度恶化,IV-重度恶化,V-严重恶化。
　　2)考虑土参数退化因素引起的围岩恶化时,根据恶化情况提高表中等级。

7.5.3　耦合程度分级

如前所述,隧道衬砌结构的劣化是衬砌结构自身已有的劣化情况(内因)和围岩的恶化情况(外因)两者共同作用的结果。通常认为,在衬砌结构已有的劣化基础上,随着围岩恶化情况的加重,劣化就会越严重。然而通过对前述模型试验结果的分析发现,实际情况并非如此,围岩恶化对衬砌结构的劣化既有可能是有利的,也有可能是不利的,这与劣化部位和围岩的浸水状况有很大关系。若开裂部位在围岩恶化过程中受到的是压应力,则围岩恶化对该裂缝的影响是积极的、有利的,能够使其发生闭合;若开裂部位在围岩恶化过程中受到的是拉应力,则围岩的恶化对该裂缝的影响是消极的、不利的。通过对不同浸水工况下不同部位的内力分布和变化情况进行分析,发现了劣化部位与浸水状况的耦合程度,依据分析结果建立了耦合程度等级。

1. 指标选取

依据模型试验的结果分析可以看出,决定黄土隧道围岩恶化与衬砌已有开裂相互耦合作用的因素主要是衬砌已有开裂的部位和围岩的浸水工况。因此,最终选择浸水工况和裂缝位置作为耦合分级的评价指标。

浸水工况只与浸水部位有关,与浸水深度等其他因素无关,按照实际浸水部位进行确定。裂缝位置按照前期模型试验中的划分方法,分为拱顶中心、两侧拱顶、两侧拱肩、两侧拱腰、两侧拱脚、两侧仰拱和仰拱中心这几个部位,指标评判时按照实际开裂位置确定。

2. 指标评价方法

耦合等级的评价中,指标的评价分级与前述章节中裂缝和围岩分级一致,沿用五级划分法,依据不同工况下各部位内力分布、内力大小、内力方向的不同,将其分为Ⅰ(有利耦合)、Ⅱ(较有利耦合)、Ⅲ(临界耦合)、Ⅳ(较不利耦合)、Ⅴ(不利耦合)五级。在围岩浸水恶化过程中,当内力方向与引起裂缝开裂的内力方向一致时为不利影响,此时内力整体量值相对较大,就会产生相对更不利的影响;当内力方向与引起裂缝开裂的内力方向相反时为有利影响,此时内力整体量值相对较大的,就会产生相对更有利的影响;当内力量值接近于 0 或相对很小时,基本没有影响,为临界等级。

基于以上评定原则以及前述章节对模型试验的相关分析结果,根据浸水工况与裂缝部位的不同,对其耦合程度进行分级,建立耦合程度等级,如表 7.9 所示。

3. 耦合分级确定方法

通过对现场围岩和衬砌结构的检测,得到围岩浸水和衬砌裂缝的测量结果,将围岩浸水部位和衬砌裂缝开裂位置对应于表 7.9 中,得到围岩浸水部位和衬砌开裂部位最终的耦合影响等级。

表 7.9　耦合程度等级

部位＼工况		双侧拱脚	一侧拱脚	双侧拱腰	一腰一脚	一侧拱腰
单侧浸水时浸水侧/双侧不同位置浸水时拱腰浸水侧	仰拱中心	IV	II	IV	III	III
	仰拱	IV	III	IV	IV	III
	拱脚	V	V	IV	IV	V
	拱腰	I	II	IV	V	IV
	拱肩	III	V	II	II	I
	拱顶	II	IV	III	IV	IV
	拱顶中心	III	IV	V	III	IV
单侧浸水时未浸水侧/双侧不同位置浸水时拱脚浸水侧	拱顶	II	II	III	II	II
	拱肩	III	III	II	I	II
	拱腰	I	I	IV	II	IV
	拱脚	V	III	IV	V	IV
	仰拱	IV	II	III	III	IV

7.5.4　耦合关系分级及调整标准

　　本次评价体系的建立,核心内容就是考虑外因对内因起到的耦合作用,而这种耦合作用是通过两者的耦合关系决定的。基于这种耦合关系,就可以对衬砌结构裂缝初始等级进行调整,将围岩的恶化对衬砌结构的影响融入衬砌结构健康评价中,从而达到外因对内因影响的效果。本小节主要是通过相关分析和调整,建立起耦合调整关系等级,从而将影响衬砌结构健康的内因和外因两者连接起来,这也是本评价体系中较为关键的一步。

　　1. 指标选取及评价方法

　　基于前述指标选取的原则,依据模型试验的结果分析可以看出,在本质上,耦合调整关系就是根据围岩恶化程度的不同对影响状态分级关系的调整,因此决定围岩恶化对衬砌裂缝初始等级调整关系的因素主要是围岩的恶化程度和内外因耦合程度。因此,最终选择以内外因耦合程度和围岩恶化程度作为耦合调整关系的评价指标。

　　在整体围岩浸水恶化过程中,不利影响部位,随着恶化程度的加深,不利影响的程度就会加大,围岩恶化等级越高,影响越不利;而有利影响部位,随着恶化程度的加深,有利影响的程度就会加大,围岩恶化等级越高,影响越有利;当影响部位为临界影响部位时,无论整体围岩恶化程度如何变化,对该部位均没有影响。

围岩恶化程度已经在 7.5.2 节中进行了分析,并建立了相应的评价方法,将其分为了五个等级;而耦合影响关系也在 7.5.3 节中进行了分析,并建立了相应的评价方法,也将其分为了五个等级。因此,耦合调整关系分级也沿用五级划分法,在上述围岩恶化程度和耦合影响关系的基础上,建立起耦合调整关系等级,如表 7.10 所示。

表 7.10　耦合调整关系等级

耦合 恶化	Ⅰ有利	Ⅱ较有利	Ⅲ临界	Ⅳ较不利	Ⅴ不利
Ⅰ未恶化	Ⅲ	Ⅲ	Ⅲ	Ⅲ	Ⅲ
Ⅱ轻度	Ⅱ	Ⅱ	Ⅲ	Ⅳ	Ⅳ
Ⅲ中度	Ⅱ	Ⅱ	Ⅲ	Ⅳ	Ⅳ
Ⅳ重度	Ⅰ	Ⅱ	Ⅲ	Ⅳ	Ⅴ
Ⅴ严重	Ⅰ	Ⅰ	Ⅲ	Ⅴ	Ⅴ

注:1)当环向范围裂缝数量大于 2 条/m 时,耦合关系等级提高一级。

　　2)Ⅰ-保护关系,Ⅱ-有利关系,Ⅲ-临界关系,Ⅳ-不利关系,Ⅴ-危害关系。

　　3)耦合关系为Ⅰ-裂缝等级降两级,Ⅱ-降一级,Ⅲ-不变,Ⅳ-升一级,Ⅴ-升两级。

2. 建立耦合关系调整标准

通过对现场围岩浸水状况和衬砌结构已有劣化状况的检测,将得到的相关数据应用 7.5.2 节和 7.5.3 节中的评价方法进行评判,确定围岩恶化等级和耦合影响等级,将两者的评定结果对应到表 7.10 中,并考虑裂缝密度的影响,得到最终的耦合调整关系等级。依据耦合关系等级结果,对裂缝初始安全等级进行调整。

7.6　综合评价体系评定原则及评价流程

由于隧道工程所处环境的特殊性和复杂性,为了确保评价体系评价结果的准确性,同时方便现场工作及施工人员对评价体系的掌握和使用,本次评价体系采用分段评定结果综合评价法,具体如下。

7.6.1　综合评价体系评定原则

通过 7.5.1 节对各裂缝的安全等级进行评定并调整之后,得到了已有裂缝衬砌最终安全等级。通过综合所有裂缝的安全等级,从而得到衬砌结构的综合健康评定结果,大多数评价体系建立的方法中较为常用的就是对各个裂缝安全等级进行权重综合计算,针对不同裂缝采取不同的权重,加权综合得到最终评定结果,这种方法在评价体系的构建中较为常用。然而,这种权重综合的方法看似考虑到了所有裂缝劣化对衬砌安全的影响,实际上却淹没了极端重要的评定信息,与实际情况不符,对隧道衬砌结构健康综合评价是不合理的。例如,当衬砌存在三条裂缝 A-1、A-2、A-3 时,评定安全等级隶属度分别为(0.8,0.2,0,0,0)、(0.1,0.8,0,0,0)、(0,0,0,0.3,0.7),假定它们的权重分别为 0.4、0.35、0.25,如果进行加权综合评估,得到的最终结果是(0.355,0.36,0,0.075,0.175),显然综合评定结果是在 Ⅰ 级和 Ⅱ 级之间,只需要进行常规监测,可以不采取加固措施,但是实际上 A-3 裂缝已经达到了 Ⅴ 级,对衬砌结构的健康已经造成了严重威胁,需要迅速采取加固处理措施,然而这一重要信息却被加权综合的结果淹没掉了,实际中评定结果的错误很容易导致加固处理的不及时、不到位,从而使生命和财产安全受到威胁。可见,该种利用权重综合评定的方法与隧道健康综合评价的实际情况相悖,显然这种方法得出的综合评定结果是不可靠的。因此,有必要从实际情况出发,采用一种符合隧道衬砌健康综合评价的方法。

实际上,上述这种情况可以利用水桶效应即短板效应很好地解释,如图 7.1 所示。短板理论,最早由美国管理学家彼得提出,该理论认为一只木桶盛水的多少并不取决于最高的那块木板,而是取决于桶壁上最短的那块木板。综合评价体系中衬砌结构已存在的裂缝就好比是组成木桶的木板,隧道内行人和行车的安全程度就好比是桶中的水,评定指标中最不利的评定结果就决定了隧道内行人和行车的安全程度,因此,本书建议围岩浸水恶化下黄土隧道衬砌结构健康综合评价体系采用"最不利原则"进行评定[184]。在各衬砌评定单元中,选取各裂缝中安全等级评定最不利的评定结果作为整个衬砌评定单元的评定结果,并将所有评定单元中的最不利评定结果作为整座隧道衬砌的健康综合评定结果,然后参照评定结果对相应的隧道区段采取加固维修等处置措施。

图 7.1　短板效应

7.6.2　隧道评定区段评定单元划分

隧道作为一个隐蔽的地下构筑物,其长度通常从几十米到数十千米不等,伴随着隧道建设技术的不断发展和社会发展水平的提高,修建了越来越多的长大隧道。而且隧道工程所穿越的地区由于自然和人为因素,其所处环境通常变化较大,常在同一隧道的不同区段,围岩环境会有极大的不同,甚至短短数十米的间隔,就有可能出现差异巨大的围岩环境。因此,为了明确整条隧道衬砌中不同区段的健康状况,本次评价体系建议将隧道在全部检测范围内进行区段划分,然后将各划分区段作为相应分段式的评定单元进行评价。

目前常用的隧道区段划分方法主要有两种:一种是按照固定的长度进行划分,如以10m长度区段为一个隧道评定单元;另一种是按照隧道二次衬砌施作的模板长度进行单元划分,一模混凝土衬砌区段作为一个隧道评定单元。具体分段方法可根据实际情况进行选取,对所要评价隧道进行评定单元划分后,对每一个评定单元依照前述方法进行评价,得到各区段的健康评定等级,对所有区段的健康评定结果进行综合评价后得到整个评定隧道的健康综合评价等级。

7.6.3　各评定单元健康等级评定

1) 各裂缝安全等级评定

统计隧道衬砌裂缝现场测量结果,将各个裂缝的各项评定指标分别代入各自安全隶属度表中,得到各项评定指标的隶属度向量,组成裂缝指标隶属度矩阵;之后将各指标权重向量与各裂缝指标隶属度矩阵进行运算,得到各裂缝的安全隶属度向量,其中安全隶属度最高的等级即为该裂缝的初始安全等级。

2) 当前评定单元围岩恶化等级评定

根据统计到的围岩浸水部位及浸水深度,依照7.5.2节中围岩恶化等级,评定得到当前评定单元的围岩恶化等级。

3) 各个裂缝与围岩浸水部位耦合程度等级评定

根据统计到的围岩浸水部位及各裂缝开裂部位,依照7.5.3节中耦合程度等级,得到评定单元衬砌裂缝与围岩浸水部位耦合程度。

4) 围岩恶化程度与各裂缝耦合关系调整等级评定

根据当前评定单元围岩恶化等级及各裂缝耦合程度等级结果,依照7.5.4节中耦合调整关系等级,得到评定单元衬砌各裂缝耦合关系等级。

5) 各裂缝耦合安全等级评定

根据耦合关系等级的评定结果,对当前单元衬砌各裂缝的初始安全等级进行调整,得到各裂缝最终安全等级。

6) 评定单元健康等级评定

依据短板效应原则,将评定单元内各裂缝中最终安全等级最高的裂缝等级作为当前评定单元的健康等级。

7.6.4　隧道衬砌结构整体健康等级评定

通过前述步骤,对各评定单元段隧道衬砌的健康状况进行了评定,并得到各评定单元段隧道衬砌的健康等级。通过将各评定单元段隧道衬砌的健康等级综合考虑,最后得到隧道衬砌结构整体健康等级,考虑实际工程情况,隧道衬砌结构整体的健康状况往往取决于最不利区段。因此,本评价体系基于短板效应的原则,将所有评定单元中评定等级最危险的单元作为决定性单元,并将其安全等级作为隧道衬砌结构整体健康等级。

7.6.5　评价流程

根据上述评定方法可以看出,本评价体系评价流程主要包括三大部分:隧道评定区段评定单元划分、各评定单元健康等级评定、隧道评定区段综合健康等级评定。其中,各评定单元健康等级评定是本评价体系的核心部分,包括各评定单元的各裂缝初始安全等级评定、围岩恶化等级评定、各裂缝耦合程度等级、各裂缝耦合调整等级评定、各裂缝最终等级评定。具体衬砌结构健康综合评判体系评价流程如图 7.2 所示。

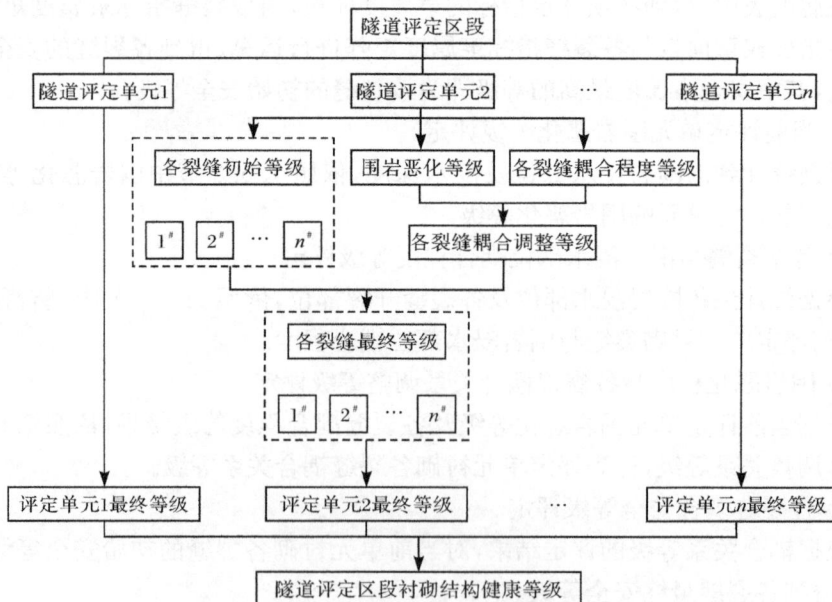

图 7.2　衬砌结构健康综合评判体系评价流程

7.7　衬砌结构健康综合评价体系可靠性验证

7.7.1　检验工况选取

为了对所建立评价体系的可靠性进行验证,检验工况选取需要覆盖五组不同模型试验的整个过程,但是由于篇幅限制以及评价工作量的限制,对所有工况的发展过程进行逐一验证显然是不现实的,因此有必要选取出对五组工况的发展过程有代表性的测点进行验证。

评价体系可靠性的验证要保证对五种工况进行对比验证,同时要对一种工况的不同阶段进行验证,以保证验证结果的可信度,综上所述,最终选定双侧拱腰浸水工况的五个检验工况进行工况内不同阶段验证,选定五组工况中第四条裂缝开裂时的检验工况进行不同工况间的对比验证,总计 10 组检验工况,如表 7.11 和表 7.12 所示。

表 7.11　双侧拱脚浸水发展过程对比检验工况

评价点编号	1	2	3	4	5
双侧拱腰浸水	1# 开裂前	2# 开裂前	4# 开裂前	7# 开裂前	10# 开裂前

表 7.12　不同工况间对比检验工况

评价点编号	6	7	8	9	10
4# 开裂前	双侧拱脚	双侧拱腰	单侧拱脚	单侧拱腰	一脚一腰

评价体系验证过程中,裂缝评定指标中裂缝长度、裂缝宽度的值按照第 2 章模型试验中确定的几何相似比 1：10 放大,以使评定指标值与评级体系相适合,下述评定过程所用量值均为调整后实际尺寸量值。

7.7.2　检验工况评价过程演示及评定结果

详细评价过程以 3 号检验工况(双侧拱腰浸水时 4# 裂缝开裂前衬砌健康状态)为例,其余检验工况评价过程从略。

1) 裂缝指标及等级评定结果

将表 7.13 中指标代入相应隶属函数向量中,可得各裂缝指标安全隶属度。

表 7.13　3 号检验工况裂缝指标

裂缝	长度/m	宽度/mm	深度比	角度/(°)	部位
1#	1.05	0.80	0.20	0	仰拱中心
2#	2.00	0.90	0.21	9	左侧拱脚
3#	0.50	0.73	0.10	0	拱顶中心

(1) 1# 裂缝各指标安全隶属度为

$$\boldsymbol{B}_{l-1^{\#}} = (0, 34.36\%, 65.64\%, 0, 0)$$

$$\boldsymbol{B}_{w-1^{\#}} = (0, 99.88\%, 0.12\%, 0, 0)$$

$$\boldsymbol{B}_{d-1^{\#}} = (0, 99.88\%, 0.12\%, 0, 0)$$

$$\boldsymbol{B}_{l-1^{\#}} = (0, 0, 0, 0, 100\%)$$

则 1# 裂缝指标安全隶属度矩阵为

$$\boldsymbol{B}_{1^{\#}} = \begin{bmatrix} 0 & 34.36\% & 65.64\% & 0 & 0 \\ 0 & 99.88\% & 0.12\% & 0 & 0 \\ 0 & 99.88\% & 0.12\% & 0 & 0 \\ 0 & 0 & 0 & 0 & 100\% \end{bmatrix}$$

已知 $\boldsymbol{R} = (0.28, 0.22, 0.35, 0.15)$，则

$$\boldsymbol{S}_{1^{\#}} = \boldsymbol{R} \cdot \boldsymbol{B}_{1^{\#}} = (0, 66.55\%, 18.45\%, 0, 15\%)$$

(2) 2# 裂缝各指标安全隶属度分别为

$$\boldsymbol{B}_{l-2^{\#}} = (0, 0.03\%, 99.97\%, 0, 0)$$

$$\boldsymbol{B}_{w-2^{\#}} = (0, 97.51\%, 2.49\%, 0, 0)$$

$$\boldsymbol{B}_{d-2^{\#}} = (0, 99.59\%, 0.41\%, 0, 0)$$

$$\boldsymbol{B}_{l-2^{\#}} = (0, 0, 0, 99.99\%, 0.01\%)$$

则 2# 裂缝指标安全隶属度矩阵为

$$\boldsymbol{B}_{2^{\#}} = \begin{bmatrix} 0 & 0.03\% & 99.97\% & 0 & 0 \\ 0 & 97.51\% & 2.49\% & 0 & 0 \\ 0 & 99.59\% & 0.41\% & 0 & 0 \\ 0 & 0 & 0 & 99.99\% & 0.01\% \end{bmatrix}$$

已知 $\boldsymbol{R} = (0.28, 0.22, 0.35, 0.15)$，则

$$\boldsymbol{S}_{2^{\#}} = \boldsymbol{R} \cdot \boldsymbol{B}_{2^{\#}} = (0, 56.32\%, 28.68\%, 15\%, 0)$$

(3) 3# 裂缝各指标安全隶属度分别为

$$\boldsymbol{B}_{l-3^{\#}} = (0, 100\%, 0, 0, 0)$$

$$\boldsymbol{B}_{w-3^{\#}} = (99.99\%, 0.01\%, 0, 0, 0)$$

$$\boldsymbol{B}_{d-3^{\#}} = (0, 100\%, 0, 0, 0)$$

$$\boldsymbol{B}_{2-3^{\#}} = (0, 0, 0, 0, 100\%)$$

则 3# 裂缝指标安全隶属度矩阵为

$$\boldsymbol{B}_{3^{\#}} = \begin{bmatrix} 0 & 100\% & 0 & 0 & 0 \\ 99.99\% & 0.01\% & 0 & 0 & 0 \\ 0 & 100\% & 0 & 0 & 0 \\ 0 & 0 & 0 & 100\% & 0 \end{bmatrix}$$

已知 $\boldsymbol{R} = (0.28, 0.22, 0.35, 0.15)$，则

$$\boldsymbol{S}_{3^{\#}} = \boldsymbol{R} \cdot \boldsymbol{B}_{3^{\#}} = (22\%, 63\%, 0, 15\%, 0)$$

综上所述,可看出 1#、2#、3# 裂缝初始安全等级均为Ⅱ级,对比三条裂缝安全等级隶属度,其中 2# 裂缝安全等级向Ⅲ级倾斜,相对较危险。

2) 围岩指标及等级评定结果

3 号检验工况围岩评定指标如表 7.14 所示,为双侧拱腰浸水时 4# 裂缝开裂前,而 4# 裂缝是在浸水深度达到 4m 时开裂的,因此将 3 号检验工况浸水深度取大,确定为 4m。将上述围岩评定指标代入评价表中,得到 3 号检验工况围岩恶化等级为Ⅲ级。

表 7.14　3 号检验工况围岩评定指标

围岩评定指标	浸水部位	浸水深度/m
3 号检验工况	双侧拱腰	4

3) 耦合程度分级指标及评定结果

3 号检验工况裂缝开裂部位如表 7.15 所示,浸水部位为双侧拱腰,已有三条裂缝开裂部位分别为仰拱中心、左侧拱脚、拱顶中心。对照耦合程度分级得到三条裂缝耦合程度等级分别为Ⅳ级、Ⅳ级、Ⅴ级。

表 7.15　3 号检验工况裂缝开裂部位

裂缝	1#	2#	3#
开裂部位	仰拱中心	左侧拱脚	拱顶中心

4) 耦合关系指标及评定结果

根据 3 号检验工况围岩恶化等级(Ⅲ级)以及三条已有裂缝耦合程度等级(Ⅳ级、Ⅳ级、Ⅴ级),对照耦合关系等级,得到三条裂缝耦合关系等级分别为Ⅳ级(1#)、Ⅳ级(2#)、Ⅳ级(3#)。

5) 各裂缝等级调整结果

耦合关系Ⅳ级为不利关系,根据调整关系对三条裂缝初始安全等级进行调整,对各自初始安全等级提高一级,得到三条裂缝最终安全等级为Ⅲ级(1#)、Ⅲ级(2#)、Ⅲ级(3#)。

6) 评定单元等级结果

根据短板理论原则,将已有裂缝中安全等级最高的裂缝等级作为评定单元的安全等级,由于三条裂缝安全等级均为Ⅲ级,因此 3 号检验工况最终安全等级为Ⅲ级,主要由 2# 裂缝控制,并有向Ⅳ级发展的趋势。

7.7.3　其余检验工况评定结果

1) 1 号检验工况评定结果

1 号检验工况所处状态为:双侧拱腰浸水时 1# 裂缝开裂前,此时衬砌结构未出现开裂,围岩浸水深度为 1m。具体评定结果如表 7.16 所示。

表 7.16　1 号检验工况评定结果

编号	1 号检验工况	等级
①	裂缝初始状况	Ⅰ
②	围岩浸水恶化	Ⅱ
③	裂缝耦合程度	—
④	裂缝耦合关系	—
⑤	裂缝最终状况	Ⅰ
⑥	评定单元整体	Ⅰ

2) 2 号检验工况评定结果

2 号检验工况所处状态为:双侧拱腰浸水时 2# 裂缝开裂前,此时衬砌结构仰拱中心出现 1# 裂缝,围岩浸水深度为 1m。具体评定结果如表 7.17 所示。

表 7.17　2 号检验工况评定结果

编号	2 号检验工况	裂缝	等级
①	裂缝初始状况	1#	Ⅰ
②	围岩浸水恶化	—	Ⅱ
③	裂缝耦合程度	1#	Ⅳ
④	裂缝耦合关系	1#	Ⅳ
⑤	裂缝最终状况	1#	Ⅱ
⑥	评定单元整体	—	Ⅱ

3) 3 号检验工况评定结果

3 号检验工况所处状态为:双侧拱腰浸水时 4# 裂缝开裂前,此时衬砌结构仰拱中心、左侧拱脚、拱顶中心分别出现 1#、2#、3# 三条裂缝,围岩浸水深度为 4m。具体评定结果如表 7.18 所示。

表 7.18　3 号检验工况评定结果

编号	3 号检验工况	裂缝	等级	编号	3 号检验工况	裂缝	等级
①	裂缝初始状况	1#	Ⅱ	④	裂缝耦合关系	1#	Ⅳ
		2#	Ⅱ			2#	Ⅳ
		3#	Ⅱ			3#	Ⅳ
②	围岩浸水恶化	—	Ⅲ	⑤	裂缝最终状况	1#	Ⅲ
③	裂缝耦合程度	1#	Ⅳ			2#	Ⅲ
		2#	Ⅳ			3#	Ⅲ
		3#	Ⅴ	⑥	评定单元整体	—	Ⅲ

4) 4 号检验工况评定结果

4 号检验工况所处状态为：双侧拱腰浸水时 7# 裂缝开裂前，此时衬砌结构仰拱中心、左侧拱脚、拱顶中心、仰拱中心、左侧仰拱、右侧拱腰分别出现 1#、2#、3#、4#、5#、6# 六条裂缝，围岩浸水深度大于 6m。具体评定结果如表 7.19 所示。

5) 5 号检验工况评定结果

5 号检验工况所处状态为：双侧拱腰浸水时 10# 裂缝开裂前，此时衬砌结构仰拱中心、左侧拱脚、拱顶中心、仰拱中心、左侧仰拱、右侧拱腰、左侧拱肩、左侧拱脚、右侧拱脚分别出现 1#、2#、3#、4#、5#、6#、7#、8#、9# 九条裂缝，围岩浸水深度大于 6m。具体评定结果如表 7.20 所示。

表 7.19　4 号检验工况评定结果

编号	4 号检验工况	裂缝	等级	编号	4 号检验工况	裂缝	等级
①	裂缝初始状况	1#	Ⅱ	④	裂缝耦合关系	1#	Ⅴ
		2#	Ⅱ			2#	Ⅴ
		3#	Ⅱ			3#	Ⅴ
		4#	Ⅰ			4#	Ⅴ
		5#	Ⅰ			5#	Ⅴ
		6#	Ⅳ			6#	Ⅲ
②	围岩浸水恶化	—	Ⅴ	⑤	裂缝最终状况	1#	Ⅳ
③	裂缝耦合程度	1#	Ⅳ			2#	Ⅳ
		2#	Ⅳ			3#	Ⅳ
		3#	Ⅴ			4#	Ⅲ
		4#	Ⅳ			5#	Ⅲ
		5#	Ⅳ			6#	Ⅳ
		6#	Ⅲ	⑥	评定单元整体	—	Ⅳ

表 7.20　5 号检验工况评定结果

编号	5 号检验工况	裂缝	等级	编号	5 号检验工况	裂缝	等级
①	裂缝初始状况	1#	Ⅱ	②	围岩浸水恶化	—	Ⅴ
		2#	Ⅳ	③	裂缝耦合程度	1#	Ⅳ
		3#	Ⅲ			2#	Ⅳ
		4#	Ⅱ			3#	Ⅳ
		5#	Ⅱ			4#	Ⅳ
		6#	Ⅲ			5#	Ⅳ
		7#	Ⅱ			6#	Ⅲ
		8#	Ⅲ			7#	Ⅱ
		9#	Ⅱ			8#	Ⅳ
						9#	Ⅳ

编号	5 号检验工况	裂缝	等级	编号	5 号检验工况	裂缝	等级
④	裂缝耦合关系	1#	V	⑤	裂缝最终状况	1#	IV
		2#	V			2#	V
		3#	V			3#	V
		4#	V			4#	IV
		5#	V			5#	IV
		6#	III			6#	III
		7#	I			7#	I
		8#	V			8#	IV
		9#	V			9#	IV
				⑥	评定单元整体	—	V

6) 6 号检验工况评定结果

6 号检验工况所处状态为：双侧拱脚浸水时 4# 裂缝开裂前，此时衬砌结构仰拱中心、左侧拱脚、左侧仰拱分别出现 1#、2#、3# 三条裂缝，围岩浸水深度为 4m。具体评定结果如表 7.21 所示。

表 7.21　6 号检验工况评定结果

编号	6 号检验工况	裂缝	等级	编号	6 号检验工况	裂缝	等级
①	裂缝初始状况	1#	II	④	裂缝耦合关系	1#	IV
		2#	I			2#	IV
		3#	I			3#	IV
②	围岩浸水恶化	—	II	⑤	裂缝最终状况	1#	III
③	裂缝耦合程度	1#	IV			2#	II
		2#	IV			3#	II
		3#	V	⑥	评定单元整体	—	III

7) 7 号检验工况评定结果

7 号检验工况所处状态为：双侧拱腰浸水时 4# 裂缝开裂前，此时衬砌结构仰拱中心、左侧拱脚、拱顶中心分别出现 1#、2#、3# 三条裂缝，围岩浸水深度为 4m。具体评定结果如表 7.22 所示。

8) 8 号检验工况评定结果

8 号检验工况所处状态为：单侧拱脚浸水时 4# 裂缝开裂前，此时衬砌结构右侧拱肩、右侧拱腰、右侧拱脚分别出现 1#、2#、3# 三条裂缝，围岩浸水深度大于 5m。具体评定结果如表 7.23 所示。

表 7.22　7 号检验工况评定结果

编号	7 号检验工况	裂缝	等级	编号	7 号检验工况	裂缝	等级
①	裂缝初始状况	1#	Ⅱ	④	裂缝耦合关系	1#	Ⅳ
		2#	Ⅱ			2#	Ⅳ
		3#	Ⅱ			3#	Ⅳ
②	围岩浸水恶化	—	Ⅲ	⑤	裂缝最终状况	1#	Ⅲ
③	裂缝耦合程度	1#	Ⅳ			2#	Ⅲ
		2#	Ⅳ			3#	Ⅲ
		3#	Ⅴ	⑥	评定单元整体	—	Ⅲ

表 7.23　8 号检验工况评定结果

编号	8 号检验工况	裂缝	等级	编号	8 号检验工况	裂缝	等级
①	裂缝初始状况	1#	Ⅱ	④	裂缝耦合关系	1#	Ⅴ
		2#	Ⅴ			2#	Ⅰ
		3#	Ⅲ			3#	Ⅰ
②	围岩浸水恶化	—	Ⅴ	⑤	裂缝最终状况	1#	Ⅳ
③	裂缝耦合程度	1#	Ⅴ			2#	Ⅲ
		2#	Ⅴ			3#	Ⅰ
		3#	Ⅱ	⑥	评定单元整体	—	Ⅳ

9）9 号检验工况评定结果

9 号检验工况所处状态为：右侧拱腰浸水时 4# 裂缝开裂前，此时衬砌结构右侧拱顶、右侧拱腰、左侧拱顶分别出现 1#、2#、3# 三条裂缝，围岩浸水深度大于 6m。具体评定结果如表 7.24 所示。

表 7.24　9 号检验工况评定结果

编号	9 号检验工况	裂缝	等级	编号	9 号检验工况	裂缝	等级
①	裂缝初始状况	1#	Ⅱ	④	裂缝耦合关系	1#	Ⅴ
		2#	Ⅱ			2#	Ⅴ
		3#	Ⅲ			3#	Ⅰ
②	围岩浸水恶化	—	Ⅴ	⑤	裂缝最终状况	1#	Ⅳ
③	裂缝耦合程度	1#	Ⅳ			2#	Ⅳ
		2#	Ⅳ			3#	Ⅰ
		3#	Ⅱ	⑥	评定单元整体	—	Ⅳ

10) 10 号检验工况评定结果

10 号检验工况所处状态为：左侧拱腰与右侧拱脚浸水时 4# 裂缝开裂前，此时衬砌结构左侧拱脚、左侧拱顶、右侧拱脚分别出现 1#、2#、3# 三条裂缝，围岩浸水深度为 5m。具体评定结果如表 7.25 所示。

表 7.25　10 号检验工况评定结果

编号	10 号检验工况	裂缝	等级	编号	10 号检验工况	裂缝	等级
①	裂缝初始状况	1#	Ⅱ	④	裂缝耦合关系	1#	Ⅴ
		2#	Ⅰ			2#	Ⅴ
		3#	Ⅱ			3#	Ⅴ
②	围岩浸水恶化	—	Ⅴ	⑤	裂缝最终状况	1#	Ⅳ
③	裂缝耦合程度	1#	Ⅳ			2#	Ⅲ
		2#	Ⅳ			3#	Ⅳ
		3#	Ⅴ	⑥	评定单元整体	—	Ⅳ

7.7.4　检验工况评定结果分析

1) 1～5 号检验工况评定结果对比分析

表 7.26 为 1～5 号检验工况最终评定结果。可以看出，1～5 号检验工况评定等级分别为Ⅰ级、Ⅱ级、Ⅲ级、Ⅳ级、Ⅴ级，很明显，随着衬砌中新裂缝的不断出现，衬砌结构的劣化状况越来越严重，健康等级越来越高，整个衬砌结构越来越危险，当裂缝数量达到 4 条以后，衬砌结构开始进入较危险状态，此时需要对其进行必要的加固措施，否则隧道结构将会威胁到行人和车辆安全。

表 7.26　1～5 号检验工况最终评定结果

检验工况	1	2	3	4	5
描述	双侧拱腰	双侧拱腰	双侧拱腰	双侧拱腰	双侧拱腰
	1# 开裂前	2# 开裂前	4# 开裂前	7# 开裂前	10# 开裂前
评定结果	Ⅰ	Ⅱ	Ⅲ	Ⅳ	Ⅴ

未开裂时（1 号检验工况）评定结果为Ⅰ级，即隧道衬砌结构处于安全状态，这与实际情况相符，当出现第一条裂缝时（2 号检验工况），评定结果降为Ⅱ级，即隧道衬砌结构变为较安全状态；随着开裂进行到中期稳定开裂阶段（3 号检验工况），隧道衬砌结构评定结果过渡为Ⅲ级临界状态；并且在开裂进行到中期稳定开裂阶段中段时（4 号检验工况），隧道衬砌结构评定结果过渡为Ⅳ级，进入较危险状态，开始威胁到行人与车辆的安全；继续开裂，在进入后期加速开裂阶段前（5 号检验工况），隧道衬砌结构评定结果进入Ⅴ级危险状态，已经严重威胁到行人与车辆的

安全,随时有发生失稳破坏的可能。

　　整个双侧拱腰围岩浸水恶化过程中,依据评价体系得到的评定结果,隧道衬砌结构健康等级呈现出上升的趋势,这与实际隧道工程的安全状态变化规律一致,并且各检验工况的评定结果也与相应工况的实际安全状态和发展过程相吻合。

　　由此可见,本评价体系对于单一工况不同阶段的评定结果能够体现出衬砌结构劣化发展的规律,与实际较为吻合,比较令人满意。

　　2) 6～10 号检验工况评定结果对比分析

　　表 7.27 为 6～10 号检验工况最终评定结果。可以看出,6～10 号检验工况评定等级分别为Ⅲ级、Ⅲ级、Ⅳ级、Ⅳ级、Ⅳ级,很明显,五种工况在 4# 裂缝开裂前处于临界状态向较危险状态过渡的阶段,而此时五种工况的开裂普遍刚进入中期稳定开裂阶段,评定结果表明,在这一阶段,衬砌结构的安全性一般处于临界或者较危险状态过渡阶段,并且从五种工况可以看出,对称工况时(6 号、7 号检验工况)评定结果为Ⅲ级临界状态,而非对称浸水工况(8 号、9 号、10 号检验工况)评定结果为Ⅳ级较危险状态,表明同一种状况下,非对称工况比对称工况更危险,这与第3 章中的研究成果相符。

表 7.27　6～10 号检验工况最终评定结果

检验工况	6	7	8	9	10
描述	双侧拱脚 4# 开裂前	双侧拱腰 4# 开裂前	单侧拱脚 4# 开裂前	单侧拱腰 4# 开裂前	一脚一腰 4# 开裂前
评定结果	Ⅲ	Ⅲ	Ⅳ	Ⅳ	Ⅳ

　　从上述评定结果可以看出,非对称工况比对称工况更危险,评定结果中高等级占比更多,相似工况在相同阶段的评定结果相近,这与实际情况相符。由此可见,本评价体系的评定结果能够较好地反映不同工况的特性和共性,对不同工况的评定结果与实际较为吻合,比较令人满意。

　　综合上述 10 个检验工况分析可以看出,利用本章提出的围岩浸水恶化条件下黄土隧道衬砌结构健康评价体系,可以方便、合理、准确地反映不同围岩浸水恶化状况下黄土隧道衬砌结构的健康状况,此评价体系评价流程清晰,评价原则合理,评价方法容易理解和掌握,具有较好的应用效果。希望本章所提建立评价体系的理念和方法能够在研究和实际工程中得到推广应用。

7.8　小　　结

　　本章通过参照隧道健康等级评价相关研究成果和现行规范,并结合围岩浸水黄土隧道的特点,在遵循评定指标选取原则的基础上,选取了适用于围岩浸水下黄土隧道裂缝等级评定指标和围岩等级评定指标,从而建立了围岩浸水恶化条件下黄土隧道衬砌结构健康评价体系。

本章主要结论如下:

(1)结合国内外关于隧道衬砌健康评价等级划分方法,并结合围岩浸水下黄土隧道衬砌开裂特点,制定五级划分法,对黄土隧道衬砌结构健康状况进行分级。

(2)分析目前常用的隧道健康分级评定标准的不足,引入模糊数学隶属度和隶属函数概念,并构造了相应评定指标的安全等级隶属函数,对其进行优化改进,使评定结果更合理。

(3)在遵循评定指标选取原则的基础上,选取了适用于围岩浸水黄土隧道的裂缝等级评定指标和围岩等级评定指标,并且在模型试验的基础上,参照相关研究成果和行业规范,制定各指标的分级标准。

(4)依据模型试验结果,建立了适用于围岩浸水黄土隧道围岩恶化等级评定标准、裂缝耦合程度评定标准和裂缝耦合关系评定标准。

(5)结合课题特点,提出内外因相互耦合等级调整方法,以隧道衬砌已有劣化情况为决定隧道衬砌结构健康的内因,以围岩浸水恶化状况为影响隧道衬砌结构健康的外因,考虑两者相互耦合作用,对已有劣化状况等级进行调整。

(6)分析现有评价体系中评价方法存在的不足,基于实际情况的考虑,将短板理论原则应用到隧道健康状况评价体系中,从而确定各评定单元健康等级和评定隧道整体健康等级,使评价体系更合理。

(7)选取10个有代表性的检验工况,用所建立的评价体系进行评价,对评价结果进行同一浸水工况内部以及不同浸水工况间的横纵向对比,最终验证了所建立评价体系的合理性和准确性。

第8章　隧道结构裂缝修补材料的
配合比及性能研究

8.1　概　　述

随着科学技术的发展和新材料的研发,隧道衬砌结构裂缝修补材料的种类越来越多,常见的修补材料有环氧树脂、碳纤维布等,改性超细水泥、聚合物水泥浆等新材料的研制也为裂缝的修补工作带来了更多的活力与希望。但是由于很多修补材料价格相对昂贵、耐久性差,不适合大范围推广和长期应用。所以,寻找和研发更多隧道衬砌裂缝修补的新材料势在必行。

与普通的建筑材料和修补材料相比,地聚合物胶凝材料的性能表现出很多优越性,如力学强度高、黏结性好、耐久性优良等。合成地聚合物胶凝材料的原材料有很多,试验采用胶凝材料 A 与碱激发剂为主要原材料,另外添加胶凝材料 B、水泥等材料来增加材料强度,同时增加一些添加剂来增加材料密实度。

本章通过分析不同因素对地聚合物胶凝材料的影响,分出 10 组配合比对比试验,通过力学性能试验测试不同配合比的地聚合物胶凝材料的力学性能,选出最佳配合比,然后测试该配合比的地聚合物胶凝材料的性能,并结合 X 射线衍射(X-ray diffraction,XRD)试验和扫描电子显微镜(scanning electron microscope,SEM)微观试验,分析其应用于隧道衬砌结构裂缝的可行性。

8.2　试验原材料

1) 矿物混合料

矿物混合料由胶凝材料 A 和胶凝材料 B 组成,其中胶凝材料 B 中硅铝元素含量较少,而胶凝材料 A 中硅铝元素含量较多。

2) 硅酸盐水泥

试验采用陕西西安本地生产的 42.5R 级快硬硅酸盐水泥,比表面积为 $368m^2/kg$,初凝时间为 27min,终凝时间为 31min。

3) 细砂

试验采用超细砂,级别为 40~80 目,最大颗粒粒径为 0.2~0.3mm。

4）碱激发剂

试验的碱激发剂采用碱溶液 C 和碱溶液 D 的混合液，其中，碱溶液 D 的浓度采用 50％。

5）添加剂

试验的添加剂有三种：添加剂 E、添加剂 F、添加剂 G。添加剂 E 能够有效地提高地聚合物胶凝材料的抗拉强度；添加剂 F 能够提高材料的密实度，进而提高其强度；添加剂 G 是以超塑化剂为母体，加入适量表面活性剂及早强组分配制而成的。早强效果显著，后期强度有所提高，能明显改善混凝土的和易性，降低用水量，节约水泥，缩短凝结周期。

8.3　地聚合物胶凝材料的配合比

8.3.1　地聚合物胶凝材料的影响因素

通过相关文献的阅读和资料收集，归纳总结出该地聚合物胶凝材料的力学性能影响因素主要有水泥含量、碱激发剂含量、胶凝材料 A 与胶凝材料 B 比值、碱溶液 C 浓度四个。为了调配出最符合隧道衬砌裂缝修补的地聚合物胶凝材料，该试验根据四个主要影响因素进行配合比的分类。

该修补材料的设计密度为 2000kg/m^3，以 S40 为基本配合比，其中，胶凝材料 A、胶凝材料 B 与水泥起黏结作用，其含量为常数，占修补材料总质量的 50％，胶凝材料 A 与胶凝材料 B 质量比为 3：1，水泥质量占黏结剂总质量 40％；碱激发剂含量为黏结剂质量的 65％，其中碱溶液 D 与碱溶液 C 质量比为 2.5：1，碱溶液 C 摩尔浓度为 14mol/L。然后，根据各个影响因素调节每种材料的相对含量，总共得出 10 种配合比分类。具体配合比如表 8.1 所示。

表 8.1　地聚合物胶凝材料的影响因素及配合比

组数	影响因素	修补材料单位体积质量/(kg/m^3)					
		砂子	胶凝材料 A	胶凝材料 B	硅酸盐水泥	碱溶液 C	碱溶液 D
S30	水泥含量	350	525	175	300	186	464
S40		350	450	150	400	186	464
S50		350	375	125	500	186	464
S60		350	300	100	600	186	464
J55	碱激发剂含量	450	450	150	400	157	393
J65/S40		350	450	150	400	186	464
J75		250	450	150	400	214	536

续表

组数	影响因素	修补材料单位体积质量/(kg/m³)					
		砂子	胶凝材料 A	胶凝材料 B	硅酸盐水泥	碱溶液 C	碱溶液 D
B21	胶凝材料 A 与	350	400	200	400	186	464
B31/S40	胶凝材料 B	350	450	150	400	186	464
B41	比值	350	480	120	400	186	464
N10		350	450	150		186	464
N12	碱溶液 C 浓度	350	450	150	400	186	464
N14/S40		350	450	150	400	186	464

注：S30～S60 分别表示水泥占黏结剂总质量（胶凝材料 A、胶凝材料 B 及水泥三者总量）的 30%、40%、50%、60%；J55～J75 分别表示碱激发剂占黏结剂总质量的 55%、65%、75%；B21～B41 分别表示黏结剂中胶凝材料 A 与胶凝材料 B 比值为 2∶1、3∶1 和 4∶1；N10～N14 分别表示碱性激发剂中碱溶液 C 的摩尔浓度为 10mol/L、12mol/L、14mol/L。

另外，添加剂 F 的添加量为黏结剂质量的 2%，添加剂 E 的添加量为总质量的 1%，添加剂 G 的添加量为水泥质量的 1%，水的添加量为砂子质量的 30%。

8.3.2　配合比对抗折强度的影响

目前我国尚未出台关于地聚合物胶凝材料的相关标准，所以本书的试验方法均参照硅酸盐水泥和水泥混凝土的相关标准。

将棱柱体混凝土试件切割成两半，再用地聚合物胶凝材料将其黏结起来，然后通过三点抗折强度试验，测试该材料的黏结抗折性能，并通过试验数据分析各因素对材料性能的影响，具体操作如下。

（1）预先制作 30 个 100mm×100mm×400mm 的棱柱体混凝土试件，强度等级为 C25，在标准条件下养护 28 天。

（2）用切割机将每个 100mm×100mm×400mm 的棱柱体混凝土试件从中间切割成两个 100mm×100mm×200mm 的棱柱体混凝土试件（图 8.1 和图 8.2）。

（3）根据表 8.1 地聚合物胶凝材料的影响因素及配合比，按照各个分组调配出对应的聚合物材料。

（4）用调配好的地聚合物胶凝材料将两块 100mm×100mm×200mm 的棱柱体混凝土试件黏结在一起，总共研制 10 组黏结试件（图 8.3），每组 3 个。

（5）将 10 组黏结试件放于干燥阴凉处，待凝结 7 天之后，将黏结试件放在预先制作的三角支座上，用万能试验机进行混凝土抗折强度试验（图 8.4），以

1mm/min 的速度进行压裂,选取试件的最大承压荷载,并进行数据分析。试验步骤如下:

图 8.1　切割混凝土试块

图 8.2　切割后的混凝土试块

图 8.3　黏结试件

图 8.4　抗折试验

① 首先打开万能试验机的信号开关,待到屏幕数字稳定后进行清零,准备开始试验。

② 打开操作页面,将试件进行编号,输入试件的相关信息。

③ 对试块表面进行清理,测量每个试件的尺寸,并分别测量支座间跨度 $L(\mathrm{mm})$、试件的高度 $h(\mathrm{mm})$、试件的宽度 $b(\mathrm{mm})$,安装尺寸偏差不得大于 1mm。

试件的承压面应为试件成型时的侧面,支座及承压面与圆柱的接触面应平稳、均匀,否则应垫平。

④ 施加荷载应保持均匀、连续。加荷速度取 1mm/min,当试件接近破坏时,应停止调整试验机油门,直至试件破坏(图 8.5)。

图 8.5　黏结试件破坏

⑤ 记录试件破坏荷载的读数和试件下边缘断裂的位置。

混凝土抗折强度计算公式为

$$F_f = \frac{FL}{bh^2}$$

式中,F 为试件被破坏荷载,N;L 为支座间跨度,mm;h 为试件截面高度,mm;b 为试件截面宽度,mm。

⑥ 试验完毕后关闭计算机软件,断开万能试验机电源,将试验台进行清理,保持设备的干净和整洁。

通过万能试验机加载,选取每组黏结试件的最大承载力,并通过抗折强度计算公式计算出每组材料的抗折强度,其中 $L=300$mm,$h=100$mm,$b=100$mm,当试件尺寸为 100mm×100mm×400mm 非标准试件时,应乘以尺寸换算系数0.85。S50 试件和 J75 试件的应力-应变曲线如图 8.6 和图 8.7 所示。按影响因素的不同将数据进行汇总,如表 8.2 所示。

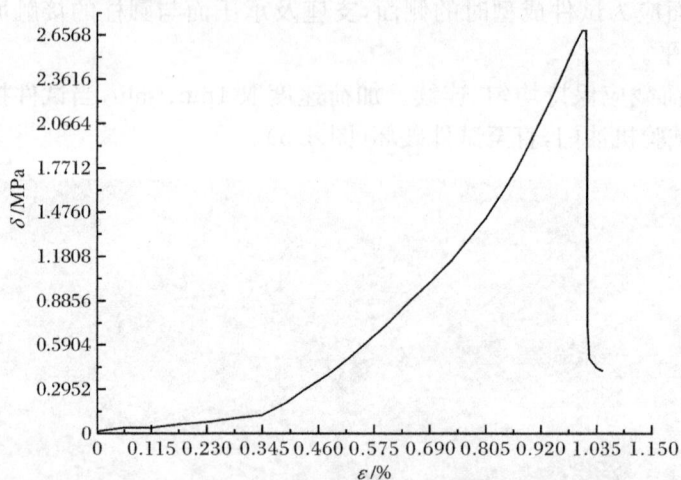

图 8.6　S50 试件应力-应变曲线

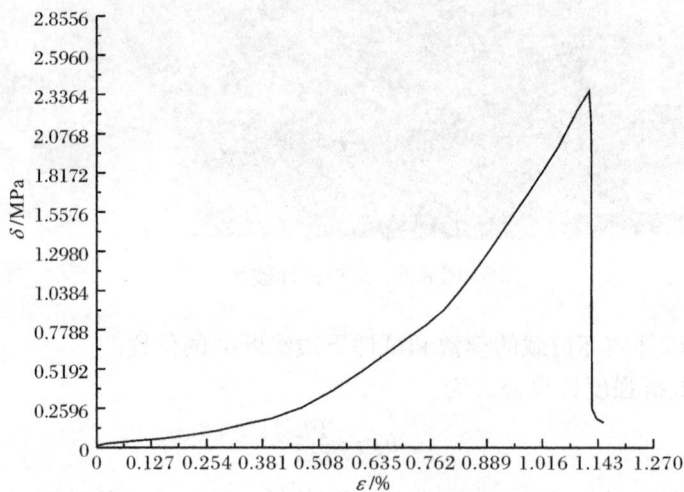

图 8.7　J75 试件应力-应变曲线

表 8.2　黏结试件抗折强度汇总

组数	影响因素	破坏荷载/kN			平均破坏荷载 /kN	抗折强度 /MPa
		试件 1	试件 2	试件 3		
S30		1.42	1.50	1.46	1.46	0.37
S40	水泥含量	2.98	3.00	3.06	3.01	0.77
S50		2.50	2.64	2.68	2.61	0.66
S60		1.96	2.04	2.10	2.03	0.52

续表

组数	影响因素	破坏荷载/kN			平均破坏荷载 /kN	抗折强度 /MPa
		试件 1	试件 2	试件 3		
J55	碱激发剂 含量	2.20	2.24	2.24	2.23	0.57
J65/S40		2.98	3.00	3.06	3.01	0.77
J75		2.32	2.36	2.36	2.35	0.60
B21	胶凝材料 A 与胶凝材料 B 比值	2.20	2.24	2.24	2.12	0.54
B31/S40		2.98	3.00	3.06	3.01	0.77
B41		2.32	2.36	2.36	3.09	0.79
N10	碱溶液 C 浓度	1.90	2.16	2.20	2.09	0.53
N12		2.96	2.84	3.02	2.94	0.75
N14/S40		2.98	3.00	3.06	3.01	0.77

　　利用 Origin 软件绘制不同影响因素与抗折强度的关系曲线(图 8.8),以便于分析各因素对地聚合物胶凝材料抗折性能的影响。

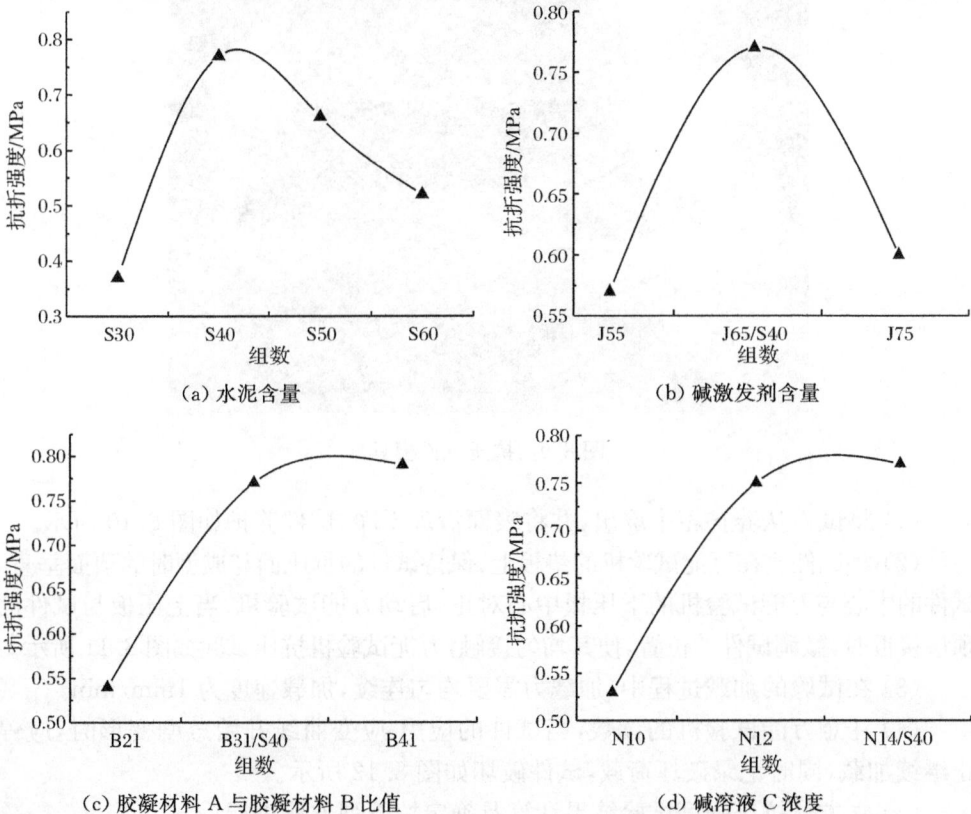

(a) 水泥含量　　　　　　　　　　　　　　(b) 碱激发剂含量

(c) 胶凝材料 A 与胶凝材料 B 比值　　　　　(d) 碱溶液 C 浓度

图 8.8　不同因素对抗折强度的影响曲线

8.3.3 配合比对抗压强度的影响

由于目前我国尚未有关于地聚合物胶凝材料试验性能的相关标准,因此本书地聚合物胶凝材料抗压强度的测定按《水泥胶砂强度检验方法》(GB/T 17671—1999)规定的方法进行。

按照表 8.1 地聚合物胶凝材料的影响因素及配合比,分别配制出 10 组不同配合比的地聚合物胶凝材料,并制作成 70.7mm×70.7mm×70.7mm 的立方体试块,抗压试件模具如图 8.9 所示,然后通过万能试验机测试其 7 天、14 天和 28 天的抗压强度,根据其发展规律总结不同因素对修补材料抗压强度的影响。试验步骤如下:

图 8.9　抗压试件模具

(1)将试件从养护箱中取出,并将表面清理干净,试件养护如图 8.10 所示。

(2)将试件放在万能试验机的垫板上,保持试件的承压面与成型时的顶面垂直。试件的中心与万能试验机的下压板中心对正,启动万能试验机,当上压板与试件的顶层接近时,微调试件的位置,使其均匀接触,万能试验机抗压试验如图 8.11 所示。

(3)在试验的加载过程中,加载力需要均匀连续,加载速度为 1mm/min。

(4)注意万能试验机的读数,当试件的应力-应变曲线开始急剧变形时,应停止继续加载,同时记录破坏荷载,试件破坏如图 8.12 所示。

(5)立方体抗压强度试验结果计算及确定按下列方法进行:

混凝土立方体抗压强度计算公式为

图 8.10　抗压试件养护

图 8.11　万能试验机抗压试验

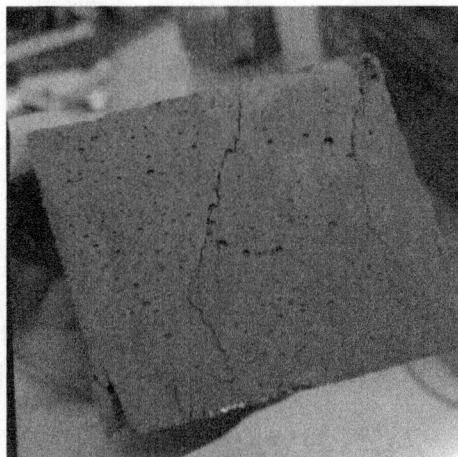

图 8.12　抗压试件破坏

$$P = \frac{F}{A}$$

式中, P 为混凝土立方体试件抗压强度, MPa; F 为试件被破坏荷载, N; A 为试件承压面积, mm²。

　　试验结果以三个试件所测数据的算术平均值作为该组试件的抗压强度, 如果三个测值中有一个试件的数据超过平均值的 15%, 只取中间值作为该组的抗压强度, 如果有两个试件的数值超过平均值的 15%, 则该组试件的试验数据作废。

按照四种不同的影响因素,将地聚合物胶凝材料的抗压强度数据进行整理,如表 8.3 所示。

表 8.3　各因素对抗压强度的影响

组数	影响因素	平均破坏荷载/kN			抗压强度/MPa		
		7 天	14 天	28 天	7 天	14 天	28 天
S30	水泥含量	56.33	80.05	84.97	11.50	16.34	17.34
S40		68.44	90.59	101.72	13.97	18.49	20.76
S50		84.07	102.87	109.66	17.16	20.99	22.38
S60		98.68	120.01	128.97	20.14	24.49	26.32
J55	碱性激发剂含量	63.58	82.98	89.87	12.98	16.93	18.34
J65/S40		68.44	90.59	101.72	13.97	18.49	20.76
J75		56.96	77.42	86.63	11.62	15.80	17.68
B21	胶凝材料 A 与胶凝材料 B 比值	77.36	102.84	105.15	15.79	20.99	21.46
B31/S40		68.44	90.59	101.72	13.97	18.49	20.76
B41		63.34	84.76	97.31	12.93	17.30	19.86
N10	碱溶液 C 浓度	59.38	83.66	97.80	12.12	17.07	19.96
N12		65.88	85.76	99.86	13.44	17.50	20.38
N14/S40		68.44	90.59	101.72	13.97	18.49	20.76

利用 Origin 软件绘制出不同影响因素与抗压强度的柱状图(图 8.13),以便分析各因素对地聚合物胶凝材料抗压性能的影响。

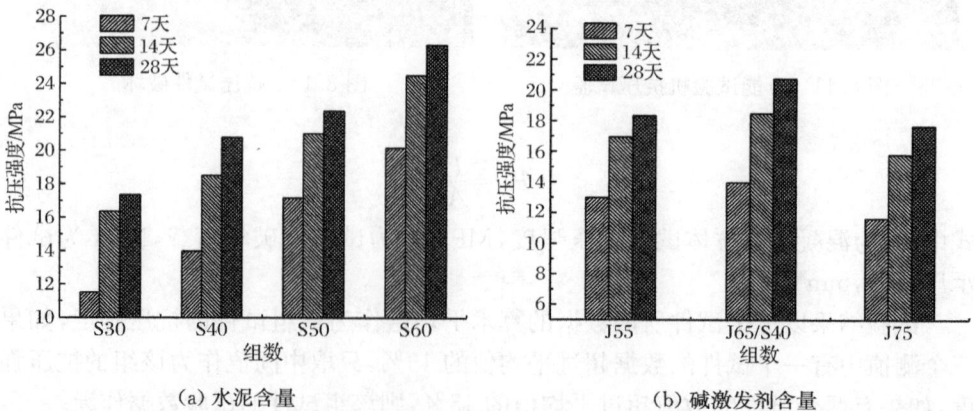

(a) 水泥含量

(b) 碱激发剂含量

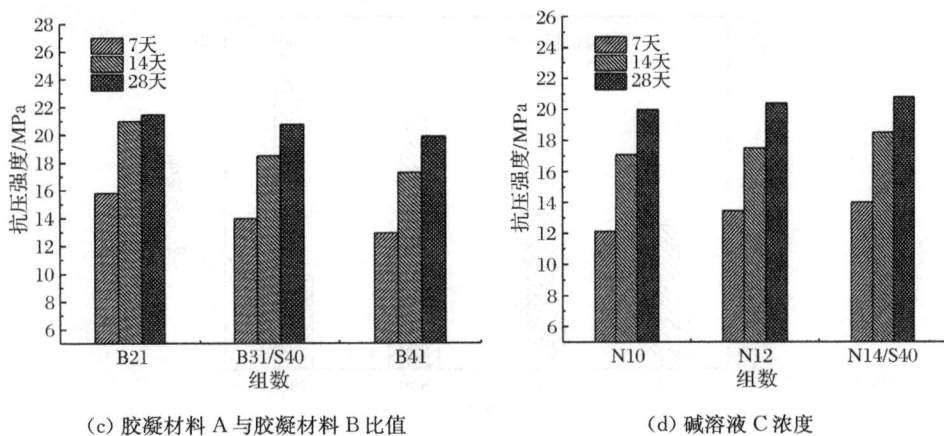

(c) 胶凝材料 A 与胶凝材料 B 比值　　　　　　(d) 碱溶液 C 浓度

图 8.13　不同因素对抗压强度的影响柱状图

8.3.4　配合比对黏结强度的影响

将各组数据按水泥含量、碱激发剂含量、胶凝材料 A 与胶凝材料 B 比值、碱溶液 C 浓度四个主要因素进行分类整理,并用 Origin 软件绘制出不同影响因素与抗折强度曲线,分析各因素对地聚合物胶凝材料黏结性能的影响。

1) 水泥含量对黏结性能的影响

试验所用水泥为 PC42.5R 的硅酸盐水泥,它比 PC32.5 的硅酸盐水泥强度更高、凝结时间更快,更适合在隧道结构裂缝修补中应用。

水泥含量对材料强度的影响柱状图如图 8.14 所示。可以看出,地聚合物胶凝材料的抗折强度随着水泥含量的增加先增大后减小,呈抛物线形式,而抗压强度随着水泥含量的增加而逐渐增大。S40 的配合比测得的黏结试件抗折强度最大,即水泥含量占黏结剂总质量的 40% 时,黏结试样的 7 天抗折强度达到 0.77MPa,7 天抗压强度达到 13.97MPa。

通过分析可得,水泥在地聚合物胶凝材料中的主要作用是提高材料的自身强度,并加快凝结时间,若水泥用量过少,则黏结材料自身强度达不到,在试验过程中很容易断裂;若水泥用量过多,则会占用其他材料的百分比,造成材料的黏结强度不够。因此,调配好水泥在地聚合物胶凝材料中所占的比例,才能保证地聚合物胶凝材料的黏结性能。

2) 碱激发剂含量对黏结性能的影响

碱激发剂由碱溶液 D 与碱溶液 C 组成。碱溶液 D 水解呈碱性,可以用作黏结剂和防水剂;碱溶液 C 是一种有腐蚀性的强碱,广泛应用于实验室和工业生产中。

碱激发剂含量对材料强度的影响柱状图如图 8.15 所示。可以看出,地聚合

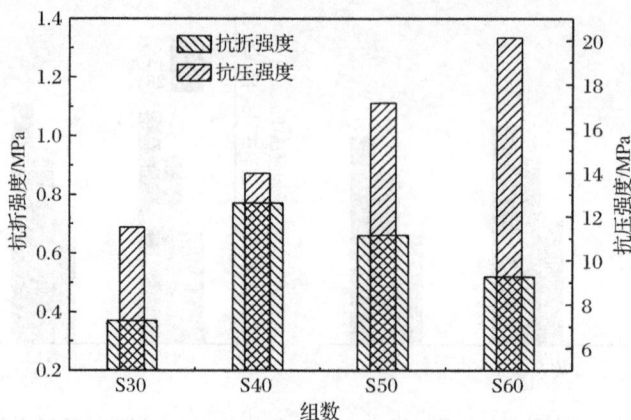

图 8.14　水泥含量对材料强度的影响柱状图

物胶凝材料黏结试件的抗折强度随着碱激发剂含量的增加先增加后减小,呈抛物线形式,而抗压强度和抗折强度变化趋势一样。当使用 J65 的配合比,即碱激发剂含量占黏结剂总质量的 65% 时,地聚合物胶凝材料的抗折强度和抗压强度最大。

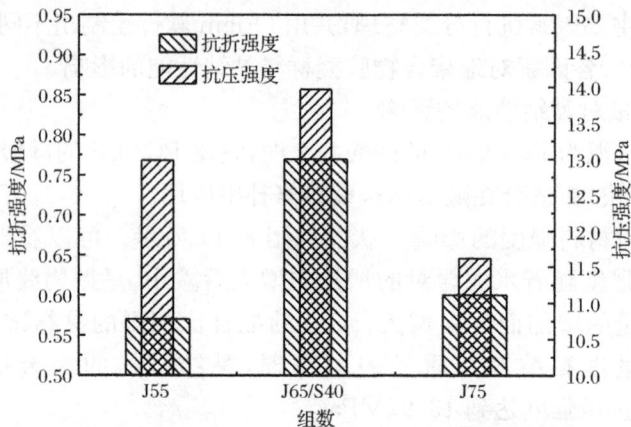

图 8.15　碱激发剂含量对材料强度的影响柱状图

通过分析可得,当碱激发剂含量太少时,地聚合物胶凝材料中的黏结剂不能充分反应,造成黏结剂的浪费,致使地聚合物胶凝材料的黏结性能减小;当碱激发剂含量太多时,地聚合物胶凝材料中碱性过强,氢氧根离子过多,二氧化硅与氧化铝分解加速,分子缩聚反应被阻碍,导致硅铝酸盐凝结沉淀,水合反应减少,地聚合物胶凝材料的黏结强度降低。

3) 胶凝材料 A 与胶凝材料 B 比值对黏结性能的影响

胶凝材料 A 是一种高活性的人工火山灰材料,它与碱激发剂中的碱性物质发生反应,生成具有黏结效果的水化产物,同时也是地聚合物胶凝材料的主要化学反应。

胶凝材料 B 在地聚合物胶凝材料中的作用主要有三个:第一是胶凝材料 B 中的硅铝氧化物与碱激发剂中的碱性氢氧化物反应,生成水硬性胶凝性能化合物,产生黏结作用;第二是节约水泥及细集料的用量,减少材料的成本;第三是胶凝材料 B 可以填充于材料的空隙中,增加材料的密实性,同时提高材料的流动性和可泵性。

胶凝材料 A 与胶凝材料 B 比值对材料强度的影响如图 8.16 所示。可以看出,随着胶凝材料 A 与胶凝材料 B 比值的增加,地聚合物胶凝材料的黏结抗折强度逐渐增加,逐渐趋于水平,而抗压强度正好相反,由于胶凝材料 B 中硅铝氧化物的含量比胶凝材料 A 中要少得多,所以地聚合物胶凝材料主要是胶凝材料 A 与碱激发剂进行化学作用产生黏结作用,相对于此,胶凝材料 B 产生的黏结作用很小。在碱激发剂含量一定的情况下,随着胶凝材料 A 含量的增加,聚合物胶凝材料的抗折强度逐渐加强。而胶凝材料 B 能填充于材料的空隙中,改善材料的密实性,所以随着胶凝材料 A 与胶凝材料 B 比值的增加,抗压强度逐渐减小。

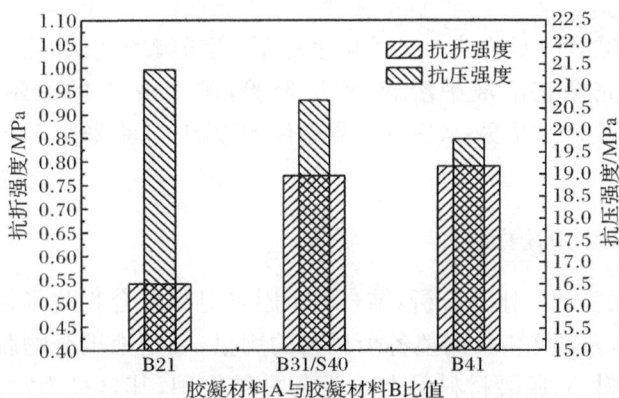

图 8.16　胶凝材料 A 与胶凝材料 B 比值对材料强度的影响

但是,通过对比 B31 与 B41 的抗折强度,两组配合比的抗折强度差值较小,基本处于水平状态。同时出于对胶凝材料成本、密实性和流动性等方面的考虑,地聚合物胶凝材料可以加入适量的胶凝材料 B,既可以保证材料的黏结性能,又可以调节材料的和易性。

4) 碱溶液 C 浓度对黏结性能的影响

碱溶液 C 是碱激发剂的重要组成部分之一,是一种白色固体,有吸水性,可用作干燥剂,且在空气中易潮解(因吸水而溶解的现象,属于物理变化),溶于水,同时放出大量热,其液体是一种无色、有涩味和滑腻感的液体。

碱溶液 C 浓度对材料强度的影响如图 8.17 所示。可以看出,随着碱溶液 C浓度的增加,地聚合物胶凝材料黏结试件的抗折强度逐渐增加,逐渐趋于水平,而抗压强度也逐渐增加。当碱溶液 C 的摩尔浓度达到 14mol/L 时,地聚合物胶凝材料的黏结强度达到最大。

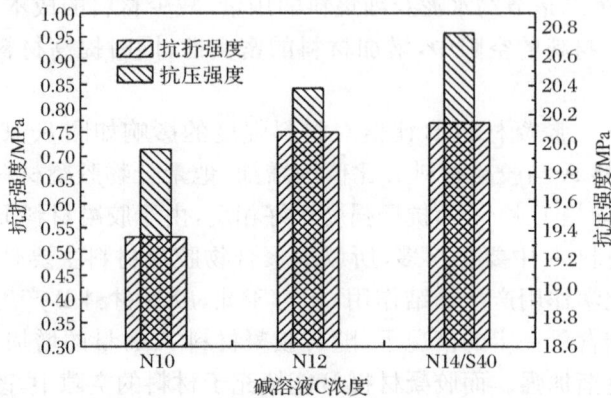

图 8.17　碱溶液 C 浓度对材料强度的影响

但是,由于碱溶液 C 在水中的溶解度有限,当继续增大碱溶液 C 的浓度时,碱溶液 C 并不能完全在溶液中溶解,根据经验,碱溶液 C 的摩尔浓度最多达到15mol/L 左右,考虑到温度、水质等外界条件的影响,试验采用 14mol/L 的碱溶液C 作为碱激发剂。

8.3.5　最佳配合比的确定

通过前期试验的对比与分析,结合各个因素对地聚合物胶凝材料黏结试件抗折强度和抗压强度的影响,调整各个材料的用量,确定地聚合物胶凝材料的最佳配合比:胶凝材料 A、胶凝材料 B 与水泥起黏结作用,其含量为常数,占修补材料总质量的 50%,胶凝材料 A 与胶凝材料 B 质量比为 3∶1,水泥质量占黏结剂总质量的 40%,碱激发剂含量占黏结剂总质量的 65%,其中碱溶液 D 与碱溶液 C 质量比为 2.5∶1,碱溶液 C 的摩尔浓度为 14mol/L。具体配合比如表 8.4 所示。

表 8.4　地聚合物胶凝材料最佳配合比

材料	砂子	胶凝材料 A	胶凝材料 B	硅酸盐水泥	碱溶液 C	碱溶液 D
最佳配合比/%	17.5	22.5	7.5	20	9.3	23.2

另外,添加剂 F 的添加量为黏结剂总质量的 2%,添加剂 E 的添加量为黏结剂总质量的 1%,添加剂 G 的添加量为水泥质量的 1%,水的添加量为砂子质量的 30%。

8.4　地聚合物胶凝材料的性能试验

8.4.1　地聚合物胶凝材料的抗压强度试验

抗压强度是按标准方法制作的 70.7mm×70.7mm×70.7mm 立方体试件,以 3 个试件为一组,并且在温度为(20±3)℃及相对湿度 90% 以上的条件下,养护 7 天、14 天、28 天后,用标准试验方法测试,并按规定计算方法得到的强度值。

按照上述方法制作最佳配合比的地聚合物胶凝材料的抗压试件,并且设计水泥砂浆的对比试验,制作同等大小的试件,并测试其 7 天、14 天、28 天抗压强度。水泥砂浆试件、地聚合物胶凝材料试件分别如图 8.18 和图 8.19 所示,具体配合比如表 8.5 所示。

图 8.18　水泥砂浆试件　　　　　图 8.19　地聚合物胶凝材料试件

表 8.5　地聚合物胶凝材料和水泥砂浆抗压强度

材料	抗压强度/MPa		
	7 天	14 天	28 天
地聚合物胶凝材料	13.97	18.49	20.76
水泥砂浆	12.18	16.38	18.32

利用 Origin 软件绘制地聚合物胶凝材料和水泥砂浆抗压强度曲线,如图 8.20 所示。可以看出,地聚合物胶凝材料的 7 天抗压强度能达到 13.97MPa,28 天抗压强度达到 20.76MPa,7 天抗压强度能达到 28 天抗压强度的 67.6%,说明其早期强度增长较快,并且,比同期的水泥砂浆试块的抗压强度要高。

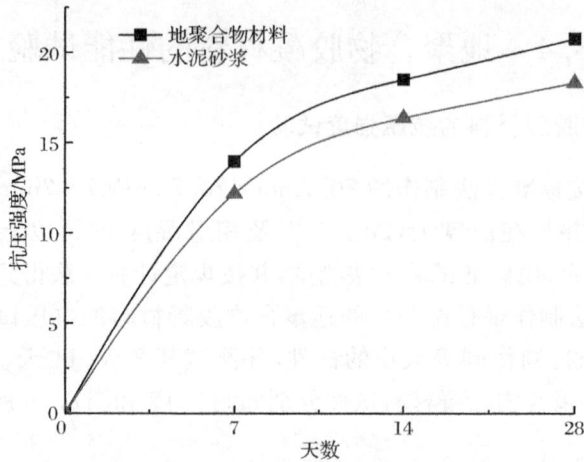

图 8.20　地聚合物胶凝材料和水泥砂浆抗压强度曲线

　　与水泥相比,地聚合物在反应过程中需要水作为介质,凝固后材料中的自由水变为结合水,但地聚合物不存在硅酸钙的水化反应,其终产物以离子键和共价键为主,分子间作用力为辅。传统水泥以分子间作用力和氢键为主,且在水泥体系中存在大量的水化晶体和无定型物质,而矿物聚合物材料由于具有氧化物三维网络结构,在高温下亦能保持网络结构的完整性,因而具有比水泥更高的强度、硬度、韧性、高温稳定性和抗冻性。

　　与有机聚合物相比,地聚合物分子由硅、铝和氧等元素通过共价键连接而成,氧的原子分数是硅和铝总和的 2 倍;Si—O 键能为 535kJ/mol,并且 Si—O 键和 Al—O 键具有方向性,不易转动。有机聚合物中 C—C 键能为 360kJ/mol、C—O 键能为 334.7kJ/mol、C—N 键能为 284.5kJ/mol,都比 Si—O 键能低,且高分子链大都是柔性链,可在三维空间自由转动和折叠,因此地聚合物胶凝材料具有比高分子材料高得多的强度、硬度、热稳定性和抗氧化能力。

　　由于目前国内没有地聚合物胶凝材料作为修补材料的相关标准,所以按照《混凝土结构设计规范》(GB 50010—2010)[185]中水泥混凝土的一些相关规定来进行评判,该材料的原材料都属于细集料,没有石子之类的粗集料,但是该地聚合物胶凝材料的 28 天抗压强度能达到 20.76MPa,C30 混凝土的轴心抗压强度标准值为 20.1MPa,C40 混凝土的轴心抗压强度设计值为 19.1MPa,混凝土抗压强度标准值和设计值等级见表 8.6。该地聚合物胶凝材料的 28 天抗压强度高于 C30 和 C40 混凝土,说明该地聚合物胶凝材料可以部分代替混凝土作为隧道的二次衬砌,同样可以满足隧道衬砌结构裂缝的抗压要求。

表 8.6　混凝土抗压强度标准值和设计值等级　　（单位：MPa）

强度种类	C15	C20	C25	C30	C35	C40	C45	C50
f_{ck}	10	13.4	16.7	20.1	23.4	26.8	29.4	32.4
f_{tk}	1.27	1.54	1.78	2.01	2.2	2.39	2.51	2.64
f_c	7.2	9.6	11.9	14.3	16.7	19.1	21.1	23.1
f_t	0.91	1.1	1.27	1.43	1.57	1.71	1.8	1.89

注：f_{ck} 为混凝土轴心抗压强度标准值；f_{tk} 为混凝土轴心抗拉强度标准值；f_c 为混凝土轴心抗压强度设计值；f_t 为混凝土轴心抗拉强度标准值。

8.4.2　地聚合物胶凝材料的抗折强度试验

将混凝土砂浆浇筑成 100mm×100mm×400mm 的棱柱体混凝土试件，在标准条件下分别养护 7 天、14 天、28 天，然后采用三点弯曲加载进行抗折强度试验，抗折试件如图 8.21 和图 8.22 所示。试件沿浇筑时的侧面放入，计算机控制加荷速率为 1mm/min，至试件折断时直接在计算机上读取抗折强度的破坏荷载，记录破坏位置，精确至 0.01MPa，并通过公式换算成相对应的抗折强度。

抗折强度以三个试件为一组，三个试件抗折强度的平均值作为最后结果，当三个试件中有一个的数值超过平均值的 ±10% 时，需要将其删除，以剩余两个数值的平均值作为该组试件的抗折强度，如果有两个数值都超过平均值的 ±10%，则此组试验数据作废。具体抗折强度数值如表 8.7 所示。

图 8.21　地聚合物胶凝材料抗折试件

图 8.22　抗折试件

表 8.7　地聚合物胶凝材料抗折强度

材料	抗折强度/MPa		
	7 天	14 天	28 天
地聚合物胶凝材料	3.71	4.58	4.83

利用 Origin 软件绘制地聚合物胶凝材料抗折强度曲线,如图 8.23 所示。可以看出,地聚合物胶凝材料的 7 天抗折强度为 3.71MPa,28 天抗折强度为 4.83MPa,能够初步达到隧道衬砌裂缝修补的要求。

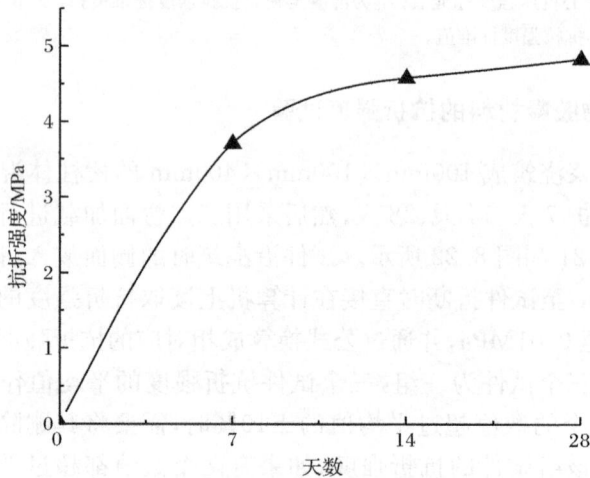

图 8.23　地聚合物胶凝材料抗折强度曲线

8.4.3　地聚合物胶凝材料的凝结时间试验

地聚合物胶凝材料的凝结时间参考《水泥标准稠度用水量、凝结时间、安定性检验方法》(GB/T 1346—2011)测定[186]。对于隧道衬砌结构裂缝修补材料,初凝时间短对强度的发展是有利的,但凝结太快显然又不利于施工。因此,性能良好的修补剂应具有快硬而不速凝的特点。

按照地聚合物胶凝材料的最佳配合比调配出凝结时间测试所需的材料,按照以下步骤进行凝结时间测定。

(1)测定前准备工作。松开指针螺母,上下调整测定仪的试针,当试针与玻璃板刚好接触时,调节指针对准刻度板的零点,测定仪如图 8.24 所示。

(2)试件的制备。将配置好的地聚合物胶凝材料导入试模中,使其充分振动后将表面刮平。记录地聚合物胶凝材料倒入试模的时间作为起始时间。

(3)初凝时间的测定。测定时,将试模放到测定仪的平台上,缓缓降低试针直至与地聚合物胶凝材料的表面接触。拧紧螺丝 1～2s 后,突然松开,使试针垂直地进入材料中。当试针停止下沉时观察指针的读数,当试针沉至距模具底层 4mm±1mm 时,水泥达到初凝状态;此时的时间为初凝时间,精确到分。

(4) 终凝时间的测定。将初凝针卸下换上终凝针,在完成初凝时间测定后,立即将试模下方的玻璃板平移取下,翻转 180°,直径小的一端向下放在玻璃板上,当试针沉入材料深度为 0.5mm,即终凝针不能在材料上留下痕迹时,达到终凝状态,此时的时间为终凝时间,精确到分,终凝时间测定如图 8.25 所示。

图 8.24　维卡仪　　　　　　　　　　图 8.25　终凝时间测定

(5) 测定时应注意,在测定初凝时间时,操作时应轻轻扶持金属柱,使其缓缓下降,以防试针撞弯,但初凝时间的测定仍然以自由下落时的读数为准;在测试过程中试针插入的位置需要距试模内壁至少 10mm。临近初凝时,每隔 2min 测定一次,临近终凝时每隔 5min 测定一次,当到达初凝或终凝时应立即重复测一次,两次测量结果相同时才能确定达到初凝或终凝状态。注意测定时不能让试针落入已有的针孔,整个测试过程中不要让试模受到振动。

通过试验测得地聚合物胶凝材料的凝结时间如表 8.8 所示。可以看出,地聚合物胶凝材料的初凝时间为 24min,终凝时间为 45min,由于目前国内没有地聚合物胶凝材料作为修补材料的凝结时间标准,对于普通砂浆或者混凝土,由于开放交通的龄期较长,可按普通硅酸盐水泥的规定对修补材料进行测定,要求初凝时间不小于 45min,抢修水泥(超早强水泥、双快水泥)的初凝时间要求控制在 5～20min[187]。对于隧道衬砌裂缝修补材料则不能用这个规定,因为作为隧道衬砌裂缝的修补材料,需要早强早凝,性能与普通水泥有较大的差别。为了便于施工人员的操作,初凝时间需要满足人工配置、涂抹等所消耗的时间。所以试验材料初凝时间 24min、终凝时间 45min 符合隧道衬砌结构裂缝修补的时间要求,既便于施工又能达到快速修补的目的。

表 8.8　地聚合物胶凝材料凝结时间

凝结时间	起始时间	结束时间	时间/min
初凝时间	12 点 40 分	13 点 04 分	24
终凝时间	12 点 40 分	13 点 25 分	45

8.4.4　地聚合物胶凝材料的 X 射线衍射试验

地聚合物胶凝材料的物理力学性能是由其材料组成和微观结构决定的,分析和研究其微观结构对该材料的发展和利用具有重大意义。取地聚合物胶凝材料和水泥砂浆的凝结试块,用铁锤敲碎,在研钵中研磨成粉状,筛去较大颗粒,进行 X 射线衍射分析。试验采用德国布鲁克 AXS 衍射仪(图 8.26),观察角度为 $15°\sim75°$ [188]。

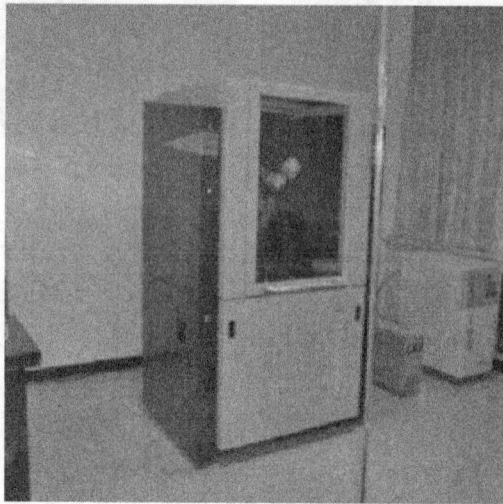

图 8.26　AXS 衍射仪

由图 8.27 和图 8.28 可以看出,水泥砂浆与地聚合物胶凝材料的 XRD 图有很明显的区别。地聚合物胶凝材料的 XRD 图中,在 $30°\sim40°$ 生成了大量的 N—A—S—H 胶凝体,它与水泥砂浆中原有的 C—S—H 胶凝体互相反应,生成新的胶凝体为 C—A—S—H,这也导致了地聚合物胶凝材料的内部结构比水泥砂浆材料更密实,说明其拥有更好的力学性能和抗渗性能,可以根据这个特点将其应用于隧道衬砌裂缝的修补材料。

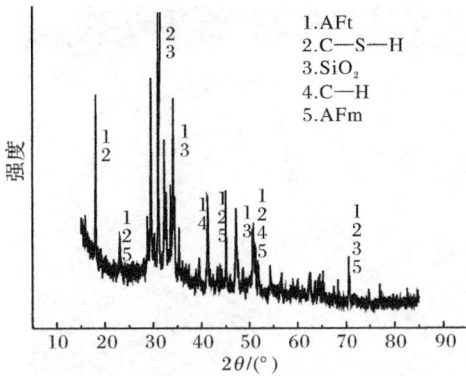

图 8.27　水泥砂浆的 XRD 谱线图

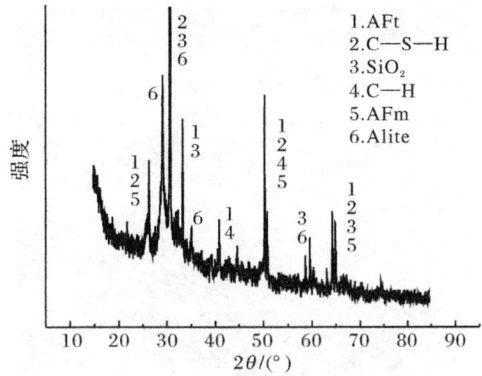

图 8.28　地聚合物的 XRD 谱线图

相对于水泥砂浆结构,地聚合物结构更加复杂,聚合程度较高,说明地聚合物胶凝材料的产物为非晶态,呈现无定形的硅铝化合物的凝胶状态[189]。地聚合物中的金属离子要么存在于网络中平衡电价,要么结合硅酸根形成水化产物,并没有以氢氧化钙晶体的形式存在,新生的产物迅速在材料的颗粒孔隙之间生长,使地聚合物结构逐渐密实,这充分说明了试样经过地质聚合反应,两种不同的胶凝体混合在一起,其内部的结构发生了明显的变化,生成了新的无定形的硅铝酸盐矿物,即地聚合物。

8.4.5　地聚合物胶凝材料的 SEM 试验

用 SEM 分别对养护 28 天后的地聚合物胶凝材料和水泥砂浆材料进行分析,试样分别取两种材料的细小颗粒粉末,在其表面进行喷金处理,然后放入扫描电镜样品仓内进行观测。

由图 8.29～图 8.32 可以看出,地聚合物胶凝材料与水泥砂浆材料的 SEM 图存在很明显的差别,两种产物是截然不同的。由图 8.29 和图 8.31 可以看出,地聚合物胶凝材料的内部结构是一种无规则网状结构,材料颗粒的表层生成了大量的海绵状凝胶体,把材料颗粒紧紧包裹在一起,并且不断向外扩充,基体的空间孔隙逐渐被填满,变得非常密实。由图 8.30 和图 8.32 可以看出,水泥砂浆的水化产物是大量尺寸规则的结晶状产物,材料中有大量针状的钙矾石晶体[190],在其周围有一些絮状的水化硅酸钙凝胶。同时也存在一些单独的颗粒,从图中可以看出,水泥砂浆材料中存在较多孔隙,而且孔隙之间连接较少,造成了其物理力学性能显著降低。

图 8.29　地聚合物的 SEM 图(×40000)

图 8.30　水泥砂浆的 SEM 图(×40000)

图 8.31　地聚合物的 SEM 图(×30000)

图 8.32　水泥砂浆的 SEM 图(×30000)

材料的内部结构往往能够决定材料的物理性能,地聚合物胶凝材料内部生成的海绵状胶凝体和其无孔隙的密实结构,使其拥有良好的黏结性能和抗渗性能,这也是地聚合物胶凝材料与水泥砂浆材料之间的重要不同之处。对于隧道衬砌开裂和渗漏水的病害处理,地聚合物胶凝材料是一种很好的修补材料。

8.5　小　　结

本章介绍了地聚合物胶凝材料的原料,并通过试验确定了不同影响因素对其性能的影响,确定了该材料适用于隧道衬砌裂缝修补的最佳配合比,通过测定最佳配合比的地聚合物胶凝材料的抗压强度、抗折强度、凝结时间和 XRD 试验,分析了该材料的优点,以及用于隧道衬砌裂缝修补的可行性。

本章主要结论如下:

(1) 通过对不同影响因素的配合比进行黏结抗折强度与抗压强度的测定,分析了各个因素对该材料黏结性能的影响,得到水泥能够提高材料自身强度,胶凝材料 A 和碱激发剂的聚合反应能提高材料的黏结性能,胶凝材料 B 能够提高材料的密实度,所以,必须合理调配几者的相对含量,才能使地聚合物胶凝材料的性能达到最优。

(2) 通过合理调配得到地聚合物胶凝材料的最佳配合比为:砂子含量占 17.5%,胶凝材料 A 含量占 22.5%,胶凝材料 B 含量占 7.5%,硅酸盐水泥含量占 20%,碱溶液 C 含量占 9.3%,碱溶液 D 含量占 23.2%。另外,添加剂 F 的添加量为黏结剂总质量的 2%,添加剂 E 的添加量为黏结剂总质量的 1%,添加剂 G 的添加量为水泥质量的 1%,水的添加量为砂子质量的 30%。

(3) 对最佳配合比的地聚合物胶凝材料进行抗压强度、抗折强度和凝结时间的测定,得到其 7 天抗压强度能达到 13.97MPa,28 天抗压强度达到 20.76MPa, 7 天抗折强度为 3.71MPa,28 天抗折强度为 4.83MPa,初凝时间为 24min,终凝时间为 45min,能够满足隧道裂缝修补材料的要求。

(4) 通过对地聚合物胶凝材料和水泥砂浆材料的 XRD 试验,能够得出两种材料的 XRD 曲线有明显的区别,地聚合物胶凝材料内部的结构发生明显的变化,生成新的无定形的硅铝酸盐矿物;通过地聚合物胶凝材料和水泥砂浆材料的 SEM 试验,可以得出水泥砂浆材料生成了大量尺寸规则的结晶状产物,并且基体存在大量孔隙;而地聚合物胶凝材料的表面生成了大量的海绵状凝胶体,基体的空间非常密实。这也导致了地聚合物胶凝材料拥有很强的力学强度和黏结性能。

第 9 章　试验平台研制与试验设计

9.1　概　　述

目前,我国修建的很多运营隧道均不同程度地出现了衬砌开裂、围岩变形和渗漏水等病害。随着施工技术和科学技术的发展,衬砌裂缝修补材料的种类越来越多,材料的性能也越来越优异,修补工艺也越来越完善。但是,目前国内外还没有相关的平台能够进行隧道衬砌结构裂缝的模拟与诊治,大多数研究采用室内试验进行单方面性能的测试,如材料强度、黏结性、耐久性等,然后再进行综合对比。这种方法只能测定修补材料的某一方面的性能,并不能模拟修补材料在隧道衬砌裂缝中的真实修补状况。因此,急需研发一种能够模拟隧道衬砌结构裂缝,同时又能够对修补材料的性能进行检验的模拟平台。

针对这种情况,通过结合隧道的结构特点,自主研发了隧道衬砌结构裂缝诊断与处治模拟平台,该平台通过模拟隧道衬砌拱形结构和衬砌结构裂缝,可以模拟隧道衬砌裂缝无张拉应力状态、张拉应力状态和带水状态三种不同的修补状态,并且能同时测试修补材料在不同状态下的修补性能。本章主要介绍该平台的设计、制作及使用方法。

9.2　隧道衬砌裂缝诊治平台简介

隧道衬砌结构裂缝诊断与处治模拟平台(图 9.1),是专门针对隧道衬砌结构裂缝进行修补材料性能测试的平台。

根据隧道衬砌结构裂缝的特点,该平台采用拱形衬砌模型钢架模拟隧道衬砌受力特点,采用标准混凝土试件模拟隧道衬砌,采用分液漏斗模拟隧道裂缝漏水情况,通过涡轮杆加载提供衬砌开裂张力,同时平台上连接拉力计,为试验提供可靠的试验数据,通过固定铰支座与不锈钢试验台进行焊接组合。该平台可以对隧道衬砌裂缝持续受力开裂与不同程度的渗漏水进行模拟,并测试修补材料在该因素影响下的材料性能及修补效果。

该平台(图 9.2)由以下几部分组成。

1) 试验台

试验台设定为长 2.1m、宽 0.8m、高 0.8m 的钢架。

图 9.1　隧道衬砌结构裂缝诊断与处治模拟平台

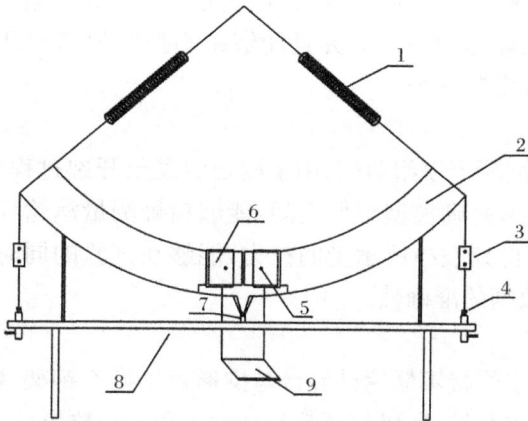

图 9.2　隧道衬砌结构裂缝诊断与处治模拟平台示意图

1. 不锈钢弹簧；2. 拱形衬砌模型钢架；3. 拉力测试计；4. 涡轮杆加载装置；5. 固定螺栓；
6. 标准混凝土试件；7. 固定铰支座；8. 不锈钢试验台；9. 混凝土试件拆卸装置

2）拱形衬砌模型钢架

拱形衬砌模型钢架在试验台上对称放置，与试验台用涡轮杆连接，使其能调节初始裂缝大小，拱形模型钢架内半径 1.11m，外半径 1.303m，厚 0.193m，宽 0.15m。采用拱形衬砌模型钢架模拟隧道衬砌受力特点，改变拉力的方向与力矩，将横向张力改变为拱形衬砌张力，更符合隧道结构的受力特点，保证平台加载的准确性。

3）混凝土试件

混凝土试件采用立方体标准混凝土试件，试件标号为 C25，大小为 150mm×150mm×150mm，并且在试件中间预留一个直径 30mm 的圆柱孔，方便安装在平台上，采用两块混凝土试件拼接模拟隧道裂缝。该试件配合比为水泥：水：砂：

碎石＝1：0.47：1.59：3.39,将试件放在温度为(20±2)℃和相对湿度在95%以上的环境中养护28天。

4)弹簧

试验台与拱形衬砌模型钢架采用弹簧连接,在修补材料突然发生脆性破坏时,可减缓拱形衬砌模型钢架的振动,保证试验的安全性。

5)分液漏斗

在试验台上方设置一个分液漏斗,容量为5000mL,悬挂于试验台上方。采用分液漏斗模拟隧道裂缝漏水情况,通过调节分液漏斗控制水流速度,将水流划分为渗水、涌水等不同情况,确保量测数据更加全面具体。

6)涡轮杆

通过涡轮杆加载提供衬砌开裂张力,涡轮杆与传动轴相互咬合并且连续传动,其提供的加载力能达到1～3t,并且能够精确控制裂缝的开裂宽度,满足试验的精度要求,左右各安装一个。

7)拉力计

拉力计固定在混凝土模型两端,用于测定混凝土开裂过程中的受力。拉力计连接在涡轮杆与拱形衬砌模型钢架之间,能够精确测量涡轮杆提供的拉力,进而通过力学计算可以得到裂缝所承受的拉力,能够在试验的同时进行读数,方便快捷,同时可以确保数据的准确性。

8)固定铰支座

固定铰支座用于焊接不锈钢试验台与拱形衬砌模型钢架,使拱形衬砌模型钢架通过固定铰支座进行转动,以便调整裂缝大小和加载拉力。

9)拆卸装置

试验平台增加了混凝土试件拆卸装置,从拱形衬砌模型钢架上方直接换取混凝土试件,更加省时、省力。

图9.3～图9.5为平台的局部细节图和概念图。

(a) 固定铰支座　　　　　　　　　(b) 拉力计

（c）脚踏式拆卸装置

（d）拱形衬砌模型钢架

（e）混凝土试件安装结构

图 9.3 隧道衬砌结构裂缝诊断与处治模拟平台部件图

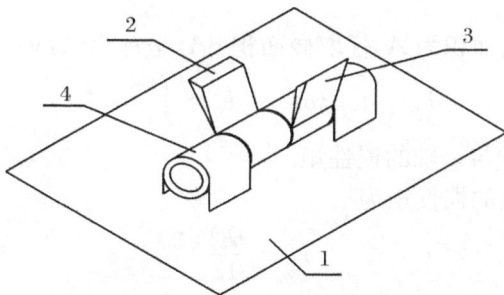

图 9.4 隧道衬砌结构裂缝诊断与处治模拟平台固定铰支座局部示意图

1.不锈钢试验台；2.楔形钢板（连接左侧拱形衬砌模型钢架）；

3.楔形钢板（连接右侧拱形衬砌模型钢架）；4.拱形钢板（连接不锈钢试验台）

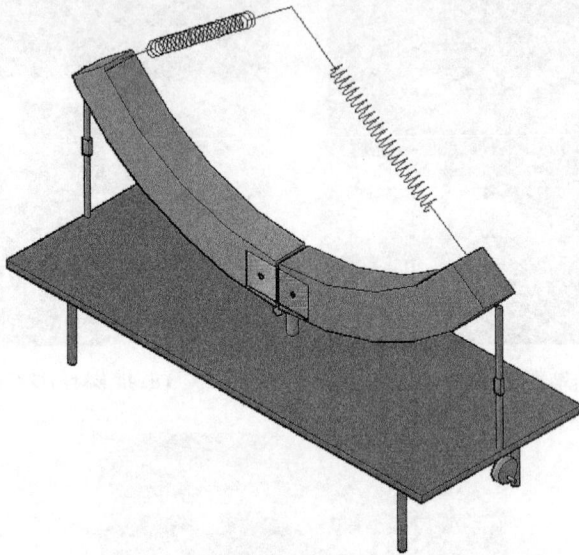

图 9.5　隧道衬砌结构裂缝诊断与处治模拟平台概念视觉示意图

9.3　平台应力公式的推导

9.3.1　力学公式

根据隧道衬砌裂缝诊治平台的特点,将其视为拱形刚性结构,通过截面的惯性矩、平行移轴公式,计算出纯弯曲时截面上各个点的正应力,具体方法如下。

1) 惯性矩

任意图形的截面面积为 A,任取微面积 $\mathrm{d}A$,坐标为 (z,y),则积分

$$I_y = \int_A z^2 \mathrm{d}A, \quad I_z = \int_A y^2 \mathrm{d}A \tag{9.1}$$

分别称为截面对 y 轴与 z 轴的惯性矩。

矩形截面对 z 轴的惯性矩为

$$I_z = \frac{bh^3}{12} \tag{9.2}$$

2) 平行移轴公式

$$I_y = I_{y_1} + b^2 A \tag{9.3}$$

$$I_z = I_{z_1} + a^2 A \tag{9.4}$$

$$I_{yz} = I_{y_1 z_1} + abA \tag{9.5}$$

式(9.3)~式(9.5)称为惯性矩和惯性积的平行移轴公式,同一平面内对相互

平行轴的惯性矩中,形心轴的最小。

3) 纯弯曲时横截面上的正应力

梁纯弯曲时,弯曲正应力的计算公式为

$$\sigma = \frac{My}{I_z} \tag{9.6}$$

横截面上任一点处的弯曲正应力与该截面的弯矩成正比,与截面对中性轴的惯性矩成反比,与点到中性轴的距离成正比即沿截面高度线性分布,而中性轴上各点处的弯曲正应力为 0。

9.3.2　力学计算

通过对平台尺寸(图 9.6)的测量,测得混凝土试件的长、宽、高均为 15cm,固定铰支座到混凝土试件下端距离为 10cm,将量测的结果代入式(9.1)～式(9.6)中,计算结果如下。

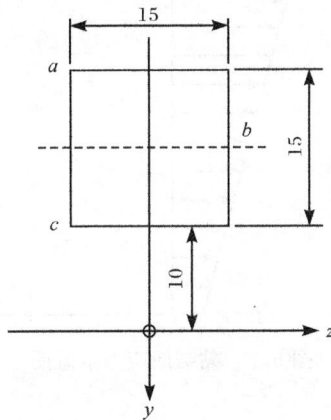

图 9.6　平台尺寸示意图(单位:cm)

(1) 惯性矩。

$$I_{z_1} = \frac{bh^3}{12} = \frac{1}{12} \times 0.15 \times 0.15^3 = 0.422 \times 10^{-4} \, (\text{m}^4) \tag{9.7}$$

(2) 平行移轴公式。

$$I_z = I_{z_1} + a^2 A = 0.422 \times 10^{-4} + 0.175^2 \times 0.15 \times 0.15 = 7.312 \times 10^{-4} \, (\text{m}^4) \tag{9.8}$$

(3) 各点的应力。

① a 点的应力。

$$\sigma_a = \frac{My_a}{I_z} = F \times 1 \times 0.25 \div 7.312 \div 10^{-4} = 0.342F \times 10^3 \, (\text{MPa}) \tag{9.9}$$

② b 点的应力。

$$\sigma_b = \frac{My_b}{I_z} = F \times 1 \times 0.175 \div 7.312 \div 10^{-4} = 0.239F \times 10^3 \text{(MPa)}$$

$$(9.10)$$

③ c 点的应力。

$$\sigma_c = \frac{My_c}{I_z} = F \times 1 \times 0.1 \div 7.312 \div 10^{-4} = 0.137F \times 10^3 \text{(MPa)}$$

$$(9.11)$$

通过计算得知，修补材料与混凝土试件的黏结面上的应力呈线性分布，黏结面上方应力最大，具体数值如图 9.7 所示。

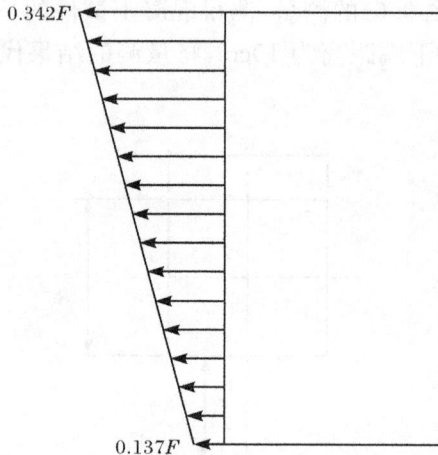

图 9.7　黏结面应力示意图

9.4　试件的制作和修补材料的调配

9.4.1　混凝土试件的制作

试验采用混凝土试件模拟隧道衬砌和衬砌结构裂缝，混凝土试件采用混凝土立方体标准试件，试件标号为 C25，大小为 150mm×150mm×150mm，为了方便试块安装在平台上，在试件中间预留一个直径 30mm 的圆孔，采用两块混凝土试件拼接模拟隧道裂缝。该试件配合比为水泥∶水∶砂∶碎石 = 1∶0.47∶1.59∶3.39，将试件放在温度为（20±2）℃和相对湿度在 95% 以上的潮湿空气中养护 28 天。

将水泥砂子等材料按照 C25 混凝土的配合比进行搅拌（图 9.8），搅拌均匀后，均匀填装在 150mm×150mm×150mm 的立方体混凝土塑料模具中。

混凝土应该分两次装填,分为上下两层,按照由外向内的顺序均匀插捣,捣棒应保持垂直,依次插到试模底面,插捣次数以 26～30 次为宜。在插捣过程中,需要用抹刀沿试模内壁插捣数次,将混凝土中的气泡排出,防止试件脱模后表面生成麻面,最后刮除模具表面多余的混凝土,用抹刀略微抹平。

试件成型完毕,用塑料薄膜或湿润的抹布覆盖,在室内养护 1 天后拆模,试件拆模后,放在标准条件下养护 28 天,如图 9.9～图 9.11 所示。

图 9.8 混凝土搅拌填充

图 9.9 拆模后的混凝土试件

图 9.10 混凝土试件养护

图 9.11 安装后的混凝土试件

9.4.2 修补材料的调配

按照不同的配合比(参见第 8 章),将修补的原材料调配成地聚合物胶凝材料,具体方法如下,图 9.12 和图 9.13 反映了调配所用的原材料及调配过程。

图 9.12 地聚合物调配过程 　　图 9.13 地聚合物胶凝材料

提前准备好 500mL 的烧杯和 1L 的烧杯若干个,250mL 量筒 2 个,玻璃棒 1 支,电子秤 1 台,试验汤匙若干。

首先,分别将不同的原材料称量后放入不同的小烧杯中,把原材料中凝固的大颗粒碾碎,将称量好的材料及添加剂混合放入大烧杯中,用玻璃棒均匀搅拌,使其充分混合。

然后,将碱激发剂液体与固体材料混合,充分搅拌 3min,使之充分接触反应,达到胶凝状态。

最后,将地聚合物胶凝材料均匀涂抹在试验平台上,待其凝固后,进行张拉应力及浸水测试。

根据相关资料和经验可知,由于该地聚合物胶凝材料的凝结时间较短,初凝时间只有 20min 左右,所以在调配时应该合理分配时间,防止其过早或过晚凝固,确保地聚合物胶凝材料的黏结性能充分利用。另外,由于该试验的目的是寻找隧道衬砌结构裂缝修补的新材料,所以试验所用的原材料均选用细集料,最大颗粒粒径为 0.2~0.3mm,完全满足隧道衬砌细小裂缝的注浆要求。

9.5 平台应用

为了模拟隧道衬砌裂缝开裂与渗漏水,并进行地聚合物胶凝材料修补效果的测试,隧道衬砌结构裂缝诊断与处治模拟平台的具体操作方法如下。

(1) 进行试验的前期准备。将养护 28 天后 C25 混凝土标准试件取出,擦干试件表面的水渍,选取两个相对平整光滑的面作为黏结面,用砂纸将混凝土试件需要黏结的两个表面进行打磨,去除表面污渍与灰尘,将处理好的试件安装在试验平台上。

(2)调试拱形衬砌模型钢架与涡轮杆拉力,调节两个混凝土试件之间的距离,调整拉力计,使其读数清零。

(3)将调配好的地聚合物胶凝材料修补浆液均匀涂抹在混凝土试件中间。将其表面及四周抹平,确保修补材料与黏结面充分接触且均匀涂抹。

(4)模拟衬砌裂缝在无张拉应力状态下受力开裂,进行修补材料性能试验。将配置好的修补浆液注入裂缝中后,记录开始时间,待其分别凝结 7 天、14 天和 28 天后,进行受力开裂试验,根据拉力计读数调节加载速率,以 20N/min 的速度进行开拉,直至修补材料发生破坏,观察裂缝修补情况,并记录修补过程中拉力计的读数。

(5)模拟衬砌裂缝在张拉应力状态下受力开裂,进行修补材料性能试验。将配置好的修补浆液注入裂缝中,待其初凝后转动涡轮杆,根据拉力计读数调节加载速率,分别采用每小时 10N、20N、30N 的力进行开拉,从修补材料涂抹在模拟平台上开始,直至修补材料被拉裂。观察裂缝修补情况,并记录修补过程中测力计的读数与开裂时间。

(6)模拟衬砌裂缝在带水状态下受力开裂,进行修补材料性能试验。调试分液漏斗,控制水流速度,本试验隧道衬砌渗水量设定为 1mL/min,涌水量设定为 20mL/min,将修补浆液注入裂缝中,待其分别凝固 7 天、14 天和 28 天后,使其受力开裂。分别记录不同渗漏水状态下修补材料的测力计读数,并且观察裂缝修补情况。

(7)根据修补效果和所测得的试验数据,总结新型修补材料的优点与不足,根据其凝结时间、强度等试验性能讨论其作为隧道衬砌裂缝修补材料的可行性,根据其室内试验的修补效果讨论其在实际工程中的可应用性。

9.6 小　结

本章介绍了隧道衬砌裂缝诊治平台的主要结构与功能,并简述了混凝土试件的制作过程和地聚合物胶凝材料的调配过程,介绍了隧道衬砌裂缝诊治平台的模拟类型和使用方法,推导了平台的应力公式。

本章主要结论如下:

(1)自主研制的隧道衬砌结构裂缝诊断与处治模拟平台,是专门针对隧道衬砌结构裂缝进行修补材料性能测试的平台。该平台由试验台、拱形衬砌模型钢架、混凝土试件、弹簧、分液漏斗、涡轮杆、拉力计、固定铰支座、拆卸装置组成。通过涡轮杆加载提供衬砌开裂张力,通过拉力计测定混凝土开裂过程中的受力。该平台可以充分模拟隧道衬砌结构裂缝的受力开裂过程。

（2）该平台可以对隧道衬砌裂缝持续受力开裂与不同程度的渗漏水进行模拟，通过涡轮杆加载提供衬砌开裂张力，通过分液漏斗模拟隧道衬砌裂缝不同情况的渗漏水，可以测试地聚合物胶凝材料在不同因素影响下的材料性能及修补效果。

（3）通过截面的惯性矩、平行移轴和正应力计算公式，计算出平台黏结面上各个点的正应力大小，得出黏结面最上方的正应力最大，下方的正应力最小。

第 10 章　隧道衬砌裂缝修补模型
试验及工艺流程

10.1　概　　述

隧道衬砌结构裂缝的黏结过程是一个复杂的物理化学过程,新材料与旧混凝土黏结力的产生不仅取决于新材料和被黏结面的结构与状态,而且和黏结过程的修补方法和环境条件都有很大的关系,修补材料的黏结强度是体现修补材料性能优劣的一个重要指标。黏结强度比材料本身的抗压强度和抗折强度更加重要,如果修补材料的黏结强度太低,其自身的抗压强度和抗折强度再高也不能充分发挥其修补的作用,所以选用黏结强度高的修补材料来修复隧道衬砌结构裂缝。在修补过程中,混凝土开裂后,在旧混凝土表面上形成了强度受损的薄弱层,也直接影响新旧混凝土界面的黏结强度。所以,修补材料的黏结强度是体现材料性能的一项非常重要的指标。

本章主要通过隧道衬砌结构裂缝诊断与处治模拟平台,对地聚合物胶凝材料进行黏结性能试验,分别测试该材料在无张拉应力状态、张拉应力状态和带水状态下的修补性能,讨论其在不同状态下材料的修补效果及性能优点,并模拟该材料用于隧道衬砌结构裂缝修补的工艺流程。

10.2　无张拉应力状态下裂缝修补试验及结果分析

为了检测地聚合物胶凝材料的黏结性能,选用最佳配合比、纯水泥砂浆、无水泥地聚合物胶凝材料三种材料,采用隧道衬砌裂缝诊治平台进行测试,具体配合比如表 10.1 所示。

表 10.1　三种材料配合比　　　　　　（单位:%）

材料	砂子	胶凝材料 A	胶凝材料 B	硅酸盐水泥	碱溶液 C	碱溶液 D
最佳配合比	17.5	22.5	7.5	20.0	9.3	23.2
纯水泥砂浆	17.5	—	—	82.5	—	—
无水泥地聚合物	17.5	37.5	12.5	—	9.3	23.2

　　将养护 28 天的标准 C25 立方体混凝土试块取出,安装在隧道衬砌结构裂缝诊断与处治模拟平台上,根据试验设计,调配出相应的地聚合物胶凝材料和水泥砂浆,如图 10.1 所示。将配置好的修补浆液注入裂缝中,使其均匀涂抹在平台混凝土试件两端,待其达到凝固时间后(图 10.2),转动涡轮杆,根据拉力计读数调节加载速率为 20N/min,使裂缝缓慢持续开裂,直至混凝土试件和修补材料发生破坏;观察裂缝修补情况,并记录测力计的读数。

图 10.1　调配地聚合物胶凝材料　　　　　　图 10.2　凝结后的胶凝材料

　　分别用三种材料进行衬砌裂缝诊治平台试验,测试其 7 天、14 天、28 天的黏结抗拉强度,具体数据如表 10.2 所示,图 10.3 为三种材料的黏结抗拉强度曲线。

表 10.2　地聚合物胶凝材料和水泥砂浆黏结抗拉强度

材料	黏结抗压强度/MPa		
	7 天	14 天	28 天
最佳配合比	1.33	1.85	1.91
纯水泥砂浆	0.14	0.21	0.25
无水泥地聚合物	0.21	0.29	0.33

　　通过分析可知,地聚合物胶凝材料的黏结抗拉强度 7 天达到 1.33MPa,28 天达到 1.91MPa,相比地聚合物胶凝材料,纯水泥砂浆材料与无水泥地聚合物胶凝材料的黏结抗拉强度很小,7 天只有 0.2MPa 左右,28 天只有 0.3MPa 左右。

　　图 10.4 和图 10.5 分别为纯水泥砂浆、无水泥地聚合物 7 天修补效果。可以看出,纯水泥砂浆材料是从修补材料与混凝土试件的接触面处开裂的,而无水泥地聚合物胶凝材料是从修补材料自身处开裂的,说明水泥的含量对地聚合物胶凝

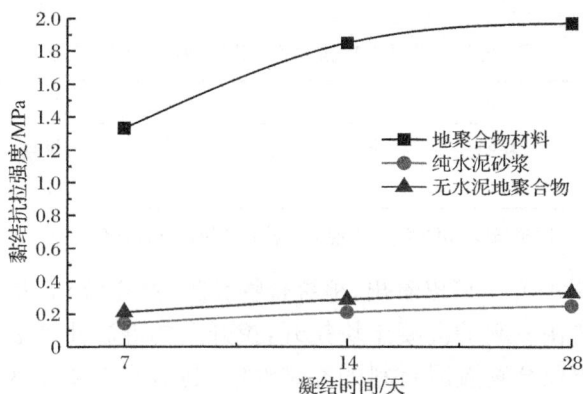

图 10.3　地聚合物胶凝材料和水泥砂浆黏结抗拉强度曲线

材料的自身强度有很大影响,同时对材料的黏结抗拉强度影响也很大。没有水泥时,无水泥地聚合物胶凝材料自身抗拉强度很小,导致裂缝从修补材料自身处开裂,而纯水泥砂浆中没有地聚合物,自身强度很大,但是没有黏结力,导致裂缝从修补材料与混凝土试件的接触面处开裂。所以,地聚合物胶凝材料的黏结强度与水泥含量有很大关系,而其自身的强度与胶凝材料 A 和碱激发剂的含量有很大的关系,两者相互协调,才能使地聚合物胶凝材料的修补性能达到最佳。

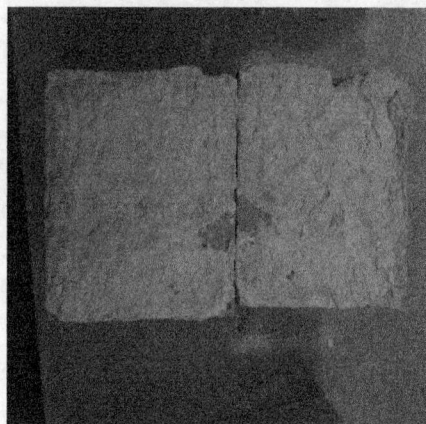

图 10.4　纯水泥砂浆 7 天修补效果　　　　图 10.5　无水泥地聚合物 7 天修补效果

对比表 10.2 和表 10.3 可以看出,最佳配合比的地聚合物胶凝材料黏结抗拉强度很大,7 天黏结抗拉强度达到 1.33MPa,28 天黏结抗拉强度达到 1.91MPa,而 C25 混凝土的 28 天轴心抗拉强度标准值才 1.78MPa,C50 混凝土的 28 天轴心抗拉强度设计值为 1.89MPa,说明该修补材料的黏结抗拉强度能够满足混凝土的抗拉需求。

表 10.3　混凝土抗拉强度标准值和设计值等级　（单位：MPa）

强度种类	C15	C20	C25	C30	C35	C40	C45	C50
f_{tk}	1.27	1.54	1.78	2.01	2.20	2.39	2.51	2.64
f_t	0.91	1.10	1.27	1.43	1.57	1.71	1.80	1.89

注：f_{tk}为混凝土轴心抗拉强度标准值；f_t为混凝土轴心抗拉强度设计值。

从图 10.6 和图 10.7 可以看出，地聚合物胶凝材料凝结 7 天后，通过平台开拉试验，将两块黏结在一起的混凝土块拉开，拉开后的混凝土块表面出现灰色的砂浆点，充分说明地聚合物胶凝材料的黏结性能很强，将混凝土块表面的砂浆黏结下来；而且该材料并没有像无水泥地聚合物胶凝材料一样，从修补材料中间开裂，修补材料大部分存留在左侧混凝土块上，右侧混凝土块只有一小部分，说明该材料的自身强度能达到修补材料的要求。

图 10.6　地聚合物胶凝材料平台试验　　图 10.7　地聚合物胶凝材料 7 天修补效果

实际工程中，开裂的隧道混凝土衬砌表面很粗糙，裂缝形状不规则，并不像试验中的标准混凝土一样表面很光滑，所以如果在实际工程中应用，该材料的黏结强度会更高，修补效果可以进一步提升。

10.3　张拉应力状态下裂缝修补试验及结果分析

一些隧道衬砌结构裂缝在形成初期，隧道中的最大水平法向应力随着时间的增加而缓慢增加，等到拉应力超过隧道衬砌混凝土的抗拉强度时衬砌出现开裂，裂缝的大小和形状不断发展,隧道衬砌混凝土所受的拉力随着时间的推移也在缓慢增加,一直到中间最大拉应力小于混凝土的抗拉强度后,裂缝趋于稳定。

裂缝修补材料需要较高的早期强度,并且凝结时间要快,强度随着时间的变化要不断加强。试验针对这种情况,设置了张拉应力状态下的隧道衬砌结构裂缝修补试验,在将修补材料均匀涂抹在平台上后,通过缓慢转动涡轮杆,模拟隧道衬砌结构裂缝随着时间的增加,承受的抗拉应力不断增加的情况。由于不同的隧道围岩、地质等状况有很大区别,所以不同的隧道衬砌所承受的压力与拉力不尽相同,并没有统一的标准。试验以 C25 混凝土的 28 天轴心抗拉强度设计值1.27MPa为基准值,分别采用每小时 10N、20N、30N 的力进行开拉,从修补材料涂抹在模拟平台上开始,直至修补材料被拉裂。具体抗拉强度如表 10.4 所示,图 10.8 为10N/h 地聚合物胶凝材料开拉修补效果。

表 10.4　张拉应力下地聚合物胶凝材料黏结抗拉强度

开拉速度/(N/h)	10	20	30
开裂时间/天	20	8	3
黏结抗拉强度/MPa	1.66	1.31	0.76

图 10.8　10N/h 地聚合物胶凝材料开拉修补效果

张拉应力下开拉速度与黏结抗拉强度和开裂时间的关系如图 10.9 所示。可以看出,在张拉应力状态下,地聚合物胶凝材料的黏结性能随着开拉速度的提高逐渐减小,相应的开裂时间也逐渐降低。地聚合物胶凝材料在凝结初期,随着时间的增加,自身的黏结性能与强度也慢慢增加,当开拉速度很小,即以 10N/h 的速度开拉,开裂时间为 20 天时地聚合物胶凝材料的黏结抗拉强度为 1.66MPa,而在没有张拉应力的状态下,地聚合物胶凝材料的 20 天抗拉强度约为 1.80MPa,说明在开拉速度很小时,张拉应力对地聚合物胶凝材料的黏结抗拉强度有一定影响,但是影响不大。当开拉速度很大,即以 30N/h 的速度开拉时,地聚合物胶凝材料的开裂时间只有 3 天多,黏结抗拉强度只有 0.76MPa。

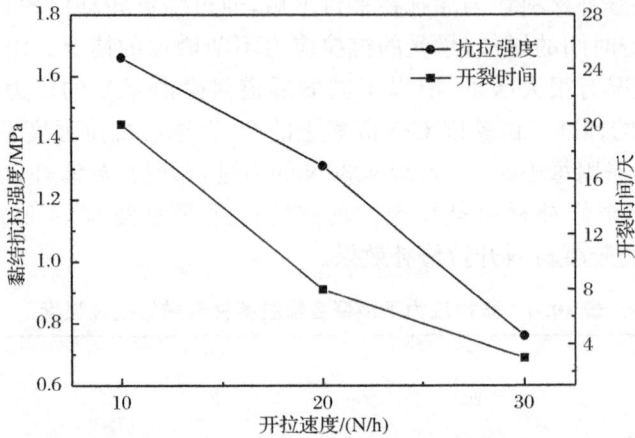

图 10.9　张拉应力下开拉速度与黏结抗拉强度和开裂时间关系

10.4　带水状态下裂缝修补试验及结果分析

10.4.1　带水状态下裂缝修补试验

对于国内已竣工营运的隧道,由于受修建时期的设计与施工技术条件的限制,目前普遍存在隧道衬砌结构渗漏水的情况。隧道渗漏水已成为我国铁路隧道工程最为普遍的病害之一,它不仅影响隧道内机电设备的正常使用和寿命,造成隧道衬砌开裂或掉块,威胁隧道内行车的安全,还会缩短公路隧道的维护周期和使用寿命,且很难彻底根治。

现有的资料表明,迄今为止,我国对带水状态隧道的修补材料的研究仍相当少,现有的防水修补材料也都存在不少问题,在许多方面都有待于进一步研究。本书通过试验平台模拟隧道渗漏水,研究并分析地聚合物胶凝材料在带水状态下的修补效果。

目前,对隧道渗漏水的分级还是以定性分级为主,例如,在我国的铁路隧道养护工作中,根据渗漏水程度将渗漏水定性地分为润湿、渗水、滴水、漏水、射水、涌水六级;日本《道路隧道维持管理便览》[191]将隧道渗漏水程度定性地分为渗出、滴水、流出、喷出四级,并且根据渗漏水的程度和渗漏水部位(拱部和边墙两个部位)将渗漏水对隧道的影响也分为四级;美国《铁路交通隧道和地下建筑物检查方法和程序》[192]将渗漏水从定性的角度分为轻度的、中度的、重度的三个等级,在美国《公路和铁路交通隧道检查手册》中,对这个分级标准进行了量化,即轻度的(混凝土表面潮湿但无滴水)、中度的(流量小于 30 滴/s)、重度的(流量大于 30 滴/s)[193]。

在我国,《地下防水工程质量验收规范》(GB 50208—2011)对地下工程渗漏水进行了分类及定义[194],也对地下工程防水等级标准进行了描述,具体内容如表 10.5 和表 10.6 所示。

表 10.5　地下工程渗漏水现象及定义

渗漏水现象	定义
润湿	地下混凝土结构背水面呈现明显色泽变化的潮湿斑
渗水	地下混凝土结构背水面有水渗出,墙壁上可观察到明显的流挂水迹
滴水	地下混凝土结构背水面的顶板或拱顶可观察到悬垂的水珠,其滴落间隔时间超过 1min
射水	地下混凝土结构背水面的顶板(拱顶)渗漏水的滴落速度至少为 1 滴/min
涌水	地下混凝土结构背水面呈渗漏成线或喷水状态

表 10.6　地下工程防水等级标准

防水等级	防水标准
一级	不允许渗水,结构表面无湿渍
二级	不允许漏水,结构表面可有少量湿渍; 房屋建筑地下工程:总湿渍面积不大于总防水面积(包括顶板、墙面、地面)的 1‰;任意 100m² 防水面积上的湿渍不超过 2 处,单个湿渍的最大面积不大于 0.1m²; 其他地下工程:湿渍总面积不应大于总防水面积的 2‰;任意 100m² 防水面积上的湿渍不超过 3 处,单个湿渍的最大面积不大于 0.2m²;其中,隧道工程平均渗水量不大于 0.05L/(m²·d),任意 100m² 防水面积上的渗水量不大于 0.15L/(m²·d)
三级	有少量漏水点,不得有线流和漏泥砂; 任意 100m² 防水面积上的漏水或湿渍点数不超过 7 处,单个漏水点的最大漏水量不大于 2.5L/d,单个湿渍的最大面积不大于 0.3m²
四级	有漏水点,不得有线流和漏泥砂; 整个工程平均漏水量不大于 2L/(m²·d),任意 100m² 防水面积上的平均漏水量不大于 4L/(m²·d)

根据我国隧道渗漏水的实际情况,借鉴外国渗漏水病害分类的经验,同时考虑到试验的操作性,试验隧道衬砌渗水量设定为 1mL/min,涌水量设定为 20mL/min,通过分液漏斗滴水模拟隧道衬砌渗漏水,并控制水流速度,方法如图 10.10 和图 10.11 所示。

待地聚合物胶凝材料凝结 7 天、14 天、28 天后,以 20N/min 的速度进行开拉,并测试带水状态下修补材料的黏结抗拉强度,具体情况如表 10.7 所示。

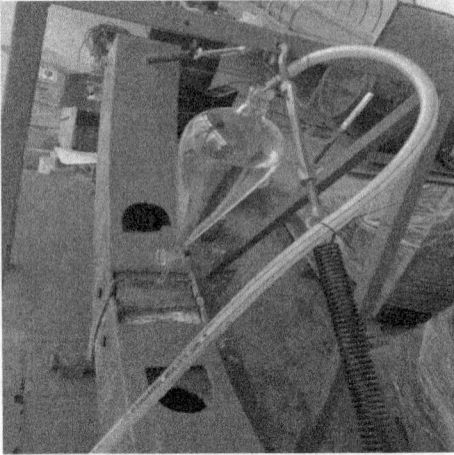

图 10.10　分液漏斗模拟渗漏水　　　　　图 10.11　　带水状态下裂缝修补

表 **10.7**　　带水状态下地聚合物胶凝材料黏结抗拉强度　　（单位：MPa）

凝结时间/天	7	14	28
渗水	1.04	1.46	1.54
涌水	0.77	1.05	1.18

图 10.12 为带水状态下黏结抗拉强度曲线。可以看出，在带水状态下，地聚合物胶凝材料的黏结性能受到一定的影响。在渗水状态下，该材料的黏结抗拉强度比没有水时减小了 20% 左右；在涌水状态下，该材料的黏结抗拉强度比没有水时减小了 40% 左右。

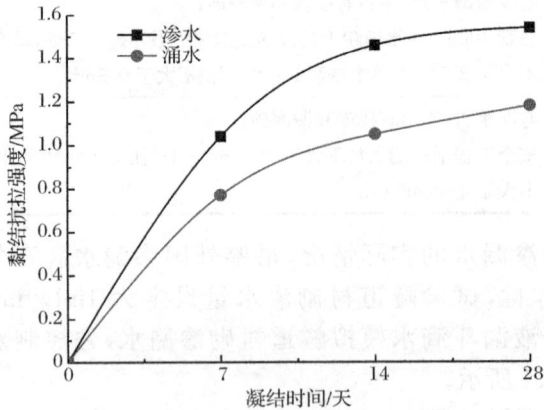

图 10.12　带水状态下黏结抗拉强度曲线

图 10.13 和图 10.14 分别为渗水及涌水状态下的修补效果。可以看出,渗水状态下,地聚合物胶凝材料黏结面的上部 1/5 处受到水的影响较大,修补材料有明显的水渍痕迹,剩下 4/5 的部分基本没有受到影响,地聚合物胶凝材料依然将混凝土试块表面的砂浆黏结下来;涌水状态下,地聚合物胶凝材料黏结面的上半部分受到水的影响较大,上半部分的混凝土试块表面的砂浆基本没有黏结下来,而下半部分受到水的影响较小,依然将混凝土试块表面的砂浆黏结下来。

图 10.13　渗水状态下修补效果　　　　图 10.14　涌水状态下修补效果

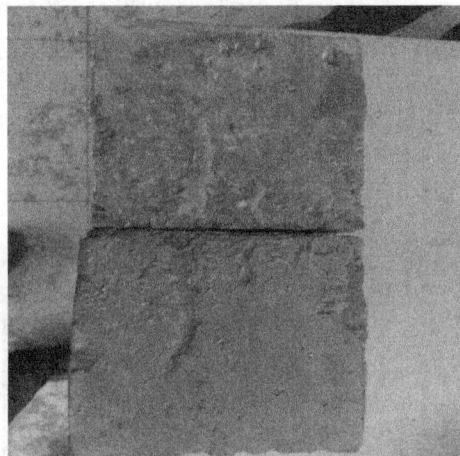

对比图 10.13 和图 10.14 可以看出,从地聚合物胶凝材料涂抹在裂缝中到该材料完全凝固的时间内,水对其黏结性能影响较大,导致黏结面上半部分的黏结性能减小,随着时间的增加,地聚合物胶凝材料逐渐凝固之后,水对修补材料的影响逐渐减小,到达一定时间后,地聚合物胶凝材料拥有一定的防水能力。

10.4.2　地聚合物防水性能试验

为了验证这一猜想,设置两组验证试验,将最佳配合比的地聚合物胶凝材料涂抹在试验平台上,待修补材料凝结一段时间后,分别将凝结时间设定为 3h、6h和 12h,然后进行渗漏水试验,分别测试其 7 天的黏结抗拉强度,并进行对比分析。具体情况如表 10.8 所示。

表 10.8　凝结后带水状态下材料黏结抗拉强度　　　　（单位:MPa）

凝结时间/h	0	3	6	12
渗水	1.04	1.14	1.3	1.32
涌水	0.77	0.96	1.28	1.32

图 10.15 为凝结后带水状态下材料黏结抗拉强度。可以看出,在地聚合物胶凝材料凝结一段时间之后,再进行渗漏水试验,材料的黏结抗拉强度得到很大的提高。在材料没有凝结的时候,渗水状态下 7 天的黏结抗拉强度为 1.04MPa,涌水状态下 7 天的黏结抗拉强度为 0.77MPa;而在凝结 3h 后再进行渗漏水试验,渗水状态下黏结抗拉强度提高到 1.14MPa,涌水状态下黏结抗拉强度提高到0.96MPa;等到凝结 6h 后再进行渗漏水试验,两种状态下的黏结抗拉强度基本上没有多大差别;再等到凝结 12h 后进行渗漏水试验,两种状态下的黏结抗拉强度数值一样,和没有渗漏水状态下的地聚合物胶凝材料黏结抗拉强度相同。

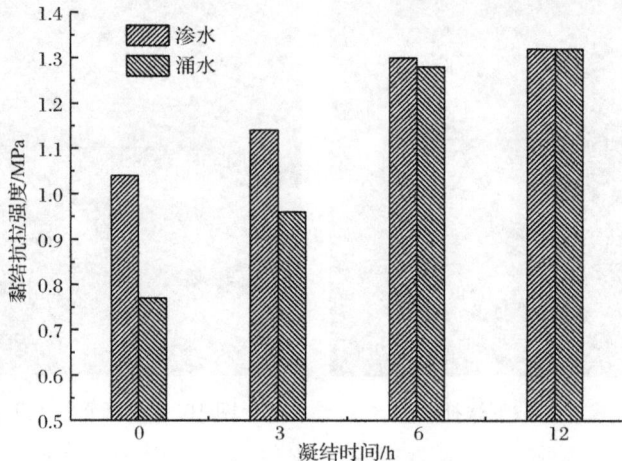

图 10.15　凝结后带水状态下材料黏结抗拉强度

通过以上分析可知,地聚合物胶凝材料拥有很好的防水性能,尤其是在凝结一段时间之后,6h 后渗漏水对该材料的黏结抗拉强度基本上没有影响,12h 后渗漏水对该材料的黏结抗拉强度已经没有任何影响。

地聚合物胶凝材料中的硅铝化合物与碱激发剂和混凝土中的游离强碱(主要是游离石灰)发生反应,同时碱激发剂也与混凝土等物质骨材中反应性最高的二氧化硅(非结晶体二氧化硅)发生反应,从而逐渐渗入水隙和空隙中变成非水溶性地聚合物,填补了水隙和空隙,既能保证自身的防水性能,又能减弱地聚合物胶凝材料与混凝土黏结面的吸水性能,形成一种阻碍渗漏水的防水层。

10.5　地聚合物胶凝材料修补工艺流程

随着隧道衬砌裂缝的不断出现,裂缝修补技术越来越重要。在一些国家,隧道裂缝修补已成为一个重要的独立行业,许多裂缝修补机具和材料不断问世,修补方法也逐步完善。国内外隧道裂缝的治理技术主要有拆除重建法、锚固注浆法、挂网喷浆法、套衬补强法、骑缝注浆法、凿槽嵌补法、直接涂抹法等。我们应该根据不同的裂缝种类、宽度等条件,选用合适的修补方法和工艺。

对于地聚合物胶凝材料,其所选用的原材料均为细集料,最大颗粒粒径约0.2mm,完全满足隧道衬砌细小裂缝的注浆要求。同时其拥有良好的防水抗渗性能,可以用于修补发生渗漏水的隧道衬砌结构裂缝。根据隧道裂缝状况的不同,结合地聚合物胶凝材料的特点,选择合适的修补方法非常关键。

10.5.1　无渗漏水隧道裂缝的修补工艺

对于没有发生渗漏水病害的隧道,不影响结构受力的裂缝可以直接进行治理,地聚合物胶凝材料可以代替普通的隧道裂缝修补材料,根据不同的隧道裂缝宽度,采用不同的修补方法。

1) 直接涂抹法

隧道裂缝宽度在 0.1～0.3mm,无明显的剪切滑移和渗漏水迹象,对结构的承载能力影响不大,并且不影响结构安全和正常使用时,可以采用地聚合物胶凝材料进行表面涂抹处理,地聚合物胶凝材料的最大颗粒粒径约 0.2mm,完全可以通过细小孔隙进入裂缝当中,厚度约为 1mm。

2) 凿槽嵌补法

隧道衬砌裂缝宽度在 0.3～0.5mm,且无明显的剪切错动和渗漏水迹象,裂缝范围较小、数量较少时,可采用凿槽嵌补法进行裂缝修补。基本修补工艺为:首先沿裂缝进行凿槽处理,在槽的两侧及底面涂刷地聚合物胶凝材料,将修补材料填入裂缝中并进行捣实,然后用地聚合物胶凝材料对裂缝表面进行抹平,最后进行养护,如图 10.16 所示。

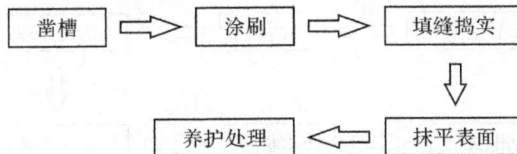

图 10.16　凿槽嵌补法工艺流程

3) 高压注浆法

对于宽度在 0.3～3mm 的裂缝,可以采用地聚合物胶凝材料,通过高压注浆法进行修补。高压可让地聚合物胶凝材料更好地进入隧道衬砌混凝土深层的微小裂缝内部,而且施工工艺简单、施工效率高效。地聚合物胶凝材料的粒径很小,拥有很好的黏结性能,可以代替快干水泥等材料用作注浆时的封口材料。

注浆前将所有注浆嘴上的阀门打开,用压缩空气将孔道及裂缝吹干净。具体的施工工艺如图 10.17 所示。

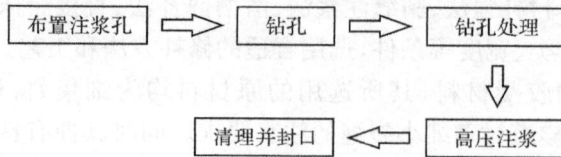

```
布置注浆孔  ⇒  钻孔  ⇒  钻孔处理
                              ⇓
清理并封口  ⇐  高压注浆
```

图 10.17　高压注浆法工艺流程

　　确定钻孔的位置时应根据地下水情况、衬砌混凝土裂隙状态、设备能力等条件进行反复比较。钻孔位置要准确,开孔时压力要小,速度缓慢,以保证钻孔质量。灌浆时使用高压灌浆机向灌浆孔内灌注地聚合物胶凝材料,当注浆压力达到设计值时,维持 2min 左右,当进浆量达到设计数量时停止注浆,对于裂缝宽度过大(超过 0.2mm)的位置需进行多次灌浆。当地聚合物胶凝材料完全固化后,即可去掉外露的灌浆嘴,再用该材料进行修补和封口处理。

10.5.2　渗漏水隧道裂缝的修补工艺

　　对发生渗漏水病害的隧道裂缝的修补工作,除对修补材料的黏结性能有要求外,对其防渗性能的要求也很高。由于渗漏水对凝结初期的地聚合物胶凝材料有一定的影响,所以对于发生渗漏水病害的隧道裂缝,该材料不宜采用直接涂抹法和凿槽嵌补法。

　　针对这种情况,可以采用多种修补方法结合使用,对于渗漏水隧道裂缝的修补工作,采用高压注浆法结合粘贴加固法进行处理,将地聚合物胶凝材料通过高压注浆注入裂缝中后,采用专业的防水材料对裂缝表面进行加固。具体施工工艺如图 10.18 所示。

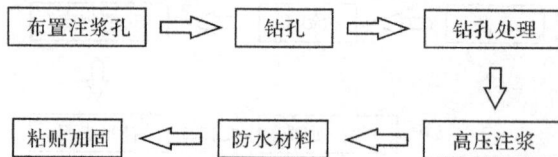

```
布置注浆孔  ⇒  钻孔  ⇒  钻孔处理
                              ⇓
粘贴加固  ⇐  防水材料  ⇐  高压注浆
```

图 10.18　高压注浆法和粘贴加固法工艺流程

10.6　小　　结

　　本章通过隧道衬砌裂缝诊治平台进行测试,检验了最佳配合比的地聚合物胶凝材料的黏结抗拉性能,同时模拟了隧道衬砌结构裂缝在张拉应力状态下和带水

状态下的修补性能,主要结论如下:

(1) 通过对比试验,地聚合物胶凝材料的黏结抗拉强度 7 天达到 1.33MPa,28 天达到 1.91MPa,比水泥砂浆和无水泥地聚合物胶凝材料的性能高出很多,与混凝土的抗拉强度相比,该修补材料的黏结抗拉强度能够满足作为隧道裂缝修补材料的抗拉需求。

(2) 在张拉应力状态下,地聚合物胶凝材料在凝结初期,随着时间的增加,自身的黏结性能与强度也慢慢增加,地聚合物胶凝材料的黏结性能随着开拉速度的提高逐渐减小,相应的开裂时间也逐渐降低。在开拉速度很小时,张拉应力对地聚合物胶凝材料的黏结抗拉强度影响不大;但是在开拉速度很大时,张拉应力对地聚合物胶凝材料的黏结抗拉强度影响很大。

(3) 在带水状态下,试验隧道衬砌渗水量设定为 1mL/min,涌水量设定为 20mL/min,在渗水状态下,该材料的黏结抗拉强度比没有水时减小了 20% 左右;在涌水状态下,该材料的黏结抗拉强度比没有水时减小了 40% 左右。通过对比发现,渗漏水对其黏结性能影响较大,导致黏结面上半部分的黏结性能减小,随着时间的增加,地聚合物胶凝材料逐渐凝固之后,水对修补材料的影响逐渐减小,到达一定时间后,地聚合物胶凝材料拥有一定的防水能力。

(4) 通过防水性能试验,发现地聚合物胶凝材料拥有很好的防水性能,尤其是在凝结一段时间之后,6h 后渗漏水对该材料的黏结抗拉强度基本上没有影响,12h 后渗漏水对该材料的黏结抗拉强度已经没有任何影响。

(5) 对于无渗漏水隧道裂缝的修补,可以根据不同的裂缝宽度,采用直接涂抹法、凿槽嵌补法或者高压注浆法进行裂缝修补;对于渗漏水隧道裂缝的修补,采用高压注浆法结合粘贴加固法进行处理。

参 考 文 献

[1] 谢定义. 试论我国黄土力学研究中的若干新趋向[J]. 岩土工程学报,2001,23(1):3-13.

[2] 谢定义. 黄土力学特性与应用的过去、现在与未来[J]. 地下空间,1999,19(4):273-284.

[3] 康军,谢永利,李睿,等. 黄土公路隧道工程[M]. 北京:人民交通出版社,2011.

[4] 雷祥义. 黄土显微结构类型与物理力学性质指标之间的关系[J]. 地质学报,1989,(2):182-190.

[5] 赵勇,李国良,喻渝. 黄土隧道工程[M]. 北京:中国铁道出版社,2011.

[6] 许文锋. 某隧道衬砌开裂的安全性分析及治理[J]. 公路,2008,(5):211-214.

[7] 杨华,张文正. 公路隧道二次衬砌纵向裂缝非线性数值模拟研究[J]. 现代隧道技术,2011,48(5):46-51.

[8] 韩桂武,刘斌,范鹤. 浅埋黄土隧道衬砌结构受力分析[J]. 岩石力学与工程学报,2007,26(S1):3250-3256.

[9] 吕康成. 特殊隧道工程[M]. 北京:人民交通出版社,2013.

[10] 来弘鹏,杨晓华. 黄土地区隧道病害类型及机理探讨[J]. 公路交通科技,2006,(3):12-14.

[11] 黄宏伟,刘德军,薛亚东,等. 基于扩展有限元的隧道衬砌裂缝开裂数值分析[J]. 岩土工程学报,2013,35(2):266-275.

[12] 肖同刚,荣耀. 乌鞘岭隧道岭脊段二次衬砌裂缝计算分析[J]. 地下空间与工程学报,2007,3(1):62-65.

[13] 李鹏飞,张顶立,赵勇,等. 大断面黄土隧道二次衬砌受力特性研究[J]. 岩石力学与工程学报,2010,29(8):1690-1696.

[14] 沈珠江. 土的弹塑性应力应变关系的合理形式[J]. 岩土工程学报,1980,2(2):11-19.

[15] 沈珠江. 考虑剪胀性的土和石料的非线性应力应变模式[J]. 水利水运科学研究,1986,(4):1-14.

[16] 刘祖典. 黄土力学与工程[M]. 西安:陕西科学技术出版社,1997.

[17] 陈正汉,周海清,Fredlund D G. 非饱和土的非线性模型及其应用[J]. 岩土工程学报,1999,21(5):603-608.

[18] 谢定义,齐吉琳,朱元林. 土的结构性参数及其与变形强度的关系[J]. 水利学报,1999,(10):1-6.

[19] 夏旺民. 黄土弹塑性损伤本构模型及工程应用研究[D]. 西安:西安理工大学,2005.

[20] 夏旺民. 黄土的软化本构模型[D]. 西安:西安理工大学,2002.

[21] 王朝阳. 非饱和黄土的强度特性及非线性本构模型研究[D]. 西安:长安大学,2004.

[22] 李如梦. 考虑结构性的黄土弹塑性本构关系探讨[D]. 兰州:兰州理工大学,2005.

[23] 骆亚生. 非饱和黄土在动、静复杂应力条件下的结构变化特性及结构性本构关系研究[D]. 西安:西安理工大学,2005.

[24] 周飞飞. 湿陷性黄土的增湿结构性非线性本构模型研究及应用[D]. 西安:西安理工大学,2006.

[25] 张腾. 非饱和黄土的结构性及其弹塑性本构模型研究[D]. 西安:西安理工大学,2006.

[26] 冯志焱. 非饱和黄土的结构性定量化参数与结构性本构关系研究[D]. 西安:西安理工大学,2008.

[27] 钟祖良. Q₂原状黄土本构模型及其在隧道工程中的应用研究[D]. 重庆:重庆大学,2008.

[28] 邓国华. 真三轴条件下黄土的结构性参数及结构性本构关系研究[D]. 西安:西安理工大学,2009.

[29] 张强勇,李术才,尤春安. 新型岩土地质力学模型试验系统的研制及应用[J]. 土木工程学报,2006,39(12):100-103,107.

[30] Chen H M,Yu H S,Smith M J. Physical model tests and numerical simulation for assessing the stability of brick-lined tunnels[J]. Tunnelling and Underground Space Technology,2016,53:109-119.

[31] Seki S,Kaise S,Morisaki Y,et al. Model experiments for examining heaving phenomenon in tunnels[J]. Tunnelling and Underground Space Technology,2008,23(2):128-138.

[32] 鲁亮,孙越峰,柳献,等. 地铁盾构隧道足尺整环结构极限承载能力试验研究[J]. 结构工程师,2012,28(6):134-139.

[33] 曹文宏,陈正杰,杨志豪. 超大直径隧道衬砌足尺结构试验研究[J]. 市政技术,2009,27(增刊2):239-242.

[34] Zhao H L,Liu X,Bao Y H,et al. Simplified nonlinear simulation of shield tunnel lining reinforced by epoxy bonded steel plates[J]. Tunnelling and Underground Space Technology,2016,51:362-371.

[35] Nakamura H,Kubota T,Furukawa M,et al. Unified construction of running track tunnel and crossover tunnel for subway by rectangular shape double track cross-section shield machine[J]. Tunnelling and Underground Space Technology,2003,18(2):253-262.

[36] 何川,唐志成,汪波,等. 内表面补强对缺陷病害隧道结构承载力影响的模型试验研究[J]. 岩土力学,2009,30(2):406-412.

[37] 何川,佘建,蓝宇. 高速公路隧道维护加固对策模型试验研究[C]//全国公路隧道学术会议论文集. 北京:人民交通出版社,2005.

[38] 何川,李祖伟,佘建,等. 组合补强对缺陷病害隧道结构承载力影响的室内模型试验研究[J]. 公路,2007,(3):195-201.

[39] 何本国,张志强,马腾飞. 大断面隧道模型试验水压模拟加载方法[J]. 工程力学,2015,32(1):128-136.

[40] Wang Z Z,Jiang Y J,Zhu C A,et al. Shaking table tests of tunnel linings in progressive states of damage[J]. Tunnelling and Underground Space Technology,2015,50:109-117.

[41] Lei M F,Peng L M,Shi C H. Model test to investigate the failure mechanisms and lining stress characteristics of shallow buried tunnels under unsymmetrical loading[J]. Tunnelling and Underground Space Technology,2015,46:64-75.

[42] 刘学增,刘文艺,桑运龙,等. 叠合式套拱加固带裂损衬砌的破坏机制研究[J]. 岩石力学与工程学报,2015,34(S2):4244-4251.

[43] 刘学增,王煦霖,何本国,等. 基于二次受力的隧道套拱加固损伤衬砌模型试验[J]. 四川大学学报(工程科学版),2015,47(3):21-28.

[44] 刘学增,刘文艺,桑运龙,等. 偏压荷载下裂损特征对隧道衬砌受力影响试验[J]. 土木工程学报,2015,48(10):119-128.

[45] 俞文生,桑运龙. 叠合式套拱加固带裂缝衬砌的变形规律试验研究[J]. 现代隧道技术,2014,51(6):116-122,135.

[46] 俞文生,桑运龙. 分离式套拱加固带裂缝衬砌的变形规律试验研究[J]. 现代隧道技术,2014,51(4):141-149,160.

[47] 闫治国. 隧道衬砌结构火灾高温力学行为及耐火方法研究[D]. 上海:同济大学,2007.

[48] 刘学增,桑运龙,包浩杉. 叠合式套拱加固带裂缝隧道衬砌受力机理分析[J]. 土木工程学报,2013,46(10):127-134.

[49] 赵占厂. 黄土公路隧道结构工程性状研究[D]. 西安:长安大学,2004.

[50] 来弘鹏,杨晓华,林永贵. 黄土公路隧道衬砌开裂分析[J]. 长安大学学报,2007,27(1):45-49.

[51] 康佐,李宁军,来弘鹏. 非饱和黄土隧道力学特性研究[J]. 公路交通科技(应用技术版),2007,(5):9-11.

[52] 陈福江. 黄土隧道围岩含水量变化对隧道形态影响的研究[D]. 成都:西南交通大学,2005.

[53] 丁兆民,杨晓华. 某黄土隧道病害原因分析及处治措施[J]. 工程地质学报,2009,17(1):138-144.

[54] 邵生俊,杨春鸣,焦阳阳,等. 湿陷性黄土隧道的工程性质分析[J]. 岩土工程学报,2013,35(9):1580-1590.

[55] 陈新建. 黄土隧道工程地质灾害主要类型及分析评价[D]. 西安:长安大学,2004.

[56] 赵元科. 新庄岭隧道衬砌裂缝病害检测及分析[J]. 公路交通科技(应用技术版),2010,6(10):172-178.

[57] 荆冰寅. 黄土隧道二次衬砌开裂原因分析[J]. 公路交通科技(应用技术版),2014,(7):174-175.

[58] 肖明. 地下高压钢筋混凝土岔管渗水开裂三维数值分析计算[J]. 岩石力学与工程学报,2002,21(7):1022-1026.

[59] 薛晓辉. 考虑非饱和黄土基质吸力影响的隧道病害分析[J]. 华北水利水电学院学报,2013,34(6):64-68.

[60] 王铁梦. 工程结构裂缝控制[M]. 北京:中国建筑工业出版社,2002.

[61] 赵国旗. 铁路隧道衬砌开裂病害整治方法初探[J]. 岩石力学与工程学报,1996,15(4):385-389.

[62] 方利成,杜彬,张晓峰. 隧道工程病害防治图集[M]. 北京:中国电力出版社,2001.

[63] 李治国,张玉军. 衬砌开裂隧道的稳定性分析及治理技术[J]. 现代隧道技术,2004,41(1):26-31.

[64] 苏生. 公路隧道二次衬砌开裂机理与抗裂性试验研究[D]. 杭州:浙江大学,2008.

[65] 罗勇. 隧道衬砌开裂机理及控制方法研究[D]. 成都:西南交通大学,2008.

[66] 叶飞,何川,夏永旭.公路隧道衬砌裂缝的跟踪监测与分析研究[J].土木工程学报,2010,43(7):97-104.

[67] 陈东柱.高速铁路隧道衬砌裂缝病害及其整治措施研究[D].长沙:中南大学,2012.

[68] Xiao J Z,Da F C,Wei Y Q. Cracking mechanism of secondary lining for a shallow and asymmetrically-loaded tunnel in loose deposits[J]. Tunnelling and Underground Space Technology,2014,43:232-240.

[69] 潘洪科,杨林德,黄慷.公路隧道偏压效应与衬砌裂缝的研究[J].岩石力学与工程学报,2005,24(18):3311-3315.

[70] 刘庭金,朱合华,夏才初,等.云南省连拱隧道衬砌开裂和渗漏水调查结果及分析[J].中国公路学报,2004,17(2):65-68.

[71] 刘学增,张鹏,周敏.纵向裂缝对隧道衬砌承载力的影响分析[J].岩石力学与工程学报,2012,31(10):2096-2102.

[72] 王华牢,刘学增,李宁,等.纵向裂缝隧道衬砌结构的安全评价与加固研究[J].岩石力学与工程学报,2010,29(S1):2651-2656.

[73] 张成平,冯岗,张旭,等.衬砌背后双空洞影响下隧道结构的安全状态分析[J].岩土工程学报,2015,37(3):487-193.

[74] 彭跃,王桂林,张永兴,等.衬砌背后空洞对在役隧道结构安全性影响研究[J].地下空间与工程学报,2008,4(6):1101-1104.

[75] 荣耀,许锡宾,蔡晓鸿.基于弹性地基梁法的隧道衬砌裂缝间距和宽度的计算[J].重庆建筑大学学报,2006,28(5):23-26.

[76] 蒲春平,夏才初,李永盛,等.隧道的温度应力及由其引起的裂缝开展规律的研究[J].中国公路学报,2000,13(2):76-79.

[77] 罗立娜.碳纤维补强条件下公路隧道衬砌计算方法的研究[D].上海:同济大学,2006.

[78] 顾祥林,许勇,张伟平.钢筋混凝土梁开裂后刚度退化研究[J].结构工程师,2005,21(5):20-23.

[79] 张玉军,李治国.带裂纹隧道二次衬砌承载能力的平面有限元计算分析[J].岩土力学,2005,26(8):1201-1206.

[80] 代高飞,朱合华,夏才初.某公路隧道病害成因分析与治理研究[J].中国安全科学学报,2005,15(12):89-92.

[81] 刘方.隧道衬砌裂缝产生机制及处治方案研究[D].重庆:重庆交通大学,2009.

[82] 刘会迎.公路隧道病害成因机制及防治措施研究[D].成都:西南交通大学,2007.

[83] Inokuma A,Inano S. Road tunnels in Japan:Deterioration and countermeasures [J]. Tunnelling and Underground Space Technology,1996,11(3):305-309.

[84] Ansell A. Investigation of shrinkage cracking in shotcrete on tunnel drains[J]. Tunnelling and Underground Space Technology,2010,25(5):607-613.

[85] Mashimo H,Isago N,Kitani T,et al. Effect of fiber reinforced concrete on shrinkage crack of tunnelling[J]. Tunnelling and Underground Space Technology,2006,21(5):382-383.

[86] Asakura T,Kojima Y. Tunnel maintenance in Japan [J]. Tunnelling and Underground Space

Technology,2003,18(2-3):161-169.

[87] Gblvez J C,Cervenka J,Cendon D A,et al. A discrete crack approach to normal shear cracking of concrete[J]. Cement and Concrete Research,2002,32(10):1567-1585.

[88] Inokuma A,Inano S. Road tunnels in Japan:Deterioration and countermeasures[J]. Tunnelling and Underground Space Technology,1996,11(3):305-309.

[89] Chen J S,Mo H H. Numerical study on crack problems in segments of shield tunnel using finite element method[J]. Tunnelling and Underground Space Technology,2009,24(1):91-102.

[90] 中华人民共和国交通部. JTG H12—2003 公路隧道养护技术规范[S]. 北京:人民交通出版社,2003.

[91] 铁道部工务局. TB/T 2820.2—1997 铁路桥隧建筑物劣化评定标准——隧道[S]. 北京:中国铁道出版社,1998.

[92] 关宝树. 隧道工程维修管理要点集[M]. 北京:人民交通出版社,2004.

[93] 罗鑫. 公路隧道健康状态诊断方法及系统的研究[D]. 上海:同济大学,2007.

[94] US Department of Transportation. Federal Highway Administration,Federal Transit Administration[S]. Washington DC:Highway and Rail Transit Tunnel Inspection Manual,2005.

[95] Park S W,Shin Y S,Oh Y S, et al. A guideline on condition assessment of existing old railway tunnels[J]. Tunneling and Underground Space Technology,2006,21(3):329-330.

[96] 杨建国,谢永利,马巍,等. 基于物元理论的公路隧道衬砌结构技术状况评估模型[J]. 现代隧道技术,2011,48(5):23-29.

[97] 黄波,吴江敏. 运营隧道状态的综合评判[J]. 世界隧道,2000,(1):58-60.

[98] 别秋宏. 基于神经网络的隧道结构安全性评估研究[D]. 西安:长安大学,2011.

[99] 王华牢,许崇帮,褚方平. 新型模糊算子的公路隧道健康状态评价方法研究[J]. 地下空间与工程学报,2012,8(增刊1):1389-1395.

[100] 张素磊,张顶立,陈准,等. 运营隧道衬砌结构技术状况的评定方法研究[J]. 北京交通大学学报,2013,37(4):19-23.

[101] 王洪德,高秀鑫. 高速公路隧道健康诊断及预警的模糊神经网络方法[J]. 中国安全科学学报,2014,24(2):9-15.

[102] 王立伟. 混凝土裂缝的处理方法与常用材料[C]//2012全国水工泄水建筑物安全与病害处理技术应用专刊. 郑州:中国水利技术信息中心,2012.

[103] 王铁梦. 钢筋混凝土结构的裂缝控制[J]. 混凝土,2000,(5):3-6.

[104] 方利成. 隧道水害防治技术[C]//西部大开发科教先行与可持续发展——中国科协2000年学术年会文集. 北京:中国科学技术协会,2000.

[105] 关宝树. 漫谈矿山法隧道技术第五讲——衬砌(一)[J]. 隧道建设,2016,(3):251-256.

[106] 吴燕华. 聚氨酯水泥砂浆性能研究[D]. 南京:河海大学,2006.

[107] 廖文强. 动水下混凝土裂缝用水泥基灌浆材料研究[D]. 重庆:重庆大学,2014.

[108] 叶丹玫,孙振平,郑柏存,等. 聚合物改性水泥基修补材料的研究现状及发展措施[J]. 材

料导报,2012,(7):131-135.

[109] 常利,艾涛,延西利,等.地聚合物水泥路面快速修补材料性能研究[J].武汉理工大学学报,2014,(5):49-54.

[110] 杨成忠,黄明,刘新荣,等.碳纤维布用于深埋隧道衬砌裂缝的加固效果[J].解放军理工大学学报(自然科学版),2010,(3):322-327.

[111] 鞠向伟,彭海龙,高培伟,等.适用于隧道混凝土裂缝修补的水性环氧树脂改性砂浆性能研究[J].隧道建设,2016,(4):398-402.

[112] 魏新江,金立乔,张苑竹.水下隧道带裂缝工作状况及其检测和修补[C]//2014中国隧道与地下工程大会(CTUC)暨中国土木工程学会隧道及地下工程分会,成都,2014.

[113] 李利平,李术才,崔金声.岩溶突水治理浆材的试验研究[J].岩土力学,2009,30(12):3642-3648.

[114] 谢昌顺.自修复混凝土力学性能及断裂性能试验研究[D].福州:福州大学,2006.

[115] 乔君慧.混凝土建筑裂缝修补方法浅析——裂缝修补系统在国内外的应用[C]//防水堵漏材料及施工技术交流会,西宁,2014.

[116] 李硕.地聚合物基路面修补材料的制备及性能研究[D].重庆:重庆大学,2008.

[117] 苏涛.聚合物胶凝材料——地聚合物[J].中国建材科技,2009,(1):26-28.

[118] 郑娟荣,覃维祖.地聚物材料的研究进展[J].新型建筑材料,2002,(4):11-12.

[119] 吴浩,管学茂.土聚水泥的研究现状及应用发展前景[J].水泥工程,2004,(2):27-32.

[120] Davidovits J. Alkaline alumino-silicate geopolymeric matrix for composite materials with fiber reinforcement and method for obtaining same[P]:USP,No. 5798307. 1998.

[121] 丁庆军,吴静,吕林女,等.新型地聚合物基轻质耐高温混凝土的研究[J].混凝土,2007,(3):1-3.

[122] Mallow W A. Fixation of hazardous wastes and related products[P]:US,No. 5976244. 1999.

[123] 郑娟荣,姚振亚,刘丽娜.碱激发胶凝材料化学收缩或膨胀的试验研究[J].硅酸盐通报,2009,(1):49-53.

[124] Davidovits J. Geopolymers:Inorganic polymeric new materials[J]. Thermal Analysis, 1991,37:1633-1656.

[125] Davidovits J,Davidovits M. Geopolymer:Ultrahigh-temperature tooling material for the manufacture of advanced composites[C]//The 36th Annual SAMPE Symposium and Exhibition,Covina,1991:1939-1949.

[126] 王永焱,林在贯.中国黄土的结构特征及物理力学性质[M].北京:科学出版社,1990.

[127] 胡再强,沈珠江,谢定义.非饱和黄土的显微结构与湿陷性[J].水利水运科学研究,2000,(2):68-71.

[128] 胡再强,沈珠江,谢定义.非饱和黄土的结构性研究[J].岩石力学与工程学报,2000,19(2):775-779.

[129] 骆亚生,谢定义,邵生俊,等.非饱和黄土的结构变化特性[J].西北农林科技大学学报(自然科学版),2004,32(8):114-118.

[130] 骆亚生. 非饱和黄土在真三维应力状态下的结构变化特性初探[J]. 工程勘察,2005,(6): 5-8.

[131] 谢定义. 考虑土结构性的本构关系[J]. 土木工程学报,2000,33(4):35-40.

[132] 党进谦,李靖. 非饱和黄土的结构强度与抗剪强度[J]. 水利学报,2001,(7):79-90.

[133] 党进谦,李靖. 非饱和黄土的结构特征[J]. 岩土工程学报,1997,19(2):56-61.

[134] 党进谦,阎宁霞,李靖. 非饱和黄土的强度和变形[C]//岩石力学新进展与西部开发中的岩土工程问题. 北京:中国科学技术出版社,2002:201-204.

[135] 谢定义,齐吉琳. 土结构性及其定量化研究的新途径[J]. 岩土工程学报,1999,21(6): 651-656.

[136] 骆亚生,谢定义. 复杂应力条件下土的结构性本构关系[J]. 四川大学学报(工程科学版), 2005,37(5):14-18.

[137] 刘坤. 非饱和黄土的结构性试验研究[D]. 西安:西安建筑科技大学,2008.

[138] 马锐. 人工神经网络原理[M]. 北京:机械工业出版社,2010.

[139] Jaccard J, Turrisi R. Interaction Effects in Multiple Regression[M]. 2nd ed. Shanghai: Shanghai People's Publishing House,2012.

[140] 迟守旭. 基于 ANSYS 的土石坝三维非线性有限元计算方法研究及实现[D]. 天津:天津大学,2004.

[141] 刘增荣,崔伟华,王鑫. 土体非线性本构模型的修正与土层特性分析[J]. 西北工业大学学报,2008,12(4):454-457.

[142] 殷静. 黄土非线性本构模型参数反演及其元胞自动机计算理论[D]. 西安:西安理工大学,2006.

[143] 张嫒嫒. ANSYS 在土坝渗流场和应力场及其耦合分析中的应用研究[D]. 南京:河海大学,2006.

[144] 张朋. ANSYS 二次开发及其在地下洞室分析中的应用[D]. 兰州:兰州交通大学,2013.

[145] 张文完. 基于三剪统一强度理论的 ANSYS 二次开发及其应用[D]. 南昌:南昌大学,2010.

[146] 代春泉,王磊,王渭明. 基于各向异性本构模型的隧道支护控制[J]. 北京工业大学学报, 2012,35(8):1202-1207.

[147] 朱彬,谷拴成. ANSYS 的二次开发及在土工分析中的应用[J]. 土工基础,2005,4(5): 61-64.

[148] 吴艺. 用 ANSYS 的 UPFs 对非线性黏弹性本构模型进行二次开发[J]. 西南科技大学学报,2011,10(2):65-69.

[149] 关云飞,高峰,赵维炳,等. ANSYS 软件中修正剑桥模型的二次开发[J]. 岩土力学,2010, 31(3):976-980.

[150] 崔伟华. 黄土非线性本构模型参数反演[D]. 西安:西北工业大学,2004.

[151] 邓湘君. 基于 Duncan-Chang 模型的地基沉降分层总和分析方法探讨[D]. 长沙:湖南大学,2013.

[152] 陈育民,刘汉龙. 邓肯-张本构模型在 FLAC-3D 中的开发与实现[J]. 岩土力学,2007,

28(10):2123-2126.

[153] 余盛祥. 邓肯-张 E-B 模型的 ANSYS 二次开发及应用[D]. 郑州:河南大学,2011.

[154] 任磊. Duncan-Chang 模型参数及抗剪强度参数优化研究[D]. 昆明:昆明理工大学,2008.

[155] 孙明权,陈姣姣,刘运红. 邓肯-张 E-B 模型的 ANSYS 二次开发及应用[J]. 华北水利水电学院学报,2013,25(2):30-34.

[156] 宿辉,党承华,崔佳佳. 邓肯-张非线性模型研究及其在 ANSYS 中的实现[J]. 中国农村水利水电,2010,(3):76-79.

[157] 邹坤,吴胜发. ANSYS 中 Duncan-Chang 模型的实现及验证[J]. 山西建筑,2008,(11):152-153.

[158] 来弘鹏,杨万精,谢永利. 基于双洞效应的黄土公路隧道地层变形规律离心模型试验[J]. 四川大学学报(工程科学版),2013,45(4):39-45.

[159] 王万忠. 黄土地区降雨特性与土壤流失关系的研究[J]. 水土保持通报,1983,(6):53-59.

[160] 刘保健,谢永利,于友成. 黄土非饱和入渗规律原位试验研究[J]. 岩石力学与工程学报,2004,23(24):4156-4160.

[161] 张建丰. 黄土区层状土入渗特性及其指流的实验研究[D]. 咸阳:西北农林科技大学,2004.

[162] 刘永涛. 降雨入渗对黄土边坡稳定性影响研究[D]. 咸阳:西北农林科技大学,2010.

[163] 汪国烈,罗宇生. 湿陷性黄土研究与工程[C]//第四届全国黄土学术会议论文集. 北京:中国建筑工业出版社,2001:21-32.

[164] 程海涛,刘保健,柳学花. 黄土地基积水入渗规律研究[J]. 中外公路,2008,28(6):29-31.

[165] 中华人民共和国交通部. JTG D70—2004 公路隧道设计规范[S]. 北京:人民交通出版社,2004.

[166] 赖金星,王开运,来弘鹏,等. 软弱黄土隧道支护结构力学特性测试[J]. 交通运输工程学报,2015,15(3):41-51.

[167] 来弘鹏,谢永利,杨晓华. 黄土公路隧道受力特性测试[J]. 长安大学学报(自然科学版),2005,25(6):53-56.

[168] 赖金星,牛方园,樊浩博,等. 浅埋黄土隧道三层支护结构力学特性现场测试[J]. 岩土力学,2015,36(6):1769-1775,1783.

[169] 李术才,王凯,李利平,等. 海底隧道新型可拓展突水模型试验系统的研制及应用[J]. 岩石力学与工程学报,2014,33(12):2409-2418.

[170] 高秀君,羽柴公博,大久保诚介,等. 适用于小型岩石试件的三轴压缩试验技术与设备的开发及其应用[J]. 岩石力学与工程学报,2006,25(10):1960-1968.

[171] 李术才,宋曙光,李利平,等. 海底隧道流固耦合模型试验系统的研制及应用[J]. 岩石力学与工程学报,2013,32(5):883-890.

[172] 刘汉龙,谭慧明,彭劼,等. 大型桩基模型试验系统的开发[J]. 岩土工程学报,2009,31(3):452-457.

[173] 田威,党发宁,丁卫华,等. 适于 CT 试验的动态加载设备研制及其应用[J]. 岩土力学,2010,31(1):309-313.

[174] 宋飞,刘超,张建民,等.离心模型挡土墙试验设备的研制[J].岩土力学,2010,31(9): 3005-3011.

[175] 李德寅,王邦楣,林亚超,等.结构模型试验[M].北京:科学出版社,1996.

[176] 来弘鹏,杨万精,谢永利.软岩大变形偏压公路隧道变形与荷载作用特征[J].中南大学学报(自然科学版),2014,45(6):1924-1931.

[177] 何晓群.多元统计分析[M].北京:中国人民大学出版社,2004.

[178] Zadeh L A. Fuzzy sets[J]. Information and Control,1965,(8):338-359.

[179] 杨纶标.模糊数学原理及应用[M].广州:华南工学院出版社,2011.

[180] 姚敏,张森.模糊一致矩阵及其在软科学中的应用[J].系统工程,1997,15(2):54-56.

[181] 张吉军.模糊层次分析法(FAHP)[J].模糊系统与数学,2000,14(2):80-88.

[182] 樊治平,姜艳萍,肖四汉.模糊判断矩阵的一致性及其性质[J].控制与决策,2001,16(1): 142-145.

[183] 吕跃进.基于模糊一致矩阵的模糊层次分析法的排序[J].模糊系统与数学,2002,16(2): 79-85.

[184] 张素磊.隧道衬砌结构健康诊断及技术状况评定研究[D].北京:北京交通大学,2012.

[185] 中华人民共和国住房和城乡建设部.GB 50010—2010 混凝土结构设计规范.北京:中国建筑工业出版社,2010.

[186] 江丽珍,颜碧兰,刘晨,等.GB 1346《水泥标准稠度用水量、凝结时间、安定性检验方法》修订内容介绍[J].水泥,2012,(9):40-41.

[187] 雷毅.水泥混凝土路面快速修补用聚合物改性水泥基材料的研究[D].长沙:湖南大学,2014.

[188] 叶雄伟,马骁,何巨鹏,等.地聚合物微观结构研究进展[J].粉煤灰综合利用,2016,(2): 44-48.

[189] 李硕,彭小芹,黄滔,等.土聚水泥混凝土及其碱-集料反应初探[C]//第十届全国水泥和混凝土化学及应用技术会议,南京,2007.

[190] 张岩,张浩博,孙有聚,等.WSP水泥砂浆力学性能与微观结构试验研究[C]//"全国特种混凝土技术及工程应用"学术交流会暨2008年混凝土质量专业委员会年会,西安,2008.

[191] 日本道路协会.道路隧道维持管理便览[M].东京:丸善株式会社出版事业部,2000.

[192] Gannett Fleming Inc. Highway and rail transit tunnel inspection manual[R]. Camp Hill: Gannett Fleming Inc,2003.

[193] 潘海泽.隧道工程地下水水害防治与评价体系研究[D].成都:西南交通大学,2009.

[194] 冀文政.《地下工程防水技术规范》(GB 50108—2008)修订的指导思想及主要内容[C]//中国土木工程学会隧道与地下工程分会防水排水专业委员会第十七届学术交流会,珠海,2015.